体育课堂教学技能实训教程

张桃臣 刘 彦 主编

北京体育大学出版社

策划编辑　赵海宁　韩培付
责任编辑　韩培付
责任校对　米　安
版式设计　久书鑫

图书在版编目（CIP）数据

体育课堂教学技能实训教程/张桃臣，刘彦主编．
－－北京：北京体育大学出版社，2021.4
ISBN 978－7－5644－3083－2

Ⅰ.①体… Ⅱ.①张… ②刘… Ⅲ.①体育教学－课堂教学－教学研究　Ⅳ.①G807.01

中国版本图书馆 CIP 数据核字（2018）第 245696 号

体育课堂教学技能实训教程　　张桃臣　刘　彦　主编
TIYU KETANG JIAOXUE JINENG SHIXUN JIAOCHENG

出版发行：北京体育大学出版社
地　　址：北京市海淀区农大南路1号院2号楼2层办公 B－212
邮　　编：100084
网　　址：http://cbs.bsu.edu.cn
发 行 部：010－62989320
邮 购 部：北京体育大学出版社读者服务部 010－62989432
印　　刷：北京虎彩文化传播有限公司
开　　本：710mm×1000mm　1/16
成品尺寸：170mm×240mm
印　　张：21.25
字　　数：368 千字
版　　次：2021 年 4 月第 1 版
印　　次：2021 年 4 月第 1 次印刷
定　　价：60.00 元

（本书如有印装质量问题，请与出版社联系调换）

版权所有·侵权必究

编委会

主　编：张桃臣　刘　彦

副主编：高　斌　孙为民　张明曦

编　委：（以姓氏笔画为序）

马振水　孙卫星　李　勇　李继东　张凤娣

张维寿　张新斌　季彦霞　赵保丽　赵智龙

秦剑杰　景胜岗　魏汉琴

前言 Foreword

我国高等师范院校教育方案的首要目标应是为国家教育事业发展培养一流的教育人才，这是由高等师范院校的办学性质所决定的，否则就不能称之为师范院校。师资是高等师范院校培养教育人才的重要组成部分，而未来教师的基本职能是教学。教学技能是教师最基本的职业技能，也是教师进行高效教学的前提，它对增强教师的教学能力，取得良好的教学效果，实现教学的创新，具有十分重要的意义。因此，高等师范院校不仅要重视学生系统地掌握知识，更要重视学生应用知识的方法，实施知识向技能转化的训练，搭建知识、技能、能力之间的桥梁，这是高等师范院校培养合格师资的发展趋势。

高等师范院校的教育实习是高年级学生到初等或中等学校进行教育和教学专业训练的一种实践形式。它是师范教育贯彻理论联系实际原则、实现培养目标不可缺少的教学环节，是教学计划中的重要组成部分。通过教育实习，使学生把知识综合运用于教育和教学实践，以培养和锻炼学生从事教育和教学工作的能力，并加深和巩固学生的专业思想。然而，自1999年高校扩招以来，由于生师比例骤然加大，导致高校教师指导力量和实习经费的不足，教学业绩评价无力而造成教学中心地位弱化，再加上指导水平高、条件好的重点中学受升学压力的影响，对接纳实习生的积极性不高等原因，导致高等师范院校的教育实习效果和教学质量逐年滑坡，体育类师范教育尤其严重。

为了扭转上述局面，有针对性地解决这一问题，河北体育学院体育教育专业增设了一门必修课程——教学技能实训，并组织有关教师编写教学技能训练大纲与配套教材，本书就是在这一背景下编写的。它的问世将有助于加强校内教育实习指导力度与效果，有助于学生专业理论知识的转化与教师教学技能的提升，有助于学生在模拟真实的教学环境中锻炼角色意识，缩短学生转变为教师的进程，有助于丰富体育教学技能理论体系及完善教学技能实训方法。

本书以教育学、心理学、传播学、系统科学理论、教学理论及体育专业理论为基础，以实践性和可操作性为原则，在参考微格教学及课堂教学技能研究的基础上，结合体育学科教学的特点及规律，对体育课堂基本教学技能进行了较为详细的阐述，并附有微课堂案例及评价方法，帮助学生理解和掌握体育课堂教学的各项基本技能，提升教师教学能力。

本书由张桃臣、刘彦担任主编，高斌、孙为民、张明曦担任副主编，编写分工（以章节为序）：张桃臣、张维寿、魏汉琴（第一章）；张桃臣、李继东（第二章）；刘彦（第三、八、九、十四、十五章）；张明曦、孙为民（第四章）；张明曦、孙卫星（第五章）；季彦霞（第六、七章）；张桃臣、高斌（第十章），张桃臣、马振水、秦剑杰（第十一章），李勇、景胜岗（第十二章）；张明曦、张凤娣、张新斌（第十三章）；张桃臣、赵保丽、赵智龙（第十六章）。全书由张桃臣统稿完成。

本书可作为高等师范院校体育教育专业和其他体育专业师资方向的实训教材，也可作为中小学体育教师继续教育用书和教学参考书。本书在编写过程中，参阅了大量相关的教材、专著，以及最新的研究成果，也引用了同行的一些成果，在此表示由衷的感谢！

由于作者的水平所限，不妥之处敬请读者和同人予以批评指正。

目 录 Contents

第一章　微格教学概论 …………………………………………………… (1)
第一节　微格教学的产生和发展 ………………………………………… (1)
第二节　微格教学的概念和特点 ………………………………………… (3)
第三节　微格教学的理论依据 …………………………………………… (6)
第四节　微格教学的基本程序 …………………………………………… (9)
第五节　微格教案设计 …………………………………………………… (16)

第二章　体育教学技能及分类 ……………………………………… (28)
第一节　体育教学技能的概念 …………………………………………… (29)
第二节　体育教学技能与知识、能力的关系 …………………………… (33)
第三节　体育教学技能实训的意义 ……………………………………… (35)
第四节　体育教学技能的形成与构建 …………………………………… (37)
第五节　体育教学技能的分类 …………………………………………… (41)

第三章　体育课堂教学设计 ………………………………………… (49)
第一节　体育课堂教学目标设计 ………………………………………… (50)
第二节　体育课堂教学组织形式的设计 ………………………………… (56)
第三节　体育课堂教学方法的设计 ……………………………………… (60)
第四节　体育课堂教学手段的设计 ……………………………………… (65)
第五节　体育课堂教学设计（教案）的编写 …………………………… (69)

第四章　教学口语技能 (87)
第一节　教学口语技能概述 (87)
第二节　教学口语技能的类型 (94)
第三节　教学口语技能的运用 (98)
第四节　教学口语技能的训练与评价 (102)

第五章　身体语言技能 (105)
第一节　身体语言技能概述 (105)
第二节　身体语言技能的类型 (114)
第三节　身体语言技能的运用 (127)
第四节　身体语言技能的训练与评价 (130)

第六章　口令技能 (134)
第一节　口令技能概述 (134)
第二节　口令技能的类型 (140)
第三节　口令技能的运用 (143)
第四节　口令技能的训练与评价 (145)

第七章　口哨技能 (150)
第一节　口哨技能概述 (150)
第二节　哨子技能在体育教学中的运用 (153)
第三节　口哨技能的训练与评价 (157)

第八章　导入技能 (159)
第一节　导入技能概述 (159)
第二节　导入技能的类型 (162)
第三节　导入技能的运用 (166)
第四节　导入技能的训练与评价 (169)

第九章　提问技能 (172)
第一节　提问技能概述 (172)
第二节　提问技能的类型 (176)
第三节　提问技能的运用 (181)
第四节　提问技能的训练与评价 (184)

第十章　讲解技能 (188)
第一节　讲解技能的概述 (188)
第二节　讲解技能的类型 (196)
第三节　讲解技能的运用 (199)
第四节　讲解技能的训练与评价 (203)

第十一章　动作示范技能 (208)
第一节　动作示范技能概述 (209)
第二节　动作示范技能的类型 (214)
第三节　动作示范技能的运用 (223)
第四节　动作示范技能的训练与评价 (227)

第十二章　保护与帮助技能 (231)
第一节　保护与帮助技能概述 (232)
第二节　保护与帮助技能的类型与方法 (235)
第三节　保护与帮助技能的运用 (237)
第四节　保护与帮助技能的训练与评价 (241)

第十三章　诊断矫正技能 (245)
第一节　诊断矫正技能概述 (245)
第二节　诊断矫正技能的类型 (254)
第三节　诊断矫正技能的运用 (263)
第四节　诊断矫正技能的训练与评价 (270)

第十四章　组织调控技能 (273)
第一节　组织调控技能概述 (273)
第二节　组织调控技能的类型 (277)
第三节　组织调控技能的运用 (279)
第四节　组织调控技能的训练与评价 (282)

第十五章　结课技能 (289)
第一节　结课技能概述 (289)
第二节　结课技能的类型 (294)
第三节　结课技能的运用 (295)
第四节　结课技能的训练与评价 (298)

第十六章　体育课堂教学反思技能 (302)
第一节　体育课堂教学反思技能概述 (303)
第二节　体育课堂教学反思技能的基本内容和形式 (308)
第三节　体育课堂教学反思技能的基本过程与方法 (315)
第四节　体育课堂教学反思技能的基本原则及要求 (320)
第五节　体育课堂教学反思技能的训练与评价 (325)

参考文献 (328)

第一章　微格教学概论

1. 了解微格教学的含义及特点；
2. 理解微格教学实训程序；
3. 掌握微格教案设计特点。

微格教学是一种系统的教学技能训练方式，是师范院校教师教育专业培养学生教学技能的重要途径，其根本任务就是使学生通过训练，掌握基本的教学技能，成为合格的教师。

第一节　微格教学的产生和发展

据有关文献记载，微格教学最初产生于体育界。为了使运动员能尽快掌握某项完整的运动技术或能尽快提高运动员的运动素质，教练员将各种动作技能加以分解，并对分解后的各个动作片段（环节技术动作）逐一进行训练，然后连接合成，最终达到训练的总目的。微格教学被应用于培训师范学生始于美国斯坦福大学。

一、微格教学的产生

1957年10月4日，苏联成功发射了世界上第一颗人造卫星。美国政府和各界人士深感震惊，他们意识到美国科技大国的地位受到了强有力的挑战。通过认真的调查和分析，美国人认为他们落后的主要原因是教育。1958年美国开始了全国性大规模的教育改革运动。改革涉及课程设置、教育结构、教师培训、教学方法、教学管理和评价等各个教育领域。进入20世纪六七十年代，美国掀起了改善教师教育的CBTE（素养本位教师教育 competency based teacher education）运动。这个运动的出发点，认为"现代的教师教育旧态依然，已经不能适应现代社会的要求与教育革新的步伐。要培养教师适当而有效的能力，就得摆脱传统的仅仅限于理论灌输的教育模式，要把重点放在理论与实际的统一过程和教师的各种能力训练上"。

随着改善师范教育运动的开展，这一时期教学方法的改革也十分活跃。美国的教育学院开始改革课堂教学中"教师讲、学生听"的教学方法，运用先进的教育理论与现代教育技术对教师和师范生进行科学化的培训。福特财团设立了师范教育基金，奖励对开发师范教育课程和培训教师有贡献的教育工作者。

1963年，斯坦福大学借助录像、录音设备和电教技术，对"角色扮演"（相当于我国师范教育实习前的试讲）进行改造，使之完善，形成了微格教学课程。在教学研究中，人们认识到教学质量同教学中教师对学生的影响是密切相关的。所以，在微格教学的开发中，明确提出三项任务：一是对教学行为要有分析和反馈，以便增强培训效果；二是对教学技能要有系统和科学的分类，以便清楚培训的目的和进行评价；三是通过对每一种技能的训练，再综合成各种风格的生动教学。

综观这一时期美国教育改革的状况，包括师范教育改革，有一个很重要的特点，就是以先进的教育科学理论做指导和现代科学技术的应用来促进教育的发展。由此可见，师资培训的科学化、现代化是师范教育改革的主要任务之一。

二、微格教学的发展

自1963年由美国斯坦福大学提出微格教学后，微格教学很快被推广到世界各地。美国及一些欧洲国家的师范教育首先接受了这一新的实训方法。在英国，教育学学士必须接受微格教学训练后再到各中学进行教育实习。同时日本和澳大利亚也对微格教学进行了认真的研究，其中以悉尼大学的教育工作者近十年的研究和实践开发成果影响最大。他们编著的一套微格教学教材和示范录像带，被澳大利亚80%左右的师资实训机构，以及世界多个国家和地区的一些师范院校采用。

微格教学引入我国是在20世纪80年代。北京教育学院在联合国教科文组织的支持下开展了微格教学效果的对比实验研究。最后的实验结果表明，用微格教学对在职教师进行实训的效果明显优于传统方法。继北京教育学院举办教师教育与微格教学讲习班开始，北京师范学院和清华大学也先后举办了同样性质的讲习班。微格教学作为训练教师教学技能的有效方法，很快受到广大教师的欢迎，微格教学的研究和实践已扩展到中等师范学校、中小学和部分高等师范院校。1993年全国各省级教育学院分别建立了具有先进设备的微格教学实验室，为这些院校和地区开展微格教学提供了必要的物质保证。

2000年，微格教学协作组申请加入中国电化教育协会，成为其专业委员会的分会员，标志着微格教学进入了新一轮的发展时期。教育部已经将微格教学活动的开展列入高等师范院校教学质量评估指标体系。目前，教学技能实训已成为高等学校实践教学环节的一个重要组成部分，是职业技术教育中最为闪光的特色。

第二节 微格教学的概念和特点

微格教学的发明者与研究者对微格教学的内涵虽有不同的释义，但都认为微格教学是一种利用现代化教育技术来培训师范学生和在职教师的教学方法。这一实训过程的显著特点是训练内容单一集中、角色转换多元有效、反馈评价及时全面。

一、微格教学的概念

微格教学，英文为Microteaching，意为微型化教学，又称"微观教学""小型教学""录像反馈教学"等，国内称之为微格教学。"微"，是微型、片段及小步的意思；"格"取自"格物致知"，推究、探讨及变革的意思，又可理解为定格或规格，它还限制着"微"的量级标准（即每"格"都要限制在可观察、可操作、可描述的最小范围内）。微格教学就是把复杂的教学过程分解为许多容易掌握的单一教学技能，对每项教学技能进行逐一学习研讨并借助先进音像设备、信息技术，对师范生或在职教师进行教学技能系统训练的微型、小步教学。

微格教学的创始人之一爱伦（D. Allen）说它是"一个有控制的实习系统，它使师范生有可能集中解决某一特定的教学行为，或在有控制的条件下进行学习"。英国的布朗（G. Brown）说："它是一个简化了的、细分的教学，从而使学生易于掌握。"微格教学的基本模式是：让受训者分成小组，每组5～10人，在指导教师的指导下，让受训者进行5～10分钟的片段教学，并将教学实况摄录下来，然后指导教师组织本小组成员一起观看录像、教学讨论和评议，最后由指导教师进行小结。这样让所有受训者轮流进行多次实践演练，可以使受训者的教学能力和教学质量得到提升。可见，微格教学是一个有控制的教学实践系统，它是运用现代教学理论和电教视听技术，对师范生和在职教师进行教学技能训练，达到其综合教学技能提高的一种教学方法。

微格教学的理论基础是现代教育与技术理论、认知学习理论、信息传播理论、行为科学理论和系统控制理论。微格教学课程内容主要包括新教学思想实验、教学技能分类、教学模式研究以及教学技能和教学模式训练等。微格教学关注教学思想和理论的研究，但更注重教学技能和教学模式的训练。

二、微格教学的特点

微格教学将复杂的教学过程做了科学的细分，并运用现代化的视听技术，对细分的各项课堂教学技能逐项进行训练，帮助受训学生掌握有关教学技能，提高他们的教育教学能力。从本质意义上讲，微格教学是以现代教育学、心理学、课程论、教学论、学科课程教学论的基本理论为指导，在现代视听技术基础上建立起来的有控制的微型教学实践训练体系。

第一，微格教学必须以认识论、现代教育理论和学科课程教学论为基石。微格教学过程同样不能脱离认识论，教学技能的形成与发展同学科课程教学论的理论体系和教学进程协调一致，微格教学的主要功能是运用教育理论借助现代教学手段来有效训练师范生和在职教师的教学技能。

第二，在传统的教学技能训练过程中，学生看不到自己的教学表现，认识不到自己在教学中存在的缺陷，对教学的把握没有针对性；而在微格教学过程中，通过现代化的视听设备记录教学过程，受训学生能及时了解教学实况，及时获得真实的反馈信息，从而达到认识自身、了解自我教学能力与水平的目的。

第三，受训学生对教学研究的内容与形式的认识不够，就不能有效地把所学的教育理论应用到教学实践中去。微格教学是一种开放式的教学研究手段，把教育理论与教学实践有机地集合在一起，直接地、具体地、形象化地把理论与实践相结合的效果反映出来，为实现课堂教学最优化提供了条件，也为教学研究提供了较多的研究素材。

第四，微格教学过程是一个发展变化的过程，受训学生在展示自己的同时，有意识地发展自己的优点，避免缺点，强化自我意识，提高自我控制能力。

在微格教学过程中，强调技能的分析示范、实践反馈、客观评价等环节。总的来说，微格教学有如下特点。

（一）内容集中，目标明确

微格教学打破了传统教师培训的模式，将复杂的教学行为细分为容易掌握的单项技能，如讲解技能、提问技能、观察诊断技能和动作示范技能等。每一项技能都是可描述、可观察和可培训的，并能逐项进行分析、研究和训练。在微格教学过程中，受训学生可以侧重训练和矫正某一具体的教学技能，而且可以把这一教学技能的细节放大，反复练习。这种对某一教学技能的集中练习，使受训学生易于掌握，更易达到预期的效果，在训练过程中受训学生逐一掌握各项教学技能，最终提高综合课堂教学能力。这种教学方式学生人数和授课时长等方面都相应简化。由于它是内容单一、目标明确具体、时间短、参加人数少的教学形式，因此，又可称为微观教学。

（二）反馈评价及时全面

微格教学利用现代化视听设备为课堂记录手段，真实而准确地记录教学的全过程。受训者可以直接从记录中观察教学技能的应用、教学内容的表达，以及交流方法的优劣，获得自己教学行为的直接反馈，避免主观因素的影响，而且还可运用慢速、定格等手段在课后进行反复观摩、讨论与分析，克服时空限制，从而能更好地注意到细节问题。受训者得到的反馈信息不仅来自指导教师和听课的同伴，更重要的是来自于自己的真实教学过程。

（三）角色转换多元有效

微格教学冲破了传统理论灌输式的教师培训模式，运用现代化的摄像技术，对课堂技能训练既有理论指导，又有示范、观察、实践、反馈、评议等内容。在微格教学的教学理论研究和技能分析示范阶段，受训学生担当的是学习者的角色，这样既能学习教学技能方面的理论分析，又可以观察到形象化的录像示范。这时受训学生不仅要听、要看，还要与自己原有的教学实践认识进行比较分析，既调动多种感官参与，也激发学习积极性。在实践阶段，受训学生的角色又转换为执教者，将前面所学习的教学技能理论融合到自己设计的教学技能训练的片段中去。到了观摩评议阶段，受训学生角色又转化为评议者，必须用学到的理论去分析、评议教学实践环节，不仅要评议同伴的教学实践环节，还要进行自我评议。如此不断地进行角色转换，有利于调动学生的学习积极性，从不同角度加深对教学技能的认知和掌握。

综上所述，微格教学班级人数少、上课时间短、教学内容单一、视听设备齐全、教学目标集中、教学方法灵活、教学反馈直接和教学评价客观，能有效帮助受训学生掌握课堂教学技能。

第三节　微格教学的理论依据

产生于20世纪60年代的微格教学，针对教师授课的特点，以教学控制论、教育目标分类学和教育评价学为理论依据，在现代化教学理论的指导下，利用视听技术进行实践活动，使师范学生有可能集中解决某一特定的教学行为，并在有控制的条件下进行学习和训练，从而达到提高教学技能的目的。微格教学的每个步骤和特点，都涉及相应的理论，它包括教育学理论、心理学理论、现代教育技术理论和系统科学理论。受训者了解这些理论将会加深对微格教学实际运用价值的认识。

一、以系统的思想为指导研究培训教学技能

教学过程是复杂的，是由许多环节和许多师生的具体活动所构成的一个整体。因此，教学是一个系统，教学过程是一个系统的运行过程。所谓系统，是由相互联系、相互制约、相互作用的要素所构成的具有特定功能的有机整体。要对系统进行研究，首先必须对其构成要素进行分解和研究。要使系统达到优化，则必须使各要素达到优化，对教学研究也是如此。

教学技能是教学系统的基本构成要素。要使课堂教学达到优化，实现教学的总体目标，首先要使每一个教学技能达到优化，然后再把它们有机组合起来，相互作用而形成教学的整体。在微格教学中，为达到优化教学的目的，对教师的教学行为进行分析和研究确定为不同的教学技能，然后分别学习和训练，当每一个技能都掌握以后，再把他们组合起来，形成教师的整体教学能力。

二、示范为受训者提供模仿的样板和信息

示范是对事实、观念、过程形象化的解释，是通过实际动作、电视等进行演示，来说明某件事是如何进行的，以便让受训者学会应该如何去做。在微格教学实训中，为受训者提供多种风格的教学示范，辅以各种技能的说明，使他们获得直接的感受，有了模仿的样板。示范无论是通过实际动作还是电视提供的，都是从视听两个方面作用于受训者的感官。许多实验已经证明，视听并用的方法能使信息接收者获得大量的信息，比只用语言描述的方法好得多。有研究表明，视觉神经的信息通过能力比听觉神经的信息通过能力大15倍。在提供示范的时候，除了通过视听结合的方法外，语言、文字的指导作用也不可忽视，它能使受训者加深对示范的理解，用所学的理论指导对示范的观察。

人类在利用自身的各种感官接收信息时，由于各种感官的分辨率不同，感受就不同，接收信息的比例也不同。如果把几种感官综合起来利用，就会获得更多

更全面的信息。在微格教学中用视听结合的方法提供技能示范，会使受训者接收的信息量大大增加，从而对某种教学技能更好地感知。

三、教学技能是掌握复杂活动的途径，符合心理学原理

在微格教学中主要是通过对教学技能的分解和分别训练使受训者形成教学能力。技能按其本身的特点可分为动作技能和心智技能两种。苏联心理学家加里培林等人在对心智技能的研究中，建立了心智活动分阶段形成的学说，他们认为："心智活动是一个从外部的物质活动向内部的心理活动转化的过程。"我国教育心理学学者潘菽对于动作技能与心智技能之间的关系则做了更进一步较为详细的论述："从认识与行动统一的观点来看，动作技能与心智技能既有联系又有区别。感知、表象、思维和肌肉运动是组成技能的必要环节。外部动作是心智技能形成的最初依据，也是它的经常体现者。心智活动又是外部动作的调节者。在完成比较复杂的活动过程中，不仅需要心智技能，也需要动作技能。"

在微格教学训练中，同样也包括心智技能和动作技能两个方面。它的外部物质活动是借助讲解、角色扮演、录像示范等为支柱而进行的，通过观察使受训者形成对活动过程和效果的感知，形成表象。在准备教学和实际训练中，再以此为基础进行各种语言阶段的心智活动。根据动作技能和心智技能形成过程具有不同的阶段性，即掌握局部动作阶段、初步掌握完整动作阶段、动作协调和完善阶段的特点，在微格教学训练中即可分技能、分阶段逐步进行，当每一个技能都掌握以后再把它们综合起来，形成较为完善的课堂教学能力。这种学习和训练教师教学技能的方法是符合心理学中动作技能和心智技能的形成规律和原理的。

四、直接的反馈对改变人的行为有重要作用

反馈是控制的基本方法和过程，其目的是使控制者知道以往的活动或过程的结果，并以此调节下一步活动的过程，实现所要达到的目的。反馈应同时具有两个条件，一是准确性，二是及时性，两者缺一不可。准确性是指反馈信息必须真实可靠，错误的反馈信息会导致做出错误的判断，从而使控制失效。及时性是指反馈的速度要大于受控体状态改变的速度，即反馈要在下一次决策之前完成，只有这样才能起到有意义的调节作用，才能达到控制的目的。

人的技能学习是以反馈为基础的,学习的过程是一个不断反馈强化的过程。例如,在体操馆的墙壁上都装有一块特别大的镜子,这使体操运动员在练习时能看到自己的动作是否达到了技术要求;有的教师为了观察自己的教学行为,备课时对着镜子试讲,观察自己的行为是否达到教学的要求等。这些事例都说明,人在进行有目的的活动时,都有一种要获得及时反馈的迫切需求。心理学研究已经证明,人类在观察了自身行为后所得到的反馈刺激要比他人提供的反馈强烈得多。如果一个教师在教学中有不雅观的行为习惯,当别人提出时,改正可能较慢,而当他自己观察到的时候,就会立刻注意,急于改正。反馈对于达到一定的目的具有重要的作用。微格教学就是要为师范生或在职教师在教学技能训练时提供及时、准确、自我反馈的刺激,帮助他们较快地形成教学技能。

五、定性分析与定量评价相结合有利于受训者改进提高

在微格教学中对受训者的评价是形成性评价,不把评价结果作为最终成绩,或不对某人教学技能高低进行定性,而是作为学习者改进、提高教学技能的依据,明确自己在哪些方面还存在着不足或问题。微格教学的评价,有自我分析、小组分析、指导教师分析三结合的定性分析评价,也有按照一定评价标准制定的评价量表的定量分析,以量化的结果说明在哪些指标上还存在问题,以及技能整体所达到的程度。定量分析给出具体的量化结果,定性分析找出产生不足的原因,指出努力的方向,被评价者容易接受。因此,两种评价相结合的方法有利于受训者改进和提高,完善自己的教学技能。

第四节 微格教学的基本程序

微格教学是一项细致的工作,要有效地提高教师的教学技能,关键在于要紧紧抓好微格教学全过程所包含的理论学习、观摩学习、编写教案、角色扮演和反馈评价等环节。这些环节,环环相扣、联系密切,削弱其中任何一个环节,都会影响教学的效果。我们应针对受教育对象的实际情况,落实每一个实施步骤

(图1-1)。

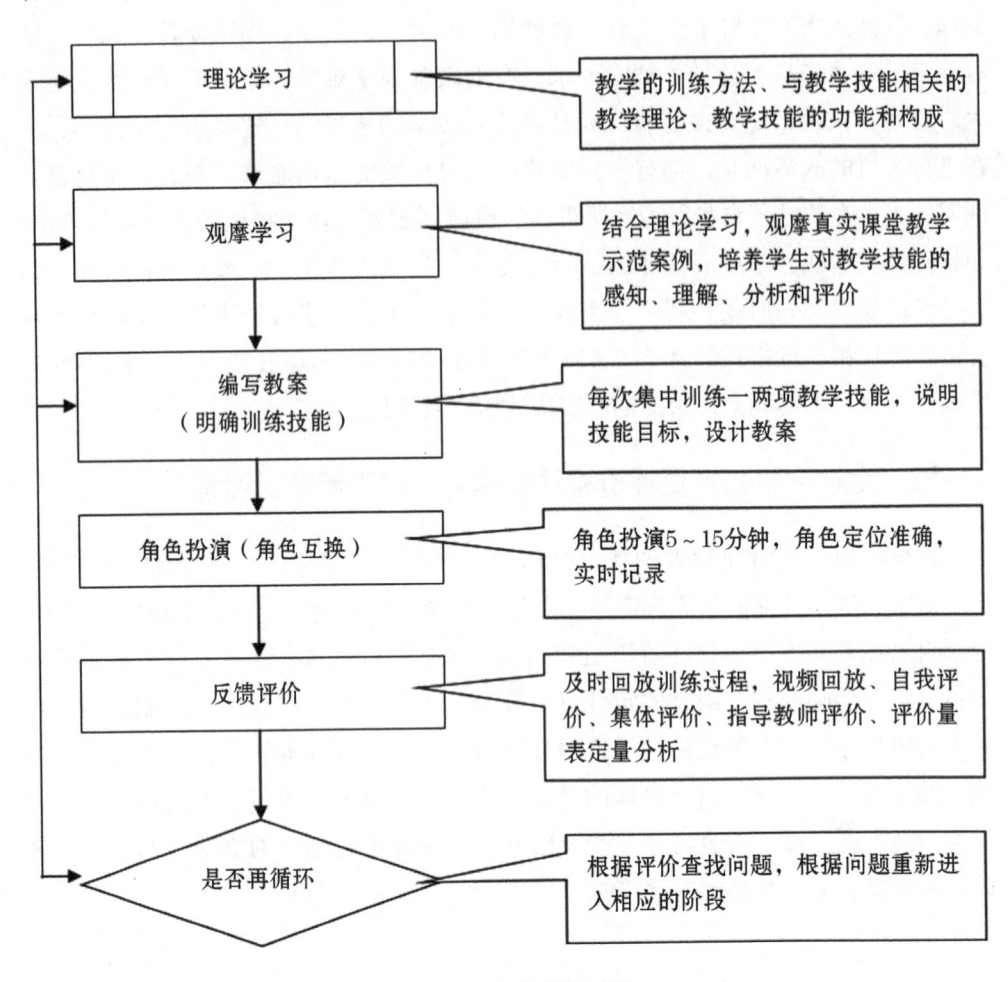

图1-1 组织训练过程

一、理论学习和辅导

在微格教学实践和发展的过程中,融入了许多新的教育观念、教育思想和方法。如布鲁姆的"教育目标分类学"及"掌握学习法",弗朗德的"师生相互作用分析"理论。具体实践中又有美国爱伦教授的双循环式和英国布朗教授的单循环式等。微格教学培训是一种全新的实践活动,也有其深刻的理论基础。因此,学习和研究新的教学理论是十分必要的。理论辅导的内容包括：微格教学的概念、微格教学的目的和作用、学科教学论和各项教学技能理论。理论研究和辅导阶段要确定好教学的组织形式。通常在学习教学理论时，导师以班级为单位做启发报告，讨论和实践则以小组为单位。小组成员为 6 人左右，最好是同一层次的教师或师范生。指导教师要启发小组成员尽快相互了解，对所研讨的问题有共同语言，互相成为"好朋友"。

二、教学技能分析

微格教学的研究方法就是将复杂的教学过程细分为单一的技能，再逐项培训。导师可以根据教学对象的不同层次和需要，有针对性地选定几项技能。一般说来，对于师范生和刚踏上讲台不久的青年教师，经过微格教学实践可以及早掌握教态、语言、板书等方面的基本技能；对于有一定教学经验的教师，可以通过微格教学实践，深入探讨较深层次的技能，有利于总结经验、互相交流、共同提高教学能力，以达到提高教师整体素质的目标。在技能分析和示范阶段，导师要做启发性报告，分析各项技能的定义、作用、实施类型、方法及运用要领、注意点等，同时将事先编制好的示范录像给学员观看。

三、组织示范观摩

针对各项教学技能，提供相关的课堂教学片段，组织学生进行示范观摩。观看录像后经过小组成员讨论分析，取得共识。这样，学员不仅获得了理论知识，也有了初步的感知。

（一）观摩微格教学示范录像

1. 教学示范录像片段的选择

在选择示范录像时要遵循两条原则，一是水平要高，二是针对性要强。示范的水平越高，学员的起点就越高；针对性越强，该技能的展现就越具体、越典型。

2. 提出观摩教学示范录像片段的要求

在观看示范录像片段时，指导教师要先提出具体要求，明确目标，突出重点，边观看边提示。提示时要画龙点睛，简明扼要，不可频繁，以免影响学员观看和思考。

(二) 组织学习、讨论、模仿

1. 谈学习体会

各自谈观后感：哪些方面值得学习；对照录像，检查自己的教学与别人存在哪些差距。师范生注重前者，在职教师注重后者。

2. 集体讨论

重点交换各自的意见，要在学习方面形成共识。指导教师也要参加讨论，重点指导。

3. 要点模仿

示范的目的是使受训者进行模仿。许多复杂的社会型行为，往往都能通过模仿而获得。实际上，受训者在观看录像时，就已渗透着模仿的意义。这里讲模仿，主要是在指导教师的指导下进行重点模仿。此外，指导教师的亲自示范或提供反面示范，对学员理解教学技能也会起到十分重要的作用。

四、指导备课

备好课是上好课的前提，而这里所说的备课有两层含义，即教师指导备课和学生自主备课。只有在"教与学"共同备好课的情况下，才能更好地提升角色扮演的质量。

(一) 组织学员钻研某项教学技能

1. 充分备课，熟悉教材

熟悉教材是至关重要的，如果对教材理解不透彻不深入，甚至出现片面性或错误，就无法体现教学技能。

2. 根据指定教材，针对某项教学技能进行钻研

在熟悉教材的基础上，重点应该考虑教学技能的运用。要正确运用教学技能，对该教学技能的钻研是先决条件，指导教师要正确引导学习者钻研教学技能的理

论，联系教材，把理论用于实践。

（二）学员备课

1. 独立设计教案

在钻研指定教材和该项教学技能的基础上，编写出教案。

2. 交流教案经验

在指导教师的指导下，交流备课情况，取人之长，补己之短。

3. 对在职教师和师范生要求有别

熟悉教材，理解教材，钻研教材，并结合教学技能备课，对在职教师来说，问题不是很大，但对在校的师范生来说，相对有一定的难度。师范生应先接受教学基本理论和教材分析的培训；指导教师在给师范生指定教材时，要对教材进行适当的分析，以帮助师范生正确理解教材，从而结合教学技能的运用进行备课。

五、角色扮演

角色扮演是微格教学的核心部分。受训者能否把备课时的设想和对教学技能的理解，通过自己的实践表现出来，是衡量角色扮演效果好坏的重要标准。

（一）角色扮演的意义

角色扮演是微格教学的中心环节，是受训者教学技能的具体教学实践活动，在活动中每个受训者都要扮演一个角色，进行模拟教学。角色扮演改变了传统的教师讲、学生听的教学模式，给受训者充分的实践机会，从而使师资培训工作上了一个新台阶。

（二）角色扮演的要求

培养教学技能，必须通过真实的练习与训练，否则就难以形成技能。微格教学中的角色扮演，给学生提供了上讲台的机会，使他们能把备课时的设想和对单项技能的理解，通过自己的实践表现出来，同时进行录像。师范生由原来的被动听课者，变为教学活动的参与者，充分发挥了学生的主体作用，体现了微格教学的优势。在微格教学实习室内，有指导教师、学生和摄像人员。教师由接受培训的学员轮流担任，学生也由学员扮演。每节微格教学课的时间控制在10分钟左右。为了使角色扮演的效果更佳，微格教学实践应该注意以下几点。

（1）在角色扮演前，指导教师要向师范生说明有关角色扮演的规定。

（2）除了执教者和学生以外，减少模拟课堂上其他无关人员，这样当执教者面对摄像镜头时，能减少紧张情绪。

（3）扮演教师者要把自己当成一个"纯粹"的教师，要把自己置身于课堂教学的真实情境之中，一切按照备课计划有控制地进行教学实践活动，训练教学技能。

（4）扮演学生者要充分表现出学生的特点，自觉进入特定情境。有时也可以让学员扮演一位常答错题的学生，以培训执教者的应变能力。"学生"最好是执教者平时的好朋友，这样初登讲台的执教者能获得一种安全感。

（5）在角色扮演过程中，任何人都不要打断教学，让"教师"去处理教学中的"麻烦"，技术人员在拍摄过程中，不能对"教师"提出约束条件。

六、反馈评议

反馈评议阶段，首先由执教者将自己设计的教学目标、主要教学技能和方法、教学过程等向小组成员进行介绍，然后播放微格录像，全组成员和导师共同观摩。观看录像后进行评议，可以先由执教者本人分析自己观看后的体会，检查事先设计的教学目标是否达到，及自我感觉如何；再由全组成员根据每一项具体的课堂教学技能要求进行评议。评议过程由以下三个环节构成。

（一）学员自评

1. 照"镜子"，找差距

由教师角色扮演者分析技能应用的方式和效果，看是否达到了预期目标。

2. 列出优缺点

肯定成绩，找出不足之处。如果自己认为很糟、非常不满意，可以申请重新进行角色扮演和录像。指导教师可根据条件和时间，决定是否重录，尽量做到不挫伤学员积极性。

（二）组织讨论，集体评议

评议时应以技能理论做指导，分析优、缺点，进行定性评价；根据量化评价表给出成绩，进行量化评价；提出建设性意见，指出"如何做可能会更好"。指导教师要注意引导，营造一种学术讨论的氛围。

（三）指导教师评议

学习者对指导教师的评价应十分重视，指导教师的意见举足轻重。因此，指导教师的评价应尽量客观、全面、准确。对于扮演者的成绩和优点要讲足，缺点和不足要讲准、讲重点。要注意保护学习者的自尊心和积极性，要以讨论者的身份出现，讨论"应该怎样做和怎样做更好"。

七、修改教案，反复训练

修改教案，是否重教是微格教学程序的最后一个环节。

（一）学员修改教案

根据本人录像，参考技能示范录像和技能理论，对照评议结果，针对不足之处，由学员自己修改教案。

（二）进行重教

根据评议情况，学员进行第二次实践，重复上述过程。

（三）再循环或总结

是否再循环，可以根据培训对象的具体情况及课时安排而定。当然，在课堂教学过程中，各项技能是交织在一起的，任何单项的教学技能都不会单独存在，也都难以完成某一具体的教学任务，孤立地对教学技能进行训练本身就是缺乏科学性的。如培训导入技能，重点研究导入的方式、新旧知识的联系、情境的创设等问题。但导入过程必然用到语言技能，还可能用到提问、演示等技能，只是对这些技能暂不考虑，只重点考虑导入技能的应用情况。因此，当各项教学技能都经过训练并达到一定水平以后，指导教师应安排学习者进行各项技能的综合训练，也只有对教学技能进行综合训练，才可能最终形成教学能力。

微格教学只是有效实训教师教育专业学生的一种方法，并没有严格规定的步骤和程序，上述微格教学的基本模式（或者称为基本实施步骤），是在比较理想的状态下比较有实用价值的一种训练程序。其实，在实际应用（教学）中可以根据实际情况和教学条件，以及微格教学要素进行适当调整。例如，有的学校可能并不具备配置微格教室的条件，没有摄像机等，这并不意味着微格教学就无法实施。微格教学的实质就是将完整复杂的课堂教学进行科学分割，分步对各分割块进行训练，使学生在逐一掌握各项分策略的基础上，能灵活应用所掌握的各项分策略完成完整的课堂教学。再如，把完整的一堂体育课分解成几部分（开始部分、准备活动部分、基本部分、结束部分），可以分步对各个部分进行训练，使学生在逐一掌握各部分策略的基础上，能灵活应用所掌握的各部分策略完成完整的课堂教学。另外，还可以按照常规课堂教学时，教学技能先后出现的一般规律（如开始部分涉及主要技能有口哨技能、口令技能、队伍调动技能等；准备活动部分涉及主要技能有口令技能、肢体语言技能、导入技能等；基本部分涉及主要技能有讲解技能、判断矫正技能、调控技能等）来集中训练2~3种技能，然后再整合各部分技能熟练地运用于完整的课堂教学之中也同样能达到教学技能训练的良好效果。因此，教学技能训练要根据各校的实际情况，对微格教学进行适当调整。这样就使微格教学具有了更广泛的适应性和生命力。

第五节　微格教案设计

作为教学设计的一种特殊形式，微格教学设计与一般的课堂教学设计既有区别又有联系。原因在于：一般课堂教学设计对象是一个完整的单元课，而微格教学比较简短，教学内容只是一节课的一部分，以便于对某种教学技能进行训练。微格教学要实现两个目标：一是使教师或师范生掌握教学技能；二是通过技能运用实现中小学课堂教学目标。教学技能是实现教学目标的方法和措施，而微格教学目标所完成的程度是对教学技能的检验和体验，两者紧密联系，互相依存。因此，微格教学设计既要遵循体育课堂教学设计的原理与方法，又要体现微格教学的特点。

一、教案设计的基本原理

微格教案设计是教学理论运用于教学实际的重要环节，是教学实践的开始。由于微格教学既是普通课堂教学的缩影，又是一种特殊的教学形式，因而，微格教案设计既与一般的课堂教案设计有共性，又与一般的课堂教案设计有区别。微格教案设计应该遵循以下几个基本原理。

（一）目标控制原理

目标是活动的标志物，是人脑对行为活动结果的预期，不仅对行为活动具有动机作用，而且对行为活动具有导向作用。教学目标是教学活动的导向，是在实施教学过程中，使学生在思维、情感和行为上从无知到有知，从知之不多到知之甚多的明确阐述。教学目标虽然制约了教案设计的方向，但对教学活动的实施却起着指导作用。

微格教学具有双重目标，即一定的课堂教学目标和一定的技能训练目标。因此，微格教案设计必须明确教学目标和技能训练目标。教学技能则是未达到上述目标而采取的方法、措施和技巧。为达到预定的教学目标，受训者尤其是师范生必须熟练掌握和灵活运用教学技能，明确技能训练的目标。微格教案设计必须以教学目标和技能训练目标控制教师的教学活动，控制媒体的选择和组合，控制教学课程的结构模式，控制学生的学习活动，规范学生学习评价的标准。教学目标制约着教案设计的方向，对教学活动的设计起着指导作用，是教学评价的主要依据。在进行微格教学训练时，训练任何一项教学技能，都必须受到教学目标的控制。如前所述，微格教学目标具有课堂教学和技能训练的双重目标。微格教学作为课堂教学的实践基础，其目的是在实现课堂教学目标的前提下掌握教学技能并灵活运用教学技能。微格教案设计必须以实现课堂教学目标为先导、以教学技能训练目标为手段进行教学策略的微观方案设计。若偏离了课堂教学目标，不管运用了什么样的教学技能都是无意义的。同时，要达到预定的教学目标，受训者就必须熟练掌握和灵活运用教学技能，明确教学技能的训练目标，才能更好地实现课堂教学目标。

（二）系统设计原理

系统科学理论研究表明，各种系统的功能总是与一定的形式和结构相关联。结构与功能既相互依存又相互影响，系统能否发挥最佳的功能，取决于系统能否以最佳的形式和最佳的结构出现。

微格教学系统是一个包含众多要素的复杂系统，不仅包括师范生和在职教师，而且包括诸多的教学媒体、教学软件以及其他微格教学资源。微格教学系统启动后的主要功能是通过各要素间相互作用而进行学科知识技能的信息传递。要使系统功能得到有效发挥，优化教学方案，微格教案设计是至关重要的。微格教学包括教师、学生、课程（教学信息要素）和教学条件（物质要素）四个最基本的教学系统构成性要素，涉及教学目标、教学内容、教学方法、教学媒体、教学组织形式、学习结果和评价等过程性要素及其相互关系，是包含各种教学要素的、复杂的、微观的课堂教学子系统。也就是说，微格教学是微观层次的教学系统，其教案设计的研究对象是微观的教学传播过程。因此微格教案设计的过程应体现教学系统设计的思想和方法。具体来说，就是在微格教学的系统设计过程中，通过系统分析技术（学习需要分析、学习内容分析、学习者分析）形成制订、选择教学策略的基础（实验、形成性评价、修改和总结性评价），使解决复杂教学问题的最优微观教学方案逐步形成，取得最佳的教学效果。

（三）优选决策原理

一般而言，人们在实施一项有目的的行为活动前总会面临多种策略选择，到底选择哪种策略以达到预期目标，是一个决策问题。所谓决策，是指为了解决某个问题或实现某种目标，对未来一定时期内有关活动的方向、内容及方式进行选择或调整的一个分析判断的过程，即在某种理论的指导下，根据当前面临的客观现实，从众多策略中选择行之有效的最佳教学策略。"所谓教学策略，是在教学目标确定后，根据已定的教学任务和学生的特征，有针对性地选择与组合相关的教学内容、教学组织形式、教学方法和技术，形成既有效又有意义的特定的教学方案。"由此可见,教学策略是为完成特定教学目标而采用的教学活动的程序、方法、形式和媒体等因素的总体考虑。对教学而言,没有任何单一的策略能够适用于所有的教学情况,有效的教学策略需要由可供选择的各种策略来达到不同的教学目标,在一定的情况下达到特定教学目标的最有效的方法就是最好的教学策略。为了达到特定教学目标,必须充分考虑多种不同的教学策略,优选出根据实际情况所制定的适合的教学方案,使得特定的教学情境有与之相应的最佳教学策略。微格教案设计的过程是相关教学理论在微格教学实践中的运用过程,由于同一教学理论在教学实践中对应着多种不同的教学策略,为了确保微格教学的有效性,在微格教案设计过程中理当遵循优选决策原理。

(四) 反馈评价原理

反馈评价不同于自上而下,由上级评定下属的传统评价方式。反馈评价的立足点是被评价者的能力发展。在反馈评价中,评价者不仅有被评价者的上级,还有其他与之有密切接触的人员,比如同事、下属等,还包括当事人自己,也就是说,他是从不同层面的评价中收集评价信息的,其评价结果会反馈给被评价者,这将促使当事人全面地认识自己,为自身发展提供信息参考,从而提高自己的技能。

教育传播理论认为,教学过程既是师生交流互动的过程,也是教学信息传递与反馈的过程。现代教学不仅有信息的单向传递,也有信息的双向交流。反馈可以使视角与传播过程成为双向交流系统,使教师了解信息的传递结果,对学生的学习状况做出及时准确的评价,对自己的传播行为做出改进。我国教育界泰斗李秉德先生指出,"学习反馈推动的原则已为心理学界所公认"。为此,在设计微格教案时,必须重视反馈信息的收集,设计学习评价的指标体系,利用反馈信息来控制调整教学过程。微格教学运用现代教育技术手段进行信息反馈。当微型课结束后,受训学生及时观看自己的授课记录,并与指导教师和同学进行讨论评价,从而获得广泛而深入的评价反馈信息,找出改进教学效果的方法和提高教学技能的对策。因此,进行微格教案设计时应充分利用反馈评价的原理和方法,提高微格教学训练的教学效果和培训效果。

二、教案设计的意义和原则

教案设计是微格教学活动必不可少的重要环节，教案设计的优劣决定教学实践效果的好坏。因此，学生不仅要认识到教案设计的重要性，还要遵循微格教案设计的基本原则。

（一）教案设计的意义

教案设计是微格教学过程中非常重要的环节，是介于学生学习微格教学理论、观看示例和微格教学实践以及评价的中间环节。

1. 教案设计体现了学生对理论学习的掌握程度

微格教学的主要目的是使学生学习掌握教学所需的各项技能。因此，一开始就必须对学生进行技能的理论训练。如果这些理论学习不够深刻，学生要么不能把这些技能体现在教案设计中，要么张冠李戴，把不相关或没有联系的技能胡乱穿插于教案中。从学生的教案上，指导教师很容易发现学生对理论的掌握程度。

2. 教案设计体现了学生对教学技能的理解程度

在讲解各项技能之后，指导教师一般会给学生播放教师示范课。学生在观看示范课的时候，关键是要去理解与教学内容相关的各项技能。如果学生没能认真学习或者其关注角度发生偏差，仅将注意停留在教学内容上而忽视了对教学技能的分析和把握，那么他们在教案的编写上就会由于缺乏实例而显得不够深刻。

3. 教案设计直接影响学生的教学技能及微格实践活动

微格教学是学生运用理论付诸实践的活动，学生教案的编写体现了学生对微格教学的认识，教案编写的好坏对于教学技能及微格实践有直接影响。

4. 教案设计是教师指导评价学生教学技能训练的依据

教案的编写也可作为指导教师评价学生的重要手段，直接影响学生的实践。指导教师对教案的评价是学生评价体系中的一部分。

（二）教案设计的原则

原则是教案设计必须遵循的基本要求。学生在设计微格教案时，应该遵循一定的原则。

1. 目的性原则

目的性原则是指在微格教案设计过程中，学生必须明确微格教学的目的，要以技能为中心设计教案。由于微格教学目的明确，即要求学生掌握几种主要的教学技能，因此学生在教案设计过程中必须充分体现这一原则，要明确每一个实践过程所要达到的目的。教学内容与技能之间的关系应当是清晰明了的，而不是生搬硬套的。目的性原则也可以理解为技能性原则，这是微格教案设计与一般教案设计的主要区别。

2. 详尽性原则

详尽性原则是指在微格教案设计过程中，学生必须全面、详细地设计教学的每个环节并书写注明。教学技能微格实践的时间不长，但其中体现的教学技能却可以是多种的。必然要求事先详细地考虑微格教学的每一过程，甚至要以时间为单位进行微格教案设计，在设计的时候不仅要表明内容所体现的技能，对教师的行为有具体的描述，而且对学生可能的反应行为也要进行预测和描述。因此，微格教学教案必须详细清楚。

3. 灵活性原则

灵活性原则是指在微格教案设计过程中，学生必须设想微格教学过程中可能出现的各种情形，并做出灵活的处理设计。这要求学生事先要编写一份灵活的教案，以应付各种可能出现的情况。

4. 修正性原则

修正性原则是指在微格教案设计过程中，学生应当综合各方意见和具体实践，对教案存在的问题，及时修正和完善。微格教学的一个重要特点是其诊断性。通过微格教学，学生在实践中对未掌握的、不够熟练的或运用错误的技能评估论断，经由多次反复训练，以形成教学技能。在教案的编写中，学生可通过摄像、小组讨论或者教师指导，对原来教案中存在的谬误加以修正。这一原则是微格教学特点在教案编写中的体现。

三、教案设计的项目和准备

教案设计项目主要包括教学目标、过程、时间分配及检验设计内容等。在考虑设计这些项目之前，教师要做好熟悉教学内容、选用教学技能、选择场地与环境等一系列准备工作。

（一）教案设计的项目

1. 教学目标

教师在进行教案设计时，应使教学目标符合课程要求，切合学生实际且具体细致，以便随时检查这些教学目标的完成情况。同时，教学目标不可定得太高，否则，将会因无法达到而挫伤学生积极性。

2. 教学过程

教学过程包括教师的教和学生的学两个方面。教师的教就是教师依据教学目标和学生的身心发展状况，通过导入、讲解、提问、观察诊断、队列队形调动等技能方式去教导学生进行学习；学生的学就是通过听讲、观察、练习等学习活动，掌握知识和技能，并发展认知能力、思维能力、创造能力。在这个过程中，学生是主体，教师起着主动作用。所以教师设计的课堂教学过程不能千篇一律，也不宜完全照搬"标准"教案。教师应该采用适当的教学方法，并加以灵活运用。此外，教师还要经常将新的教学思想、教学观念引入教学中，通过教学实践去探索提高学生素质的有效方法。

3. 时间分配

微格教学的时间通常较短，一般为 5~15 分钟，教案通常限制在 10 分钟以内。在设计时要仔细估算每一教学行为所用的时间，这对于师范生尤为重要，有利于他们今后掌握好课堂教学时间。

4. 检验设计内容

当教案初步设计完成后，学生应先自我检验，然后交给指导教师批阅。指导教师从中了解学生前一段的学习情况和对课堂教学技能的理解程度。接收这些信息反馈后，在尊重学生本人意见的基础上，指导教师和学生共同进行科学的讨论分析，提出教案的改进意见和建议，使微格教学的教案设计更趋完善，更符合微格教学的特点。

（二）教案设计的准备

进行教案设计之前，学生必须做好相关的准备。

1. 熟练学习教学内容

由于学生缺乏授课经验，因此为防止可能存在的怯场和冷场，要求学生对教学内容做到熟练把握，这是非常必要的。

2. 灵活选用教学技能

教学技能的选用要以内容为载体，做到恰如其分。对于初学者而言，首先必须对各项技能有全面的认识和理解，在理解的基础上再选择符合内容的教学技能。有的初学者为了炫耀自己对某项技能的掌握而主次不分；有的初学者则乱用一气，使内容和技能不匹配。这些都是不可取的，必须为教学内容选择最佳的技能。

3. 有效选择教学工具和场地器械

教学过程中，除了教材外，可能还需要一些器械和特殊的辅助工具。学生在设计之前，对这些工具和场地器械可使用数量应当有所了解，并确保在教学实践中能够充分运用，必要时应当对其进行检查和修复。如果材料特殊、需要自己设计，那么在编写教案之前必须先设计这些教具。

4. 周密布置教学环境

一般而言，微格教学有专门的微格教室或场地器械。对学生而言，熟悉环境也是必要的。学生还必须为教学实践中"学生"这一角色挑选人员组成小组，当然这也可以由真实的学生来担任，不过由于微格教学环境所限，不需要太多的学生，如果他们参与程度不高，对于教学实践也是有影响的。这些因素在编写教案的时候必须加以考虑，以做到万无一失。

四、教案设计的具体要求

在做好前期准备工作之后，学生就应当正式开始编写教案。微格教案应包含以下内容：教学目标、"教师"教学行为、"学生"的行为、应用的教学技能、需要的场地器械或教学媒体、时间分配。具体要求如下：

(一) 教学目标

这是微格教案的首项内容。教学目标的制定是进行微格教案设计的前提。制定教学目标要紧紧围绕微格教学的内容和要求进行，教学目标要细致、具体、具有可操作性，要避免出现目标定得太大，或是照搬参考书来定目标，也不能不顾及课堂的实际情况。指导教师必须对教学目标的制定予以指导，帮助他们理解课程标准，指导他们深钻教材，引导他们正确地使用教学技能。

(二) "教师"的教学行为

教师在授课过程中的行为包括讲解、示范演示、组织管理、提问等若干活动，这都要在教案中写清楚。教师的教学行为要预先经过周密设定，与教学时间一栏相对应，使自己的教案更具有可行性。学生在讲授微格课时，常因经验不足对教学过程掌握不好，有时扩大了教学范围，有时又缩小了教学范围，这都需要指导教师事前提醒，给出一些应付课堂变化的建议。尤其是现代课堂教学，电化教学手段复杂，单就电教硬件的操作来说，如果事先不策划好，也会影响教学进程。

(三) "学生"的行为

它是指教师备课中预想的学生行为。学生的课堂行为主要有观察、回忆、回答、操作、活动等。在进行教案设计时预想学生行为是非常重要的。有时"教师"往往一厢情愿，自顾自地讲课，不注重对学生的组织与学生的反应，结果在实际课堂教学中常出现冷场、偏离教学目标等现象，使得课堂教学失去控制，完不成教学任务。

因此，在设计教案之前，必须对"学生"进行一番安排和配置。在编写教案的过程中，也必须合理考虑到"学生"这一角色可能出现的各种行为，以做好应对的措施，使教学活动能有条不紊地进行。"教师"在提问之后，应当将学生可能的回答和反应写在"学生的行为"一栏。

(四) 应用的教学技能

微格教学的主要目的在于使学生掌握教学所需的各项技能，因此，这些技能在教案中应当得到体现。一般来说，学生应在教学行为结束后，专门指明这一行为对应的教学技能。这样有利于学生增强对教学技能的认识，也有利于评价者根据技能标准对其教学技能进行考核评价。一般来说，一个教学行为对应的技能可能是一种也可以是多种，学生必须能够意识到这些，并将这些技能都写下来，如果行为对应的技能太多，则要对行为进行更细的区分，以表明具体技能。

（五）场地器械和教学媒体

教案编写之前，学生对所需的教学媒体、工具和场地器械要准备妥当，在教案中也应该得到体现。学生应当标明在教学的哪一个环节需要出示教学媒体或使用哪些场地器械，以何种形式出现及如何利用这些教学媒体或场地器械等。这不仅可以给学生在教学活动中以提示，而且也体现了学生运用教具或使用场地器械的教学技能。

（六）时间分配

由于所需要的人力、物力较多，微格教学是不可能以 45 分钟作为一个教学单位的。因此，学生需要合理安排时间，应该对每一教学行为专门标明时间，确定其时间的间隔和时间跨度。这也可以作为指导教师考核学生对教学进度的把握能力的指标，同样也是组织技能在时间上的微格教学中的隐性体现。教案设计的时间分配可以结合具体的教学行为，以"分"为时间单位综合加以考虑。

五、教案的修改和完善

教案编写完毕之后或在具体的教学实践后，受训学生需对教案进行不断修改和完善。以下是对教案修改的一些建议。

（一）目标分析

教案的编写者在设计教案时，一定要谨记教学目标，不可偏离目标，随意设计。目标性原则是教案设计的重要原则，很多初登讲台的"教师"容易离题千里，随意发挥，就是因为未明确教学目标。最初微格教学的教案设计，由于内容较少，未必能完全体现所需要达成的教学目标，但是至少要有一定的教学目标体现在教案中。教案中所设计的教学过程，必须是围绕着教学目标展开的，教案中所运用的教学技能应当恰到好处，能够实现预定的教学目标。

（二）内容分析

受训学生在教学过程中，由于时间的限制，可能所需要的授课内容不多，但是依然需要对这些内容进行分析，确定重点难点，避免以偏概全，挂一漏万。在对教案修改完善的过程中，必须明确短短几分钟所需要讲授的内容是否有层次、有重点；这些内容是否与学生已有的知识存在联系，教案中教师的行为是否妥当，是否能体现受训学生的水平。

（三）同行的评价和教师的指导

教案编写完成，经过自己修改后，需要交给其他同学进行评价，以便发现其中自己难以发现的问题，加以完善。在正式进行微格教学前，还需要经由指导教师过目，提出修改建议。指导教师教学经验比较丰富，往往容易看到一些受训学生常犯的问题。

（四）在微格教学后进行修正

有时候，由于种种原因，教案的瑕疵并不能在课前呈现。在微格教学后，受训学生不能因为活动已经结束就松懈，应当总结和反思教学过程中诸多令人遗憾的地方，提出改进方案。对于因教案不够完善而导致的问题，应当对教案进行再次修改，以此作为自己的经验总结，给自己一份满意的答卷。这一完善的教案也能给其他受训者提供借鉴。

六、教案格式

教案格式是模仿的版式，学生在设计教案时必须考虑微格技能训练的要求，做到清晰、明确。微格教案设计的具体格式可以是各式各样的，但大致包括教学目标、技能目标和时间分配等项目（表1-1）。

表1-1　微格课堂教学教案

姓名：_____　　年级：_____　　日期：_____　　导师：_____

学科：_____　　课题：_____

教学目标	1. 2.			
技能目标	1. 2.			
时间分配	教师行为 （讲授、提问等内容）	应用教学技能	学生行为 （参与活动、应答等）	所用场地器械或教具、仪器和媒体

思考题

1. 什么是微格教学？
2. 微格教学有何特点？
3. 微格教学训练程序有哪些？
4. 微格教案设计原则是什么？
5. 微格教案设计的项目是什么？
6. 微格教案设计前如何准备？
7. 微格教案设计的具体要求是什么？

第二章　体育教学技能及分类

实训目标

1. 了解教学技能的含义及实训的意义；
2. 认识教学技能形成的途径与方法；
3. 初步理解体育教学技能分类的原则与方法。

教学技能是教师最基本的职业技能。它是教师在教学活动中为实现教学目标所采取的各种教学行为方式。是教师职业个性品格和专业修养外化的表征，是教学能力的重要标志。

教学技能对外表现为成功地、创造性地完成既定的教学任务，卓有成效地达到教学目的和获得有效的教学方法；对内表现为保证完成教学任务的知识、技巧、心理特征和个性特征的功能体系，是教师的个性、创造性与教学要求的内在统一。从整个教学活动的系统来看，教学技能又是教师把教学理论转化成教学实践的过程。因此，每一位教师要想形成自己的教学风格，达到艺术化教学的水平，就必须遵循教学技能发展的规律，在熟练掌握教学技能的基础上，不断探索、不断创新。

第一节 体育教学技能的概念

教学技能是教师职业的重要技能之一，是教师顺利完成教学活动的基本保证。教师的教学技能水平对教学质量的提高和学生发展会产生重要的影响。一名合格的教师，必须通过专门的训练，掌握从事教育教学工作所必须具备的教学技能。

一、技能的概念

心理学认为，技能是指顺利完成某项任务所需的一种动作活动方式或心智活动方式，技能通过练习而获得。技能可以分为动作技能和心智技能。

（1）动作技能是通过练习而形成的符合一定法则的活动操作方式，如生产劳动技能、日常生活技能、文体活动技能等，它具有活动对象的客观性、执行动作的外显性和动作结构上的展开性等特点。

（2）心智技能又称智力技能、认知技能，表现为一种调节和控制心智活动的经验，是通过练习而形成的符合一定法则的心智活动方式，包括感知、记忆、想象和思维等认知因素。其中，抽象思维因素占据着最主要的地位。作为一种活动方式，心智技能又区别于操作活动方式和外部语言活动方式，它具有动作对象的观念性、过程的内潜性和结构的简约性等特点，它是在不断地学习过程中，在主体与客体相互作用的基础上，主体通过动作经验的内化而形成的。

技能的形成过程是阶段性的，在不同的阶段显示出不同的特征。由技能形成的初级阶段到熟练掌握技能的高级阶段，一般表现出以下三方面的特征。

（一）从活动结构的改变来看

动作技能的形成表现为许多局部动作联合成一个完整的动作系统，动作之间互相干扰的现象，以及多余的动作逐渐减少以至消失；而心智技能的形成则表现为：认识活动的各个环节逐渐联系成为一个整体，概念之间的泛化和混淆现象逐渐减少以至消失，内部言语趋于概念化和简约化。

（二）从活动的速度和品质来看

动作技能的形成表现在动作速度的加快，动作的准确性、协调性、稳定性和灵活性的增加上；而心智技能的形成则主要表现在思维的敏捷性与灵活性、思维的广度与深度、思维的独立性等品质上。学生掌握新的学习材料的速度和水平是体现心智技能水平的主要标志。

（三）从活动的调节来看

一般动作技能的形成表现在视觉控制的减弱与动作控制的增强、基本动作接近自动化和动作紧张性的消失上；心智技能的形成则表现在心智活动的熟练化、神经元的消耗和内部语言过程"自动化"。

无论是动作技能还是心智活动技能，都是通过后天练习形成的。练习是形成技能的基本途径，但练习不是动作的机械重复，它是一个有目的、有计划地采取必要方法逐步熟练的过程。为使练习能够有效促进技能的形成，教师必须加以指导，给学生提供合适的练习条件。

二、教学技能的概念

教学技能是一个具有历史范畴的概念，在不同的历史时期具有不同的内涵。目前国内外尚未给出一个合理的科学概念。人们从不同的角度来审视它，归纳起来有四种教学技能观：活动方式说、行为方式说、结构说和知识说。

活动方式说——教学技能被视为一种活动方式或动作方式，即"为了达到教学上规定的某些目标所采取的一种极为常用的活动方式、一般认为是有效的教学活动方式"。

行为方式说——教学技能被看作"课堂教学中教师运用专业知识及教学理论促进学生学习的一系列教学行为方式"。行为说以行为主义心理学为理论依据，强调从行为的角度进行客观的研究，对教学活动中可观察、可操作、可测量的外显行为进行描述和训练。

结构说——结构说认为教学技能不是单纯指教师的教学行为或认知活动方式，而是教师的教学行为与认知活动结合而成、互相影响的序列。

知识说——教学技能被理解为用于具体情景（教学情景）的一系列的操作步骤（程序性知识），包括教师在教学中表现出来的动作技能、智慧技能、认知策略等。

综上可见，教育学家和心理学家们对教学技能本质的定义不尽相同。随着现代认知心理学的发展，他们对教学技能的本质解释有了一个循序渐进的，更深刻的认识过程。在这里，我们将教学技能释义为：教学技能是指教师在教学过程中，依据教育教学理论，在已有的知识经验基础上，通过实践练习和反思体悟而形成的为达成某种教学目标的一系列教学行为方式和心智活动方式。它包括以下三个方面的含义。

第一，教学技能是一系列教学行为方式和心智活动方式的整体体现。教学技能表现为教师在教学过程中，运用与教学有关的知识和经验，促进学生学习、达到教学目标的多种能力或者一系列的行为方式。

第二，教学技能的形成是内外兼修的结果。教学技能可以通过学习来掌握，在练习实践和反思体悟中得到巩固与发展。

第三，教学技能是教师在已有知识经验的基础上形成和发展起来的。教学技能不同于教学能力，教学技能是教师在课堂教学过程中，依据个人所掌握的教学理论、专业知识及对教学的认识和教学经验等所采取的一系列教学行为方式。而教学能力则是教师完成教学任务所必需的个性心理条件和心理特征。教师教学能力的形成是在教育理论的指导下，运用已有的知识，通过研究课程标准、教材，分析学生情况等一系列教学设计活动，明确教学内容、方法、教学组织形式和教学评价，确定教学策略的过程。

三、体育教学技能的概念

体育教学技能，从概念的属性而言应为教学技能的分支，它从属于教学技能。因此，体育教学技能具有其他学科教学技能的共性，但其本身也存在着一定的特殊性，其特殊性是由体育学科专业本身的性质所决定的，也是其他学科教学所不具备的。如体育课堂教学是以室外环境为主要活动场所；室外环境受外界的干扰因素大、学生不易控制；教学过程中师生是以身体练习为主的；师生、学生之间的接触除了语言还有身体之间的接触；教师传授学生技能需要"手把手式"的教学；学生的学习需要心智活动，更需要身体动作与心智活动的有机配合等。这一系列特性就决定了体育教学技能的多样性、复杂性和独特性。因此，教育学中有关的教学技能对体育教学技能的界定具有普遍的指导意义，但要结合体育教学本身的特性，才能对体育教学技能做出比较合理的界定。

综上分析，我们将体育教学技能释义为：体育教学技能是指在体育教学情境中，依据教育教学理论，运用已有的专业知识和经验，促进学生达成某种教学目标的一系列教学行为方式。根据这个界定，体育教师的教学技能具体有以下几个特点。

第一，体育教学技能是一种行为方式。所谓行为方式，就是指行为主体对外界发挥作用或发生影响的动作系统，它具有可观察性、可定量化的特点。

第二，体育教学技能与一般生活技能一样，具有一定的熟练性、目的性和主动性的特点。

第三，体育教学技能与一般的教学技能不同，体育教学技能的主要目标是围绕运动技能教学展开的，因为运动技能教学是体育教学的本质特点，而一般的教学技能则以教学的思维活动为主体。

第四，体育教学技能必须通过在大脑思维活动支配下的身体训练或练习而形成。体育教学技能是逐渐培养、形成与发展的过程，也是从初级技能向技巧性技能发展的过程。

体育教学技能是体育教师的职业技能，它不但以教育教学理论为基础，也遵循实践原则和要求，是体育教师素质的重要体现。体育教学技能的运用旨在激发学生的学习兴趣，引导学生掌握科学的基础知识，形成技能和发展智力，为学生顺利完成学习任务，达成教学目标创造有利条件。体育教学技能具有一定的目的性、可操作性、可分解性和后天习得性等特点。不同的体育教学技能是与不同的教学目标联系在一起的，如导入技能总是与引导学生集中注意力、激发学生学习兴趣、启迪学生思维、明确学习任务等教学目标联系在一起的。不同教学阶段的教学任务、教学目标不同，要求有不同的体育教学技能与之相适应。

体育教学技能的形成以相关学科专业知识为基础。一个体育教师的教学水平和体育教学技能很大程度受制于体育教师掌握的相关学科专业知识，一名具有良好体育教学技能的体育教师除了具备专业知识和广博的社会文化知识外，还必须具备教育学、心理学等教育科学的知识和方法。因为体育教学技能训练是在现代教育理论指导下的实践活动。在开展体育教学技能训练前，进行必要的教育理论学习是必不可少的。另外，技能的获得要经过大量科学的练习，体育教学技能更是如此。

体育教学技能具有可操作性和可模仿性。体育教学技能有着特殊的运作程序和特定的规则、规范，正因为这些特点，体育教学技能可以分解为具体的行为方式和步骤，具有很强的可操作性，从而可以通过观察和示范进行有规律的模仿，使训练系统化。

第二节 体育教学技能与知识、能力的关系

体育教学能力是体育教师驾驭有关知识和技能顺利完成体育教学活动所必备的心理特征。这个定义较好地说明了能力的实质，指出了能力与知识、技能的关系；明确了能力与教学活动的关系，为了解体育教学能力的内涵提供了一个可操作性的定义。

根据当代心理学界提出的"层次结构理论"，我们认为现代优秀体育教师的理想模式应是智能型的，也就是说，他们身上应具备合理的智能结构，这个智能结构具有以下特点。

第一，体育教学能力是分层次的，从下往上依次为智力层、知识层、技能层和能力层。层与层之间结构紧密，互为依存，这四个层次形成一个统一的整体。

首先，在体育教学能力结构中，智力是最基础的层次，犹如塔的根基，它是知识、技能和能力的载体，它对这三者起着制约的作用，优秀的体育教师必须具备较强的智力。当然，一个人的智力不是固定不变的，知识、技能及能力的掌握，又反过来促进了智力的发展。其次，知识（包括普通文化科学知识、体育专业和体育教学理论知识）属于基础的层次，犹如塔的底座。再次，技能（主要指体育教学技能，既有心智技能，又包含操作技能）属于中间层次，犹如塔身。最后，

能力（主要指体育教学能力，由许多能力群所组成）属于最高层次，犹如塔顶。除此之外，智力和知识是内隐性的，而技能和能力是属于外显性的。

第二，体育教学技能的形成必须以学习和领会知识为前提，但"技能"不等于"知识"，"技能"高于"知识"，从学习知识到掌握技能产生了第一个飞跃；其次，技能是能力的基础，就教学活动而论，可以说，没有体育教学技能就等于没有体育教学能力。显而易见，体育教学技能在教师的智能结构中起着承上启下的作用。

第三，体育教学能力的形成和发展要以知识和技能的获取为前提条件，但体育教学能力不是知识和技能的简单加和。当某位教师在教学活动中把所掌握的有关知识和技能进行组合并顺利地完成教学任务时，我们就可以说，这位教师具备了某种体育教学能力。同理，在职教师把知识和技能转化为体育教学能力就产生了第二个飞跃。

通过上述分析，我们看到了能力与知识、技能的区别。知识、技能是个人的经验系统，而能力则是对这些经验系统的应用、控制和调节。同时我们也应看到知识、技能与能力是紧密联系的，它们相互制约，互为因果。例如，一个人初始的体育教学能力是他掌握知识、技能的主要心理条件，一个人的体育教学能力水平制约着他对知识技能掌握的广度、深度与速度；而掌握了一定的知识技能又会促进体育教学能力的发展。当然知识技能的掌握与体育教学能力的发展不一定同步，往往也会有剪刀差。

知识、技能的掌握能否促进能力的发展还需要具备许多条件。

第一，受掌握方式的影响。理解的知识获得使新知识成为个体知识结构中的组成部分；而死记硬背的知识是肤浅的、孤立的，难以在实践中灵活运用，这不利于能力的发展。

第二，受掌握水平的影响。掌握的知识是处在感性水平，还是处在理性水平，对人的能力也有很大影响。有人凭自己的经验，虽能成功地完成某一项活动，然而这种活动结构如果改变了，仅凭经验的人将显得束手无策，这就说明由感性知识转化的能力只是再现的水平。例如，有的人没掌握教育理论，经过自己的实践锻炼虽然也能教好课，但要他搞点教学改革或从理论上概括其教学经验，就会显得力不从心。

第三，受应用程度的影响。能力是在活动中形成的，所以把掌握的知识在活动中加以应用，也是知识转化为能力的条件。如果没有去用，则知识就仍处在知的基础上，而没有转化为能力。在实践中应用知识、技能，就知道了它的适用范围、实施条件，同时也形成、发展了驾驭知识、技能的有关心理特征。

　　综上所述，一名在职教师要成长为一名具有合格智能结构的教师，一般要经历两个过程。其一，必须把所学的体育教学理论知识转化为体育教学技能；其二，必须把所掌握的体育教学技能再转化为体育教学能力。这两个过程都与教学实践活动密切相关，其中体育教学技能的培养和提高对教师所掌握的知识转化为体育教学能力，加快教师体育教学能力的形成起着重要的桥梁或纽带作用。因此，在学校体育教学中深入理解和正确处理学习知识、训练技能与培养能力的关系是十分必要的，三者是既有区别而又密切联系的有机整体。以学习知识为前提，以训练技能为重点，以培养能力为目的，这才能真正体现学校体育教学的基本特点。

第三节　体育教学技能实训的意义

　　体育教学技能是教师在教学中顺利达到教学目标、促进学生学习的一系列有效的教学行为方式。这种行为方式是依据教学理论和教学经验转化而来的，它既是体育专业师范学生掌握教学技能、形成综合教学能力的基础，也是在职体育教师开展教育教学研究，提升自身专业发展水平的有效途径。

一、体育教学技能是教师的职业技能

　　体育教师的职业，具有双重的专业性——学科专业与教育专业。它要求教师必须掌握所教学科的知识与技能，以及掌握教育教学的知识与技能。要提高教育教学质量，教师就必须具备最基本的职业技能——体育教学技能。因此，体育教师就必须经过严格的、持续不断的专门训练，来获取持久的专业知识和专业技能。

二、体育教学技能是搞好教学工作的基础

体育教学是一门科学,也是一门艺术。它是建立在教师广博的知识和熟练的体育教学技能基础上的。而技能是完成教学任务的最基本的行为方式,体育教师若没有深厚、广博的专业知识和熟练的体育教学技能,就无法从事教育教学,更谈不上教学艺术,因此,体育教师的专业技能水平,决定着教育的发展水平。

三、体育教学技能是教学能力的一个重要组成部分

体育教学能力,是教师完成教学活动的主观条件和心理特征。它包括学科知识和教学活动中认识的知识。而体育教学技能,是顺利完成学科教学任务的行为方式。它是受个体的主观思想支配的,而表现出来的是外部行为和内部思维活动。它是体育教师的职业个性品格和专业修养的外化表征。是体育教学能力的重要标志。

体育教师要想形成自己的教学风格,达到艺术化的教学水平,就必须遵循体育教学技能的发展规律,既要掌握专业的技能和其他的操作性技能,还要掌握有关的教育、体育教学技能,并在熟练掌握体育教学技能的基础上,不断探索和不断创新。

四、体育教学技能是教师专业化的标志

教师专业化是指教师职业具有自己独特的职业要求和职业条件,有专门的培养制度和管理制度。体育教师专业化的要求有以下三点。

(一) 在职业道德上,要求教师要从一般道德要求向职业道德精神发展

体育教师不仅是知识的传递者,而且是道德的引导者,思想的启迪者,心灵世界的开拓者,情感、意志、信念的塑造者;能用教育的理想信念垂范于各个行为细节,并形成自律与自立的专业精神。

(二) 在专业知识和能力上,要求教师要从"单一型"向"复合型"发展

科学技术的综合化、教育的社会化、教育科研的一体化,要求体育教师要具

有广博的科学知识和人文素养。确保自我知识的完整性。

（三）在劳动形态上，要求教师要从"教书匠"转变为"创造者"

教育是创造性的劳动。因为，教育的对象千差万别，教育的内容不断变化，体育教师的个人条件又不同，所以，体育教师的劳动就不可能一样。所以，体育教师要抓住时机，及时地、正确地判断、并且采取相应的措施，解决教育矛盾，并不断地超越自我，创造未来。

第四节 体育教学技能的形成与构建

体育教师教学技能的形成与构建，是在真实的教育环境中持续进行的，它是一个终身发展的过程。体育教师作为社会职业人，其专业成长过程，始终是一个学习和实践的过程，其教学技能伴随着教师的职业思想、职业道德、职业情感和社会责任感的不断成熟而不断提升，并在师生共同的生活世界中教学相长。

一、体育教学技能的形成，依赖于学习，更依赖于实践

体育教学技能的掌握，既要重视学习与实践，也要处理好两者之间的关系。

（一）体育教学技能的掌握，要重视学习与实践

技能是通过练习而获得的，任何技能的形成都有其规律。体育教学技能也如此。首先，教师要想掌握某种体育教学技能，就必须领会这种体育教学技能的基础知识，弄清它的本质特征和适用范围，了解其构成要素和操作程序及其要领，这是技能形成的基础。其次，技能总是在练习和应用中形成与发展。例如，京戏演员的唱、念、做、打等基本功，都是经过长期的苦练而形成的。因此，教师在教学活动过程中，所表现出来的精妙、娴熟的体育教学技能，也是在长期的体育教学实践中，经过严格的练习而形成的。也只有通过体育教学实践的历练，各种体育教学技能的概念意义、组成要素、操作程序及要领，才能为体育教师所理解

和"内化"，并逐渐地转化为个体的教学经验系统。

(二) 体育教学技能的掌握，要处理好学习与实践的关系

就技能的来源而言，体育教学技能，它根植于个体经验，又不是个体经验的简单描述，而是在千百万教师经验的基础上，经过反复筛选和实践检验，而形成的高度概况化的、系统化的理论系统（是教授技能的主要特点：多样性与简约性的统一）。它不是从肤浅的经验中拾来的"互不联系"的东西和"技巧"，而是在有前提性的假设、演绎、归纳下而建立起来的理论体系。在这种丰富多彩的经验基础上形成的，又以简约化的形态呈现的体育教学技能体系，它既源于教学经验，又高于教学经验。是个体经验与群体经验、理论与实践的融合，是多样性和简约性的统一。因此，体育教学技能需要"学"。体育教学技能和其他技能一样，要想熟练地运用它，就必须经过选择活动方式和练习的途径。练习必须具备以下三个条件。

第一，要有明确的练习目的。明确目标，才能加强练习的自觉性，使练习在意识的控制下，进行调节与校正，从而取得良好的练习效果。

第二，要了解练习的结果。只有通过练习结果的反馈，才能知道如何去调整和纠正动作行为，才能将动作行为控制于意识之下。

第三，反复实践才能使活动方式达到熟练的程度。一般来说，课堂体育教学技能的熟练，大体上要经过认识阶段、分析阶段、标准化阶段和变式阶段。所以，体育教学技能的形成，是有规律可循的，也可以通过科学的实践而掌握。因此，体育教学技能需要"练"。

(三) 掌握体育教学技能，要注意分析不同技能的特点

在体育课堂教学中，各种体育教学技能形成的难度是不同的。有些影响师生互动交流的技能，如场面控制、活动调节、诊断与评价，及其确认的体育教学技能，都应当受到重视。

二、体育教学技能的掌握，要在反思中构建

美国教育心理学家波斯纳曾经提出：体育教师成长 = 经验 + 反思。这说明，

体育教学技能的掌握，必须是在教学实践的反思中，通过经验的重构，形成具有"个人性"的"实用理论"。

（一）在自己教学活动的反思中提高

反思，被广泛视为体育教师职业发展的决定性因素。所谓的反思，就是体育教师以自己的教育活动为思考对象，对自己所做出的行为、决策，以及由此产生的结果，进行审视和分析的过程。也是通过提高自我觉察水平，来促进教学能力发展的途径。也可以说，反思，是针对自己教育活动的批判性思考，是解决问题的自主性行为，也是一种对经验的自我开发。它具有自觉性、针对性、过程性、广泛性、创新性和超越性等特点。

体育教学技能，是体育教师以自身的实践和智慧，去应对复杂多变的教学情境的有效行为方式。没有反思，就难以对自己的动作行为做出判断，就难以形成适合特定的教学目标、教学内容和教学情境的适当行为，更难以使某种行为的操作经验，上升为个人的内在素养。因此，体育教学技能的形成，就需要实践与反思。

（二）要重视经验构建的意义

学习，能够促进学习者经验系统的变化——学习者经过学习，使自己的知识得到重组、转换或者改造。这一学习结果，是学习者自己通过主动构建而获得的。技能的掌握也是如此。在面对一个全新的教育情境时，体育教师就要根据情境中的主要线索，来调动大脑中已有的各种知识经验，开始形成新的假设，运用新的策略，采取新的方式，这时，体育教学技能，也就被构建出新的意义了。体育教师，还要充分发挥自己的主体能动性，去提升经验和技能应用的自觉程度。

就体育教师而言，教师在日复一日的教学实践中，做出过无数的价值判断，却无法陈述其判断的标准和评判的原则；教师能够呈现技巧、并运用娴熟，却无法说出运用的规则与程序；甚至，当教师有意识地使用以研究为基础的理论和技能时，还是"隐含性"地默认熟练的执行方法。这说明，体育教师往往不善于归纳、总结和提升教学实践经验，对自己的各种动作行为、方式，全然模糊，不知道教学行为方式符合什么教学原则，体现什么教育理念。这种现象，在我们日常的反思性说课当中，便可以领会。也只有体育教师"对其行动中蕴含的各种知识"进行反思、了解、揭露、批判和重组，并融入未来的行动中，才能提升经验。

（三）体育教学技能的获得，源于环境提供的教育文化

体育教师具有的体育教学技能，是在教学活动中表现出来的，也是在学校组织的环境中习得的。学校还是一个受文化价值观念引导的实践共同体。体育教师的体育教学技能，也是在学校的文化浸润、熏陶和操作规范影响下，通过"认知学徒制"等方式逐步习得的（传、帮、带。如专业引领、同伴互助、合作反思、行为跟进、体育教师讲述等）。例如，在学校里，体育教师之间的交往与沟通，工作中的合作与切磋，实践中的观摩与互助，都是体育教师掌握体育教学技能的重要途径。

事实上，由于学校的"潜在课堂"影响、塑造着体育教师的行为方式，因而，许多的体育教学技能，都带有"学校文化"的痕迹，并带有一定的独特性（学校特色），特色办学决定特色教学。

三、体育教学技能的掌握，依存于体育教师的整体素养

体育教师的教学行为，犹如冰山浮出水面的可视部分，而隐藏在庞大水面下的冰山底座，则是体育教师的个人素养。它包括教学能力、专业水平、知识功底、道德修养、情感态度和价值判断等一系列的个性化内容。两者之间互为表里，是内隐与外化的关系。

在体育课堂教学活动中，体育教师的每一种行为表现，都受制于自身的专业素养和道德情操。而体育教学技能，作为体育教师专业素养的外化表现，其依据就是体育教师的整体素养。事实上，体育教师在教学中的执行、操作系统，也是由内部的认知活动系统来支撑的。所以，体育教学技能依存体育教师的专业素养，即"专业精神"对教学态度及其行为的影响。

体育教师的知识包括学科取向的内容知识和实践取向的常识知识。

体育教师的智能包括体育教师的一般认知能力和特殊能力。

体育教师的"自我"包括自我认知、自我体验和自我调控的能力等。

总之，"学然后知不足，教然后知困。知不足，然后能自反也；知困，然后能

自强也。故曰：教学相长也。"（《礼记·学记》）

第五节 体育教学技能的分类

教学技能的分类对教学技能的训练至关重要。只有对教学技能进行科学、系统的分类才有可能使教学技能的训练更有针对性。由于学科专业的特殊性，教学过程的复杂性，教学活动的多样性，教学条件的差异性，以及教学策略运用的丰富多样性，教学技能也表现出复杂性及学科专业特性。

一、体育教学技能分类的原则

课堂教学的过程是复杂的。教师的课堂教学行为是灵活多样的。微格教学正是将复杂的课堂教学做科学的细分，并应用现代化的视听技术对细分的教学技能逐项进行教学培训。因此，教学技能分类应有助于深入研究教师的课堂教学行为，有助于明确具体的实训目标，便于提供示范展示样板，容易较客观地进行教学评价。

（一）目的性原则

体育教学活动是一种计划性强、目标明确的活动。为达到教学目标要求，教学中所安排的每一项活动，教师的每一种教学行为都要有具体的目标指向。教学技能是教师的教学行为方式，是为实现教学目标服务的。因此，确定某一教学技能必须有明确的目的性，并在实现教学目标方面发挥重要作用。

（二）普遍性原则

普遍性原则是指所确定的体育教学技能既要适用于各个体育专业或是绝大多数运动项目的教学活动，又要经得起广大中小学教师的教学实践检验，同时还要符合对体育教学过程分解规律的认识。

(三) 决定性原则

决定性原则是指以影响体育课堂教学的主要或重要因素为标准来确定教学技能。这些教学技能应该充分体现教师或师范生在教学或学习中的主体地位和充分发挥教师的主导作用，保证课堂教学质量，顺利达到教学目标，完成教学任务。

(四) 激发性原则

体育教学过程是师生交流信息，促进学生学习的双边活动过程。在这一过程中，激发学生的学习动机，是促进学生有效学习的重要因素。因此。教学技能的确定要有利于课堂上师生的交流，通过交流引起学生的学习兴趣，促进学生思维的发展，为学生的学习创造良好的心理条件。

(五) 参与性原则

学习是经验引起的行为变化。其变化不是被动机械的，而是能动积极的，学生只有自愿地参加活动，所取得的经验才能保持长久。因此，被确定的教学技能必须有利于调动学生学习的积极性、主动性。让学生在动手、动口、动脑的过程中进行学习，让他们在体育知识的激烈争辩中或在体育项目的激烈竞赛中获取知识和技能。

(六) 可观察性原则

所确定的体育教学技能能够在教学过程中可观察，可被他人示范展示，可为教师或师范生提供一个形象的可供模仿的样板。体育教学技能必须具有可观察性，只有这样，指导教师才便于对受训者进行有效的指导，确定受训者对技能掌握的程度。

(七) 可操作性原则

所确定的体育教学技能都应该简明、实用，有明确的实践目的要求，有具体的操作过程，便于受训者理解和掌握，便于指导教师与受训者之间，以及与研究者之间进行交流。

（八）可测量性原则

所确定的体育教学技能都有明确具体的要求，为教学技能的训练提供一个可参照体系。根据反馈的教学信息，受训者只要把自己的实践与教学技能的要求相对照就能发现成功与不足。技能的形成要通过反复的学习实践。对每次训练的结果给出恰如其分的评价才能使受训者得到完善和提高。也就是说，体育教学技能能够进行定量和定性的评价，为技能被掌握的程度和效果提供反馈。

二、体育教学技能的分类

教学技能分类的方法很多，各国之间也存在较大的差异。目前，对教学技能分类存在两种观点：一种观点认为，教学技能应按教学场面进行分类，即把教学分为不同的课型，教师针对不同的课型采用不同的教学技能。另一种观点认为，教学技能应按教师需具备的职业技能进行分类，即把各种课堂中教师的教学行为分解为不同的构成要素，把最主要的若干要素抽出来定为不同的教学技能。后面这种教学技能的分类方法已成为主流。

（一）一般学科专业教学技能的分类

教学技能分类的科学程度既反映了对教学过程认识的深度，又制约着技能训练的效果。教学活动是一个复杂的过程，具有多种类、多层次的特性，加之受不同文化背景、不同国情、不同分类目的和立场等因素的影响，便产生了不同的教学技能分类指导思想。综观国内外有关专家对教学技能的分类，有的是按教学程序划分，有的是按教学活动方式划分，还有的是按信息传输方式划分。在此将国内外具有代表性的一般课堂教学技能分类介绍如下。

1. 英　国

特罗特（Trott）把在教学中能够观察、能够表现、能够实际量化分析并为教师所熟知的教学行为分为 6 种教学技能：（1）变化的技能；（2）导入的技能；（3）强化的技能；（4）提问的技能；（5）例证的技能；（6）说明的技能。

2. 美　国

斯坦福大学的爱伦和瑞安从构成教学技能的多种要素中抽出 14 种要素作为普

通教学技能：（1）刺激多样化；（2）导入；（3）总结；（4）非语言启发；（5）强调学生参与；（6）流畅提问；（7）探索性提问；（8）高水平提问；（9）分散性提问；（10）确认（辨析专注行为）；（11）图解的范例应用；（12）运用材料；（13）有计划地重复；（14）交流的完整性。

3. 苏 联

教育心理学家彼得罗夫斯基从教学系统论的角度提出了 4 项教学技能：（1）信息传递的技能；（2）引出动机的技能；（3）促进发展的技能；（4）定向的技能。

4. 日 本

东京学艺大学将教学技能分为以下 9 种：（1）导入技能；（2）展开技能；（3）变化技能；（4）总结技能；（5）例证技能；（6）确认技能；（7）演示技能；（8）板书技能；（9）提问技能。

5. 澳大利亚

悉尼大学将教学技能分为以下 10 种：（1）强化技能；（2）一般提问技能；（3）变化技能；（4）讲解技能；（5）导入与结束技能；（6）高层次提问技能；（7）课堂管理和组织技能；（8）小组讨论组织技能；（9）个别指导技能；（10）发现学习指导与创造力培养技能。

6. 中 国

孟宪凯把课堂教学技能分为以下 10 种：（1）导入技能；（2）教学语言技能；（3）提问技能；（4）讲解技能；（5）变化技能；（6）强化技能；（7）演示技能；（8）板书技能；（9）结束技能；（10）课堂组织技能。

王凤桐、李继英把教学技能分为以下 16 种：（1）教学语言技能；（2）导入技能；（3）讲解技能；（4）提问技能；（5）变化技能；（6）强化技能；（7）演示技能；（8）板书技能；（9）结束技能；（10）体态语言技能；（11）指导探究学习技能；（12）鼓励创建技能；（13）组织讨论技能；（14）指导口语交流技能；（15）指导读书技能；（16）引导感悟技能。

1994 年国家教委下发的《高等师范学校学生的教师职业技能训练大纲（试行）》中，把教学技能分为 5 类：（1）教学设计技能；（2）使用教学媒体技能；

(3）课堂教学技能；（4）组织和指导学科课外活动技能；（5）教学研究技能。在课堂教学技能中又设了9项基本技能，即导入技能、板书板画技能、演示技能、讲解技能、提问技能、反馈和强化技能、结束技能、组织教学技能和变化技能。

目前，我国专家学者对普通学科专业教学技能的分类比较基本的共识有10项，即导入技能、教学语言技能、提问技能、讲解技能、变化技能、强化技能、演示技能、板书技能、结束技能和课堂组织技能。

（二）体育教学技能的分类

体育教学活动的复杂性决定了教学技能的多样性，一个教学环节可能采用多种教学技能，一种教学技能也可用于多个教学环节，而且各种教学技能之间往往又相互渗透，因此，对体育教学技能可以从不同的层次，依据不同的标准进行分类。

张雄安主编的《中学体育微格教学教程》一书中，把体育教学技能划分为9项：（1）教学语言技能；（2）导入技能；（3）讲解技能；（4）演示技能；（5）提问技能；（6）反馈技能；（7）控制技能；（8）板书技能；（9）结束技能。

王皋华在其著作《体育教学技能微格训练》中把体育教学技能划分为10项：（1）教学目标设计技能；（2）语言表达技能；（3）导入技能；（4）讲解技能；（5）直观演示技能；（6）提问技能；（7）反馈技能；（8）控制技能；（9）结束技能；（10）板书技能。

施小菊主编的《体育微格教学》一书中，把体育教学技能划分为13项：（1）教学技能；（2）教学设计技能；（3）导入技能；（4）讲解技能；（5）示范技能；（6）口令技能；（7）提问技能；（8）人体语言技能；（9）诊断纠正错误技能；（10）课堂组织管理技能；（11）结课技能；（12）评课技能；（13）说课技能。

王长生主编的《体育教师职业技能》一书中，从职业的角度把体育教师职业技能分为队列队形、口令、口哨、场地布置与画法、简易体育器材制作、人体动作画法、体育教师组织与科研技能等。

邵伟德在《体育教师教学技能的内涵与划分》一文中将体育教师的教学技能做了较为科学系统的划分。体育教学技能可分为3类：（1）课前体育教学计划编制技能，包括水平计划、学年计划、学期计划、单元计划（模块计划）、课时计划等；（2）课中体育教学实施技能（讲解技能、示范技能、诊断和纠正错误动作技能、口令与队伍调动技能、场地器材布置技能、师生沟通技能、保护与帮助技能、处理突发事件技能等）；（3）课后体育教学反思技能（包括课后体育教学自我反思技能与课后体育教学反思他人技能等）。

体育教学技能，通俗地讲，就是上课的技能。从体育教学技能的层次、教学活动过程、教师的工作结构，以及教学行为方式上看，宏观上可分为教学设计技能、课堂教学技能和教学评价技能。

第一，从体育教学技能的层级上分析。在教学技能的层级上，教学技能作为教师运用已有的教学理论知识（知识结构）或教学经验，通过练习而形成的比较稳固、复杂的教学行为系统。它既包括在教学理论基础上按照一定的方式反复练习，或由于模仿而形成的初级教学技能，还包括在教学理论基础上，因多次练习而形成的熟练化、自动化的高级教学技能，即教学技巧。

第二，从体育教学活动过程上分析。在教学活动的过程中，教学，是师生互动交往、共同发展的过程，也是师生相互沟通的社会实践活动。在教学活动过程中，它包含两个子系统："教"的子系统和"学"的子系统。

在教学系统管理的角度上，"教"的子系统，必须经历"计划""实施""总结"三个阶段。"计划"阶段，是教师对教学进行准备、设计教学方案等。可称为"教学设计"。"实施"阶段，是师生互动交往、促进学生构建知识的过程。可称为"师生互动"。"总结"阶段，是教师对教学目标的完成情况，检验教学方案的得失所进行的教学反思，可称为"总结反思"。因此，我们把"教"的子系统，划分为三个相互对应的分支系统，即教学设计系统、师生互动系统、总结反思系统。另外，"学"的子系统，也必然经历"计划""实施""总结"三个阶段。我们可以把师生互动的活动过程，看作三个有机联系的阶段，即准备阶段、师生互动阶段、反思改进阶段。这三个阶段同样需要教师掌握不同的教学技能。

第三，从体育教师的工作结构上分析。教学是学校的中心工作，也是教师专业活动的重要方面，按职业发展理论之说，职业学习应同工作结构相匹配，与工作过程紧密结合，才能提高工作效率，促进职业素质的不断提高。教师在教学中的主要工作环节就是备课、上课和评课。

第四，从体育教学的行为方式上分析。教学，是在一个教学共同体中，实现信息交换和文化传播的过程。教师在教学活动中的信息传播，是依靠对所传播的信息进行加工、处理，例如分析学情、钻研教材、确定目标、创建环境、谋划策略等，即通常所说的"教学设计"。然后，在课堂中，以师生互动的形式，进行信息交流。这一过程教师必须采用一系列行之有效的教学行为方式，如导入、讲解、观察、判断、提问、调控、演示、评价等，以提高信息交流的效率，即"课堂教学实施技能"。同时，还要对信息传播的效果进行测量、诊断和评价，以便采取重授和补救的措施，即"课堂教学反思评价技能"。

综合以上分析，我们便可以从宏观上，把体育教学技能划分为教学设计技能、课堂教学技能和教学评价技能。就一堂完整的体育课而言，体育教师都应经过备课、上课和反思这一基本教学过程。本书在分析借鉴国内外学者分类的基础上，根据体育课堂教学过程的特点和规律，从体育教学行为方式的视角将体育课堂教学基本技能划分为以下14项：（1）课堂教学设计技能；（2）教学口语技能；（3）身体语言技能；（4）口令技能；（5）口哨技能；（6）提问技能；（7）导入技能；（8）讲解技能；（9）动作示范技能；（10）保护帮助技能；（11）诊断矫正技能；（12）组织调控技能；（13）结课技能；（14）课堂教学反思技能。（图2-1）

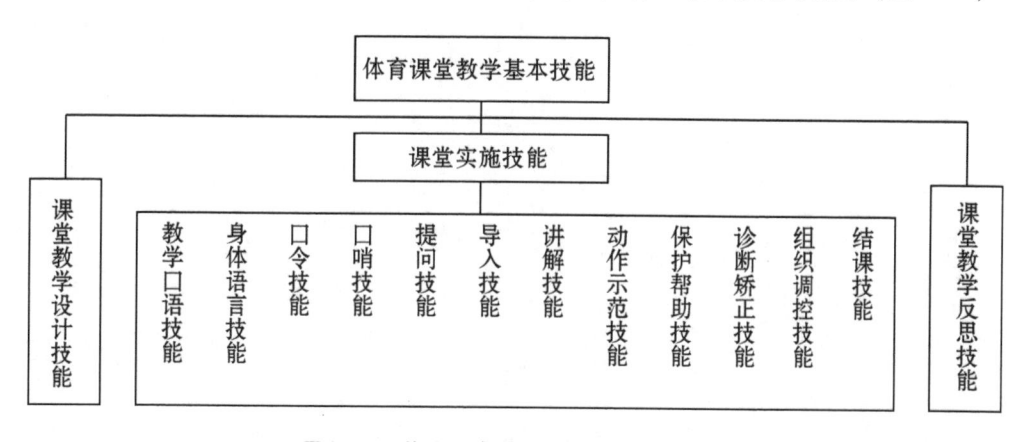

图2-1 体育课堂教学基本技能分类体系

对体育教学技能分类的根本宗旨是为了提高实训的效率和效果，使体育教学技能的培训走向科学化。教学过程是复杂的，教师在课堂上的教学行为是多种多样的，并表现出一定的灵活性。哪些教学行为可定为基本的教学技能，是通过大量的课堂观察、科学的分析，以及对有经验教师的调查，并在总结经验的基础上确定的。但是，体育教学技能的分类不是一成不变的，它会随着社会的进步、现代化教育理论与技术及体育教学理论的发展、受训者水平的提高而不断地发展、演化。

思考题

1. 什么是教学技能？
2. 什么是体育教学技能？
3. 教学技能实训的意义是什么？
4. 体育课堂教学基本技能有哪些？

第三章 体育课堂教学设计

实训目标

1. 了解教学目标、教学组织、教学方法和教学手段的设计方法；
2. 初步掌握体育课堂教学设计（教案编写）的程序与方法。

体育教学设计主要是使实际体育教学过程更符合体育教学规律的方法，解决的是方法的问题，主要任务是提供实现体育与健康课程目标的方法和途径。其包含的内容主要是水平计划、年度计划、学期计划、单元计划、课时计划（教案），根据本教材的编写目的，主要指课时计划的编写，即体育课堂教学设计。体育课堂教学设计也是体育教师基本技能的体现。制订好完整、系统的体育课堂教学设计是搞好体育教学工作的保证，它既是进行体育教学目标管理的重要环节，也是检查和评价体育教学质量和效果的重要依据。体育教学是一种创造性劳动，设计一份优秀教案是教师教育思想、智慧、动机、经验、个性和教学艺术性的综合体现。教案反映了教师对课堂教学的整体把握水平，也直接影响着整堂课的质量。同时也是教师教学水平、教学技能、工作态度、教学艺术性的反映。

第一节 体育课堂教学目标设计

体育课堂教学目标是贯彻落实学科教学目标的根本途径，是教师教学的基本出发点和归宿。因此，设计课堂教学目标是体育教师完成教学任务必不可少的一项基本功。教学目标可以是显性的，也可以是隐性的，但必须是正确、严密、具体、明确的，学生通过努力可达到的。明确具体的教学目标不仅有利于教师制订教学策略，选择教学方法与手段，合理安排教学内容的顺序，而且也有利于教师对教学效果进行客观评价，不断改进教学工作。教学目标过大、不明确则落实不了；教学目标含糊不清、不具体则影响教学质量。较理想的课堂教学目标应成为课后评价学生学习行为变化及变化程度的依据。

一、体育教学目标设计的意义

教学目标是指在教学活动中所期待得到的学生的学习结果。在教学过程中，教学目标起着十分重要的作用。因为，教学活动以教学目标为导向，且始终围绕实现教学目标而进行，所以，合理的教学目标不仅有助于教师的"教"和学生的"学"，还有助于达成教学目标和提升教学评价的有效性。

（一）有利于实现体育教学目标

只有通过体育教学目标设计，才能从纵向和横向两个方面全面具体地确定体育教学目标，使教师对体育课程有一个清晰统一的认识，防止教师对体育课程标准和教材内容做任意的处理，从而保证课程的方向性和稳定性。精心设计的体育教学目标可以准确地检查体育课程内容的覆盖范围。只有制定科学准确的体育教学目标，才能指导教师低耗高效地开展教学活动，保证体育与健康课程目标的实现，保证学习达到预期的效果，促进学习者身心全面发展。

（二）有利于教师的教学

体育教学目标是指引教师进行教学活动的指南，对教师的教学发挥着调控作用。它可以帮助教师迅速地理清教学思路，建立一种灵活的思维方式来思考问题，即如何才能高效地达到教学目标。体育教学目标也为教师选择理想的体育教材内容，恰当地运用教学策略、教学媒体，更合理地组织教学提供了具体的科学依据。体育教学目标的编写，需要教师认真钻研新课标，查阅大量资料，而这可以拓宽教师的知识领域，提高教师的教学水平。具体明确的体育教学目标能有效地调控组织活动，使教学达到预期教学目标，有效地提高教学效果。

（三）能促进学习者的学习

体育教学目标是进行体育学习活动的向导。对于学习者来说，学习活动的第一步就是明确目标，目标明确与否决定着学习者的学习态度和学习效果的好坏。从而学习者对教学目标做到心中有数，可以使教学目标内化成自己的学习目标，产生强烈的参与感，更好地控制自己的学习进程。学习者明确了体育教学目标，学习就有了方向性、针对性，减少了盲目性，使学习过程进行得顺利。此外，具体的、适宜的学习目标能使学习者提高学习兴趣、增强自信心，迅速提高学习水平和改善学习效果。

（四）能提高体育教学评价的有效性

体育教学评价是对学习者达到教学目标程度的检验，而体育教学目标则是进行科学的测试、做出客观评价的基础，即体育教学评价必须以体育教学目标为依据。无论是进行过程性评价，还是进行终结性评价，在进行评价时都以体育教学目标为依据。通过体育教学目标的设计，学习者明确了要学习的内容和应该达到的水平，这样有助于学习者互评和自评，找出其与教学目标的差距，产生强烈的学习动机和责任感，增强自我调控能力。

二、体育教学目标的设计步骤

体育教学目标的设计分三步，即分析体育教学对象、分析体育教材内容、编写体育教学目标。

（一）分析体育教学对象

分析体育教学对象，即分析体育学习者的学习需要、一般特点和学习风格等。

体育学习需要我们找出体育教学的问题，以及解决办法，确定学习者现状和目标之间差距，这是我们确定体育教学目标的基础和依据。同时，体育学习者的一般特点、学习风格、体育与健康知识、技能特点也制约着体育教学目标的实现。

（二）分析体育教材内容

为了确保体育教学目标的实现，必须有合乎体育教学目标的体育教材内容作为载体。分析体育教材内容的目的在于确定体育教材内容的特点、功能、范围和深度，以及选择体育教材内容的依据等，使体育教材内容更好地为实现体育教学目标服务。在体育教学目标的设计中，我们需要深入地分析体育教材内容的特点、功能，明确学习者应掌握哪些体育与健康的知识、技能，培养哪些心理品质和社会适应能力，应在哪些方面加强学生的思想品德教育和发展学生哪些体育活动能力。这样，我们才能借助于体育教材内容制定出具体的体育教学目标。

（三）编写体育教学目标

在制定体育教学目标时，教师往往从个人主观愿望出发，对教学目标做模糊的表述，使得其他教师在教学中不易把握标准，更难以测定体育教学效果。经过大量的体育教学实践活动，人们逐渐认识到把宏观的体育教学目标细化为具体的教学目标，必须说明学习者学习后能达到的程度和水平，必须使教学目标具有精确性、可观察性和可测量性，以克服体育教学目标的模糊性和不确定性。一般认为，一个完整、具体、明确的体育教学目标应包括以下四个部分。

1. 教学对象

教学对象，即教学针对哪一类学生。

2. 学生的体育行为

说明学生在学习后应获得怎样的知识和技能，态度会有什么变化。应用具有可观测性的术语来说明学生的行为，以减少教学的不确定性。

3. 确定行为的条件

条件是指能影响学生学习结果的影响因素，包括各种限制或范围。

4. 程　　度

程度是指学生达到体育教学目标的最低衡量依据，是阐述学习成就的最低水准。程度可以由速度、准确性和质量三个方面来确定。

以下三个案例的体育教学目标的编制都含有以上四个部分。

案例：

例1：在体育教师的引导下（条件），水平二的学生（对象）能清楚地（程度）意识到两种影响身体健康的不良生活习惯（行为）。

例2：水平四的学生（对象）在相互探讨中（条件）能准确说出（程度）三种科学参与体育锻炼的方法（行为）。

例3：在中长跑的同组跑练习中（条件），让体质较差的同学（对象）真切感受到（程度）同伴对自己的鼓励（行为）。

这样的体育教学目标，可向学生传达有关教学期望的大量信息，可为教师保持教学活动的方向提供线索，可使学生的学习活动与教师的期望相一致，又便于评价教学效果。以上四个方面适用于认知、动作技能、情感领域体育教学目标的编写。

三、体育教学目标的陈述

中小学体育课程教学目标主要有两类：一类是终结性目标，另一类是过程性目标。一般认为，体育教学目标特别是行为性目标陈述的基本要素有四个，即行为主体、行为动词、行为条件和表现方式（程度）。

（一）两类目标的陈述

《体育与健康课程标准》的课程教学目标主要有两类：一类是终结性目标，另一类是过程性目标。终结性目标指向可以结果化的课程教学目标，主要运用于"运动技能"和"身体健康"学习领域。它明确规定了学生的预期学习效果，所采用的行为动词要求明确、具体、可测量、可评价。如"指出坐、立、行时正确和不正确的身体姿势的区别"（身体健康学习领域/形成正确身体姿势/水平一）；"做出球类游戏中的简单动作，如拍球、投球等"（运动技能学习领域/掌握和应用基本技能/水平一）。

过程性目标指向无须结果化的课程教学目标，主要运用于"运动参与""心理健康""社会适应"等学习领域，用于描述学生的表现、体验，或描述教学情境，所采用的行为动词大多数是体验性的、过程性的。如"说服并带动他人参与体育活动"（参与运动学习领域/具有积极参与体育活动的态度和行为/水平六）；"体验身体健康变化时注意力和记忆力的不同表现"（心理健康学习领域/了解体育活动对心理健康的作用、认识身心发展的关系/水平三）。

（二）体育教学目标陈述的基本要素

体育教学目标广泛地应用于单元体育教学和课时体育教学计划中，体育教学目标的正确制定是体育课堂教学活动的核心内容。因此，必须使用规范的语言和方式陈述体育教学目标。一般认为体育教学目标，特别是行为性目标陈述的基本要素有四个：行为主体、行为动词、行为条件和表现方式（程度）。

1. 明确目标的行为主体是学生

《体育与健康课程标准》重在体育教学中学生主体地位的体现，注重学生学习产生的变化和结果，因而《体育与健康课程标准》与原教学大纲以教师为主体的陈述方式完全不同。只要是对学生学习行为或结果的描述，《体育与健康课程标准》一律以学生作为行为主体，即使是在目标体系之外的部分内容中也极少使用"培养学生……""使学生……"一类的表述。

2. 准确使用行为动词

《体育与健康课程标准》列举了一系列行为动词来表述体育教学的结果性目标和体验性或表现性目标，以区分体育学习结果的层次性。在体育教学实践中，教师应根据课程标准对不同层次学习结果的要求，选择恰当的行为动词来描述教学目标，以加强体育教学设计的可操作性和教学质量的可测量性。

3. 规定行为条件

体育教学课程目标是在教学活动中实现的，必须对影响学生学习结果的限定条件即行为条件明确加以描述。体育课程行为条件一般有三类：一是体育器材和场地条件，如"在陌生的场地进行体育活动"；二是信息，如"利用电视、儿童读物等获取体育与健康知识"；三是行为条件，如"在体育游戏中表现出对他人的尊重和关心""按顺序轮流使用同一运动场地或器材"。

4. 准确表示学习结果或学习程度

无论是结果性目标还是行为性目标，都必须包括针对体育学习结果或学习行为所达到程度的规定。除了行为动词和内容本身体现出的差异外，还可以通过其他方式表现出对全体学生的共同要求。例如，在体能发展方面就可以采用这样的目标表述方式：通过本单元的学习，初中几年级学生能完成800 m（女）、1500 m（男）跑步，其中70%的学生能够在多长时间内完成。

四、体育教学目标设计的基本要求

体育教学目标是体育教学活动的出发点和归宿，是课堂教学的灵魂，因此，确定体育教学目标是体育教学设计中最先要考虑的问题。在体育教学设计中，科学、合理地设计好体育教学目标，对于保证教学活动的顺利进行是十分必要的。

（一）整体协调

体育教学目标是包括各种层次的具体目标在内的整体系统，设计体育教学目标应注意系统把握、整体协调。不仅要设计各层、各类具体的教学目标，还要使各层、各类具体的教学目标充分连贯，形成一个完整和谐的系统，使之较好地体现体育教学目标的系统性、层次性、递进性和联系性的特点。

（二）细化分解

只有将体育教学的一般目标分解成细致的操作目标，才可能在体育教学实践中将体育教学目标落到实处，也才能把体育教学目标转化为行为目标或包含体验性、表现性目标的具体行为动作。具体的教学目标包括学习目标（母目标）和依据学习目标编写的行为目标或体验性和表现性目标（子目标）。体育行为目标和体验性或表现性目标是衡量体育学习目标达成与否的具体指标，体育学习目标的达成依赖于体育行为目标和包含体验性或表现性目标的行为的逐一实现。所以，体育教学目标的细化分解直接关系到体育教学效果的优化和教学质量的提高，每个体育教师都应具备细化、分解体育教学目标的能力。

（三）表述确切

为使体育教学目标能够直接地指导、调控体育教学活动，且便于观察评估体育教学效果，体育教学目标的表述应该尽可能使用便于直接观察的行为动词，明晰地表述预期学习结果的外显行为变化。

（四）难度适中

难度适中是指设计的体育教学目标应处于学习者的"最近发展区"，即学习者经过努力即可达到的程度，这样的体育教学目标有利于发挥其激励功能，调控学习者的学习积极性和主动性，同时可以使学习者体验到成功的愉悦。当然，体育教学的特殊性、学习者的个体差异性，又需要我们针对不同的教学对象，通过不断的评价和反馈，对体育教学目标进行必要的调整和修正。

第二节　体育课堂教学组织形式的设计

体育课堂的教学组织形式涉及教学活动应怎样组织和进行，教学的时间和场所以及设备等应如何有效地加以控制和利用等问题。在体育课堂教学中，教学组织形式运用得合理、科学、恰当，对提高课堂教学质量具有直接影响。因此，只有合理、周密地组织教学，才可能使学生从身心上做好充分准备，从而保证体育教学过程的顺利进行。

一、体育教学组织形式的概述

体育教学过程不仅要通过一定的教学方法和手段来完成，而且要通过一定的组织形式来进行。例如，体育教材内容可以通过教师在课堂上以全班学习的形式进行集体教授，也可以由学生小组或个人以不同的形式完成学习任务。因此，体育教学组织形式是指有效地利用教学时间和空间，充分发挥教师、学生、教学内容、教学方法与手段等作用的一种定型的体育教学活动结构的组合形式。我们可以从以下几个方面来理解体育教学组织形式。

（1）体育教学组织形式必须围绕教学内容而设计，不同的教学内容必须要有不同的教学组织形式。

（2）体育教学组织形式直接体现为师生相互作用的方式。这种作用方式可以是直接的，也可以是间接的，既可以在班级中进行，也可以在小组内或个体间进行。

（3）师生的活动必须在一定的时空背景中完成。体育教学活动的完成必须以体育教学组织形式为纽带，把各种教学因素如教学内容、教学方法、教学手段以一定的教学程序集结起来。

总之，体育教学组织形式是整个体育教学过程中很重要的环节，体育教学目标的达成、教学内容的实施、教学方法和手段的运用等最终都要落实到一定的教学组织形式中。所以，体育教学组织形式是体育教学的具体落脚点，教学组织形式是否科学、合理，对体育教学活动的开展和效果具有直接的影响。

二、体育教学的基本组织形式

体育教学的基本组织形式归纳起来大致有三类，即集体授课、个别化学习、小组互相学习。

（一）集体授课

集体授课是目前学校体育教学中最通用的教学形式，主要在教室、室外或室内运动场所进行，由教师对一个班级或一组学生，在一定的时间内单向传递教学信息。在较小的班级中，教师和学生可能有一定程度的双向交流，但通常学生是被动地接受信息。目前体育教学组织形式的发展趋势是减少教师花费在集体授课上的时间，更多地安排个别学习和小组互相学习，使学生能积极、主动地参与到教学过程中。

（二）个别化学习

当代学习理论给予了这种教学组织形式强有力的支持：学习主要的内部操作，必须由学生自己来完成；当学生按照自己的学习风格来确定进度进行学习，积极主动地完成学习任务并体验到成功的快乐时，就能获得最大的学习成果。体育教学中认知领域和动作技能领域的大多数层次的学习目标，如掌握体育与健康的基本知识、科学健身的基本原理、发展动作技能和培养解决问题的能力等都可以通过这种形式达到。

（三）小组互相学习

这种教学组织形式中的"小组"可以是"友伴型"分组，"同质"分组或"异质"分组。选择性分组，这种形式给学生和教师提供了更多面对面亲密接触和相互了解的机会。《体育与健康课程标准》重视在体育教学过程中培养学生良好的人际交往能力、合作精神、心理品质和体育道德等。小组交互学习可以使学生在学习过程中充分展示自己的个性和经验，同时学习其他同学的经验和体验同龄人的个性特征，有利于促进学生的自我成长和提高适应现实社会生活的能力，是实现多元化教学目标，培养健全人格，促进学生全面发展的重要形式。

通过以上三种主要教学组织形式基本特点的表述，可以想象，在制定体育教学策略时，对三种体育教学组织形式之间做某种程度上的平衡，可以起到扬长避短，相互补充和促进的作用。在实施体育与健康新课程的体育教学中，要适当减少集体教授的时间，提供足够的小组相互学习的活动机会，培养学生进行个别化学习的意识，并努力创造个别化学习的条件和资源，当然，这三种教学组织形式之间并没有十分明显的界限，在适当的时机选择适当的体育教学组织形式是灵活地、高效地运用教学组织形式的关键。

三、体育教学组织形式的特点

首先，体育实践课教学主要在体育场馆进行，有的甚至在校外的自然环境中进行，教学环境开放，教学空间大，师生身体处于运动状态，对教学组织提出了较高的要求。其次，体育教学必须依据季节、气候、学生性别、体育基础、体能状况、教学内容，以及器材设备等不同情况来组织教学。最后，体育教学组织形式是为完成特定的教学任务，教师和学生按照一定的要求组合起来进行活动的结构，因此体育教学组织形式不是固定不变的东西，而是随着社会政治、经济和科学、文化的发展，以及社会对人才培养要求的不断提高而不断地发展和改进的。

因此，体育教学组织形式复杂而多变。

四、体育教学组织形式设计

体育教学组织形式是实施体育教学活动的关键所在，是否运用了科学的、合理的、适当的教学组织形式将对体育教学效果产生重要的影响。所以，我们需要全方位地考虑体育教学过程中的教师和学生，教学的软硬件设施、教学的时间和空间、体育教材内容、体育教学目标等因素，准确地选择和创新体育教学组织形式。因此，我们认为体育教学组织形式设计就是为达到体育教学目标对体育教学过程中人、财、物、时空等进行设计，其中主要涉及教学组织形式的精选和灵活运用。体育教学组织形式设计的内容包括：体育课堂常规的设计；教学场地与器材的布置；队伍队形的安排与调动；集体教学、分组教学或个别教学形式的选择。

五、体育课组织形式

体育课组织形式设计包括课堂常规、场地器械、队列队形和集体、分组及个别教学等形式。

（一）设计体育课堂常规

课堂常规设计要根据体育教学目标灵活安排，并非都以教师的命令和整齐划一的形式呈现。教师可以根据教学目标的要求，引导学生设计自我管理的课堂常规，以体现学生的主动性和主体性，提高学生遵守课堂常规的效果，增强学生的道德和行为规范，以培养学生遵纪守法的意识。

（二）设计教学场地与器材

教学场地与器材是实施体育教学的物质保障。该项目设计要遵循经济、实用、高效的原则，提高使用效率，充分发挥场地与器材的潜在功能。体育教学场地的设计关键要有利于学生队伍的调整和调动，以提高课程的练习密度；要能激发学生参与体育学习的兴趣、积极性；要能保证体育教学过程中的安全，有利于教师对全体学生的指导和管理；要能为体育教学目标的实现提供最大的物质支持。

（三）队伍、队形的安排与调动

队伍、队形的安排与调动是顺利实施教学、完成教学任务的手段之一。该项目内容的设计要求体现科学性、合理性、时效性、简便性；有利于教师的讲解、指导和帮助学生互相学习；有助于迅速准确便捷地完成队伍、队形的调整与调动。

（四）集体教学、分组教学和个别教学形式的选择

该项目设计要根据课堂中具体的教学内容，有针对性地选择教学组织形式；要根据体育教材内容的特点设计具体的组织形式；要结合学生的实际情况和特定的教学环境合理采用或创新教学组织形式。

第三节 体育课堂教学方法的设计

体育教学方法是为实现教学目标所采用的方式或途径。在教学过程中，体育教师要选择正确、有效的体育教学方法使其发挥最大的教学作用。因此，教师要根据不同的教学目标、不同的教材内容特点、不同的教学环境和学生各方面的实际情况，科学合理地选取和设计教学方法，并进行优化组合，才能使得体育课堂教学趋于最优化。

一、体育教学方法的概述

体育教学方法是师生共同采取一定的体育手段，遵循一定的体育教育、教学规律，按照一定的设计程序，为实现体育教学目标所采用的方式或途径的总称，对体育教学目标的实现起着桥梁和中介作用。体育教学方法是体育教学中的一个重要范畴，是提高教学效率的关键所在。教学有法、教无定法、贵在得法、重在创法。体育教学方法受体育教育目的和任务的制约，是由不同的体育教材内容、体育教学对象、体育教学实际以及教师的体育素养、能力和经验共同决定的。

因此，体育教学方法的改革必然涉及学校体育改革的各个方面，不能孤立看

待体育教学方法的改革与相关的问题，体育教学任务是通过具体的教学方法来实现的，通常在体育教学设计中要根据教学思想来构建教学模式，依据教学模式的功能来选择教学方法，使之与教学思想、教学模式的功能相一致，达到特定的体育教学目标。

二、体育教学方法的分类

根据体育教学的功能，我们可以把体育教学方法分为以下三种类型。

（一）发展学生体能的方法

学生的体能包括基本活动能力（如走、跑、跳、投、攀爬、支撑、平衡等）、身体素质（即人在身体活动时，各器官系统表现出来的速度、耐力、力量、灵敏、柔韧、协调能力等）和身体形态。发展学生体能的方法包括重复练习法、变换练习法、间歇练习法、循环练习法以及综合练习法等。

（二）学生学习体育与健康知识的方法

掌握动作技能的教师教授法（如语言法、直观法、完整法与分解法以及预防和纠正错误法）、体育与健康知识与技能的学练法（如自学法、自练法和自评法）。

（三）培养学生的参与意识、提高学生的心理健康水平和社会适应能力的教学方法

如自学辅导教学法、范例教学法、情景教学法、领会教学法、发现教学法、问题教学法、合作学习法等。

三、体育教学方法的设计

在新课程体育教学设计中，体育教学方法运用是否得当关系到能否促使新课程目标的有效实现，能否调动学生参与体育活动的积极性和主动性，能否激发和保持学生对体育学习的兴趣和爱好，能否培养学生形成坚持体育锻炼的习惯等问题。因此，我们需要根据体育教学目标、教学的实际条件和学生的特点对现有的、

新引进的教学方法，按照《体育与健康课程标准》的理念和要求进行精心的设计，以发挥体育教学方法对提高教学质量的作用。

（一）体育教学方法设计步骤

详细分析体育教学目标，明确目标所要达到的体育与健康知识、动作技能行为以及表现或体验到的体育态度、情感的状况。

（1）分析体育教材内容以及体育教学媒介，清楚可用的教学手段有哪些。详细分析体育教材的特点、功能及各种体育教学媒介对达成体育教学目标的作用，为我们设计出恰当的、对实现教学目标有帮助的教学方法提供基础。

（2）理解相关的体育教育教学规律。体育教学要遵循的规律包括：体育学科的特点，学生的身心发展特征，体育教学的生理学基础、心理学基础、运动学基础和社会学基础等。为设计出科学、合理且有针对性的体育教学方法提供理论依据。

（3）按照一定的程序来设计体育教学方法。这里的程序是指设计体育教学方法的流程。如：第一步，设计在教师指导下，由学生独立学习体育教材进行体育学习的方法；第二步，设计采用讲授法或是探索法；第三步，设计激发学生体育学习兴趣；第四步，考虑所设计的各种方法相结合的不同方案等。设计程序是体育教学方法顺利实施的保障。

（二）几种新的体育教学方法的特点和设计案例

1. 发现式教学法

体育教师首先指出问题或创设问题的情境，使学生产生疑问并带着问题去探索。学生通过反复练习，去发现问题的答案。然后教师组织讨论，让学生通过个体的实践发表并验证不同见解，展开争辩。教师与学生共同归纳总结动作的技术原理和方法，得出正确的结论。

案例：

案例设计（投垒球教学）：教师简明地交代本次课的目的与任务，但不向学生讲解投掷的具体技术，而是向学生提出这样一个要求：自己探索掷球方法。学生通过自己的反复实践，在已有的知识基础上，归纳出球的飞行距离与出手角度、出手速度之间的关系。

在获得这些基本体验和知识后，教师再组织学生进一步讨论、理解其中的知识与技术原理。学生在讨论中有不同见解时，教师鼓励他们论辩，各抒己见。在此基础上，教师帮助学生归纳总结，进而使学生掌握投掷技术原理并进一步发现新的知识，掌握正确的动作技术概念，完成该课的教学任务。

2. 程序教学法

该教学法把教学过程设计成若干教学程序，便于化解学生学习难度；每一步都要求学生反复练习并力求掌握；在教学过程中，可以及时反馈，及时强化；在学习过程中，学生可以根据自己的实际情况自定目标，这有利于调动学生的积极性，提高学习兴趣，体现因材施教的特点。

案例：

案例设计（鱼跃前滚翻教学）：教师在鱼跃前滚翻教学中把教材内容分成若干个小步骤，按蹬地跃起、支撑缓冲、滚动圆滑三个环节进行教学，将具体教学编制成程序，有效地完成教学任务。

3. 创设情境教学法

教师选择适当的教学内容，创设适当的、容易引起丰富想象的情景，以发展学生的基本活动能力和培养其兴趣为主，重视练习法的运用，以游戏法激发学生的学习动机，注重练习的多样化，通过"乐中练、动中练、玩中练"的形式来达到相应的教学目标。这同时可使学生的知、情、意、行融为一体，形成良好的学习情绪，使学生在积极活跃的氛围中得到全面的发展。

案例：

案例设计（快速跑教学）：在初一年级快速跑教学中，教师仅用半张旧报纸做"道具"，设计了"抢座位""拦网""抓尾巴""打雪仗""滚雪球"等游戏情节，运用灵活多样的教学手段，激发学生的学习兴趣，发展学生的奔跑能力，课堂教学呈现出生动、活泼的学习场面，从而较好地完成了教学任务。

(三) 选择体育教学方法的依据

选择合适且有效的体育教学方法，是实现教学目标的基本保证，也是体育教学策略设计的重要因素。选择体育教学方法应考虑以下因素。

1. **要符合相应的教学理论**

一定的教学理论及其教学模式总是通过相应的教学方法加以实现。如从情感教学入手，强调乐学、育体和育心相结合，力图建立认知、情感与身体发展为一体的"快乐体育模式"；应采用情境教学方法，由"环境优化、情感驱动、正面评价、协同教学、快乐体验"来优化学习过程，从而体现教学思想和教学模式功能。

2. **应有利于体育教学目标的达成**

选择和运用教学方法是为了实现教学目标，因而选择需要考虑教学方法的贡献度，即对达成教学目标能起多大作用。教学目标不同，相应的教学方法也不同。

案例：

以掌握运动技术为目标，则选择启发式教学法、发现式教学法等，同时还要考虑运用分解练习、完整练习、反复练习、巩固练习、应用练习等，以利于教学目标的达成。

3. **应适合体育教材内容的特性**

选择教学方法必须适合教材的特性。不同的教材具有不同的特性和价值。如体操教材具有一定的难度和危险性，对人把握时空的能力要求很高，应选择辅助教学法，诱导性练习法、帮助与保护法等。

4. **应与学生的身心特点相符合**

选择教学方法必须从学生身心发展实际出发，充分考虑学生的接受能力，如情景教学方法比较适合小学生的身心特点，但对高中学生可能就不适用，选择教学方法要根据学生的年龄特征，应与其体育学习水平相吻合。

5. 应与体育教学条件相吻合

选择教学方法要符合体育教学的特点，体育教学以身体练习为主要方式，因此要考虑教学场地、器材的可能性。

案例：

支撑跳跃教学，如教具只有一个跳箱，则可选择更多辅助教学方法，变换练习方法，如跳体操台等。

6. 应与教师自身的教学水平相适应

选择教学方法时必须考虑教师自身素质，即对教学方法的驾驭能力，不能盲目模仿他人，通常选择自己比较有优势的教学方法进行教学效果较好。

总之，除考虑上述选择体育教学方法的各要素外，还必须考虑教学方法的"整体优化性"，就是将已经选择的诸多的教学方法加以整合，使之发挥更好的作用。在选择教学方法的同时，也要考虑教学方法的运用，使之具有更佳的教学效果。

第四节　体育课堂教学手段的设计

在体育教学组织形式、体育教学方法确定后，就要选择体育教学手段，以确定传递教学信息的方式。体育教学手段包括了体育教学和身体练习的各种媒介物，具体的内容有体育场所、器材和电化教育设施，以及检测、评估学生生理、心理指标和运动能力的各种仪器、仪表等。体育教学手段与体育教学内容、体育教学方法都密切相关，能辅助体育教学目标的实现。

一、选择和设计教学手段的意义

教学手段的设计，是指在一定的教学要求和条件下，设计出一种或一组适宜可行的教学手段。各种教学手段既具有自己的功能，又有其局限性，这就决定了一种教学手段只能适应某些教学情境。没有一种教学手段在一切方面都优于另一种教学手段，也没有一种教学手段能对任何学习目标和任何学习者都产生最佳的作用。因为任何一种教学手段都难以传递所有的教学信息。因此，对某一特定的学习任务和具有某种特征的学习者来说，教师只有选择和设计适宜有效的教学手段，才可能取得最佳的学习效果。

二、体育教学手段的必要性

教学手段是师生教学相互传递信息的工具、媒体或设备，是实现教学目标所需要的条件。

（一）体育教学手段的媒介作用

在《体育与健康课程标准》指导下的体育教学中，我们首先要根据课程标准的要求和学生的实际情况，制定体育教学目标，并通过教学活动来实现。制定目标只是教师和学生共同的主观愿望，实现目标才是客观现实。从主观愿望到客观现实有赖于选择和运用体育教学手段，它是构成体育教学活动的一个重要媒介，能起到激发学生的信号系统，沟通信息，调控教学过程，提高信息的接收效果和教学质量的作用。

（二）体育教学手段的复杂性

体育教学目标能否实现，以及实现的程度好坏，在某种意义上取决于是否具备相应的体育教学手段和是否发挥了体育教学手段的最大作用。手段与目标有密切的联系。不与目标联系的手段，就失去了作为手段的意义；脱离目标不为目标服务的手段，对目标来说就没有了存在的意义和价值。体育教学手段不仅种类繁多，而且功能丰富，《体育与健康课程标准》要求根据课程目标体系，高质量地、经济地、实效性强地、创新性地运用和改造现有的学校体育场地、器材、设备，以及充分利用先进的现代化教学手段，以促进体育教学目标的全面实现。只有对体育教学手段进行精心的设计、巧妙的运用，才能充分发挥出体育教学手段在提高教学质量方面的功能。

（三）体育教学手段的既定性

在特定的体育教学条件下，体育教学手段相对固定。《体育与健康课程标准》则要求我们根据世界体育课程改革的趋势以及我国当前新课程改革的最新理念，实现课程目标完成教学任务。体育教学手段是实施体育教学的条件和基础。即便是为了同一体育教学目标，选择同一体育教学手段，但因为人们设计和运用体育教学手段的能力不同，体育教学效果也会受到较大的影响。因此，我们需要对体育教学手段进行重新设计，使之更符合学校、教师和学生的特点，更好地为实现体育教学目标服务，更好地体现"低耗高效"的体育教学设计宗旨。

三、体育教学手段的设计步骤

体育教学手段是运用教学辅助工具进行课堂教学的一种方法，设计步骤通常分为以下四步。

（一）结合实际分析可以通过哪些现有的体育教学手段达成体育教学目标

每个体育教学单元和每堂教学课都有一定的教学目标，即具体的教学要求，比如，要使学生知道体育与健康的基础知识，或明白某种身体练习的基本原理，或掌握某项动作的技术、技能等。为达到不同的体育教学目标，常需要使用不同的体育教学手段来传递教学信息。因此，在体育教学手段的选择和设计中，我们需要根据教学目标的要求，对现有的体育教学手段进行精心的设计。

（二）结合教学内容分析需要借助哪些体育教学手段完成体育教学任务

不同的体育教学内容需要使用不同的教学手段，特定的体育教学内容需要借助特定的体育教学手段才能完成。在教学设计中，我们对教学手段的选择和设计必须根据体育教学内容的特点和功能、学校和教师的实际情况以及学生的特点，对现有的体育教学手段进行加工、改造和创建。比如篮球教学，我们需要选择和设计的体育教学手段是篮球场、篮球，甚至挂图、录像机、幻灯片或其他的教具等。

案例：

某教师的体育教学内容是傈僳族的民族体育游戏"嘟达达"。在教授"嘟达达"体育教学内容的过程中，教师根据教学内容的要求和学生的实际生活经验，在设计体育教学手段时，一改包办一切的做法，发动班主任和学生家长利用五彩缤纷的彩带指导学生制作体育器材"嘟达达"。这不仅增强了学生与教师、家长的交流、沟通，而且培养了学生的创新意识，同时也为体育教学手段的创新打开了新思路。

（三）针对体育教学对象选择和设计教学手段

不同年龄阶段的学生对事物的接受能力不一样，选用和设计体育教学手段必须顾及他们的年龄特征。比如，小学生的认知特点是直观形象的，他们记忆力强但注意力不够集中，对他们可以较多地使用与儿童生活联系较密切的、直观的、简单的教具，如儿童玩具、简易物品、幻灯片、录像等。随着年级的升高，学生的概括和抽象能力提高了，感知的经验也逐渐丰富起来，注意力集中的时间延长了，为他们选择和设计的体育教学手段可以广泛且复杂一些。此外，对教学效果接近的体育教学手段进行选择和设计时，还要考虑学生的兴趣、习惯和发展需要等。

案例：

在一次教学比赛中，某教师的教学对象是小学三年级的学生，教学内容是单脚起跳、双脚落地。教师在选择和设计体育教学手段时，充分考虑到了学生的年龄特点，把体操垫当作沙坑，在一块白色纸板的正面画一条小溪，背面画一条大鳄鱼等图案，同时还制作若干展板，展板上简要地呈现出单脚起跳、双脚落地的动作环节和过程，运用录像、电视等手段展示儿童动画片中小红帽单脚起跳、双脚落地的过河动作，利用"Flash"制作各种过河的动作方法等。这不仅满足了小学三年级学生的认知和心理需要，同时也很好地创设了教学环境，并培养了学生积极思考、克服困难的良好品质。

(四) 根据学校体育教学实际选择和创造教学手段

在体育教学中，设计和选用教学手段时，还要看当时场地的具体条件，其中包括教学资源状况、经济能力、教师的技能、学生的需求、使用的环境等。无论是对现有的规范化、成人化的体育场地、器材、设备进行教材化改造，还是根据学校实际创建简易小学设备或利用自然条件的优势进行教学，或是将现代化的教学设备和技术等作为体育教学手段，都不能脱离教学实际，应该结合教学实际来设计、加工、选择，确定耗费低、适宜、安全性能高、趣味性强、形式新颖、容易提高学生体育学习兴趣、符合学生年龄特点和兴趣爱好的体育教学手段，甚至可以引导学生自己改造创新体育教学手段。

案例：

云南师范大学附属小学有3800多名学生，56个教学班，每班平均68人，而场地只有3个篮球场那么大，人均占地面积极小。为了充分利用场地，学校的民族大课间包括了以下内容：8：00至8：30，高、低学段轮流做最新的广播体操。这些时段轮空的学生或部分分散在小操场进行体育游戏，或在教室内开展走廊操、室内操或游戏活动。该案例充分体现了云南师范大学附属小学的教学特色，真正发挥了小场地的巨大作用，是体育教学手段设计中的经典案例之一。

第五节 体育课堂教学设计（教案）的编写

教案亦称课时计划，是体育教师根据教学目标、教学对象、教学条件等实际情况所设计出的教学基本结构和过程的书面表达形式。它是体育教师进行课堂教学的直接依据。教案的编制应在充分了解学生、体育课程资源、课的前后联系的基础上进行。教案在相当程度上反映了体育教师所具有的体育与健康课程教学理念，体现了体育教师对体育学习方面的有关学习水平目标及其内容标准的认识和理解，凝结着体育教师对学习对象、教学条件、组织形式和方法手段等钻研的结果，在一定程度上表现出了教师的教学风格。体育与健康课教案编写得是否科学合理，对实现教学目标，提高教学效果，具有十分重要的意义。制定课时体育教学计划的主要任务是预先设计一堂体育课的教学方案，是教师完成一堂体育课的具体行动计划。编写教案是教师的基本功，认真编写教案对提高教学质量和教师的业务水平都具有十分重要的意义。体育课时教学计划常见的有表格式和文字叙述式两种，以前一种格式居多。根据课的内容又可分为理论课教案和实践课教案两种。以下主要以实践课介绍为主。

一、传统课时教学计划

最典型的传统课时教学计划（也称教案）产生于20世纪50年代，当时我国整个学校教育体系刚刚冲破半殖民地的教育制度，百废待举，百业待兴。这时比较先进的苏联的中小学教育传入国内，教育工作者们不加选择地采取了拿来主义，在体育教学中甚至连诸多游戏都是照搬苏联的，当然也包括教案，而且这种苏联式的教案在我国的学校体育中几乎不变得应用了几十年。

因此，我们始终没有突破四或三段划分的格局，无论哪份教案仍机械地使用着开始与准备部分、基本部分和结束部分的形式。一些体育教师宁可花许多的时间去写教案，也不好好思考如何更好地、更合理地来使用体育课这有限的40～45分钟。以往在一节体育课中，学生真正参与活动的时间不多，有些课上学生活动的时间还不到30%，这表明学生在一节体育课上只能有12～15分钟的活动时间。因此，甚至有人认为，如果学校里取消了体育课，学生的体质也不一定会受到很大的影响，因为一周两节体育课，学生参与活动的有效时间总共只有半小时左右。

二、新课程标准下的课时计划

新的教案应符合体育与健康课程标准的理念，以学生发展为中心来进行设计。因此，新的教案应突出以下几个特点：①要确立本次课明确而又具体的学习目标；②内容的选择和组织教学能有效地促进学生达成本次课的学习目标；③重视通过多种手段和方法激发学生对体育学习和活动的兴趣,活跃课堂气氛,从而使学生在愉快的体验中获得知识和技能;④各项活动的时间不要安排得过死,要有一定的灵活性;⑤教案力求简单明了,使教师有更多的时间考虑创造性的教学;⑥要给学生布置课外体育活动的作业,促使学生逐步养成坚持体育锻炼的习惯;⑦教案可以采用计算机备课的方式,这不仅便于修改,更便于网上交流。总之,新的教案应该具有开放性、多样性、个性化等特点。教案的好坏不是体现在格式上,而是体现在学生的学习效果上。

总之,现代体育课教案的编写,不应该强调统一的格式,应根据学校、班级和学生的实际情况来编写富有个性和特色的各类教案,教师完全可以设计出其他更好的、更适合自己教学的教案。

三、体育课堂教案设计的基本要求

教学设计是教师教学工作中的一个重要环节,它是一项复杂的教学技术。因此,体育教师进行课堂教学设计时应遵循下列要求。

(一) 确定课的目标

根据单元教学计划目标及内容标准要求确定课的目标。目标的确定一般应涵盖运动参与、运动技能、身体健康、心理健康和社会适应四个学习方面的目标,但也应根据教学内容的性质和特点有所突出和侧重。教学目标的阐述一定要全面、明确、具体。

(二) 根据单元教学计划的安排选定教学内容

单元教学计划是根据水平教学计划的要求制订的,是对一项或一组教学内容的学习进程所进行的安排和规划。课时计划必须根据单元教学计划的内容安排,选择和确定本次课的主要学习内容和辅导教材,并对学习内容的性质和重点、难点等进行深入的分析和研究。

(三) 选择恰当的教学方式和方法步骤

根据本次课程的教学目标以及教学内容、教学对象、教学条件等实际情况,选择有利于教学目标达成的教学方式，例如，自主学习教学方式、合作学习教学方式、探究学习教学方式等，并对实施这些教学方式的方法和步骤进行选择和设计。方法手段的采用，要有利于激发学生体育学习和活动的兴趣，活跃课堂气氛，提高学生学习的主动性和积极性。

（四）选择合理有效的教学组织及措施

合理有效的教学组织及措施，能够保证教学方式方法效能的充分发挥；有利于提高体育课时间的利用率，提高练习密度，有效地增强体质；有利于加强教学环节的衔接和场地器材的充分利用；有利于学生的学习和教师的指导等。因此，重视课程的教学组织及措施的安排与设计，对提高教学效果、实现教学目标有重要的作用。

（五）对课堂各种活动的时间进行恰当的安排和分配

如何充分利用一节课的有限时间，获得最佳的教学效果，是每一位体育教师必须面对的问题，这就需要体育教师对课堂各种活动的时间进行统筹安排和分配。其原则是保证主要学习内容的时间，留够辅助内容的活动时间，以确保教学目标的实现为根本目的。但是，各项活动时间安排不能过紧，要有弹性，只要能获得好的教学效果，允许时间有一定的伸缩。

（六）教案力求简单明了

体育与健康课程教案的设计和编写不要过于烦琐，应尽可能简化。只要能有效地实现教学目标，符合体育教学的客观规律和原则，能改善教学效果，教案越简明越好。

四、体育课教案设计的程序

教案设计是教师在上课前对教学内容的一个计划。这个计划是教师上课的思路和过程。因此，好的教案设计是上好一堂课的前提。体育课堂教案设计的基本步骤如下。

（一）根据教学目标确定教学内容和重点

一堂课的教与学都要围绕课的目标来选择和安排，课的教学目标从总体上应该包括三个方面的学习要求：①明确具体，是指课时教学目标要定得不抽象，不笼统，不烦琐，重点突出，一目了然。既对学生的学习有具体要求，又要有具体的数量和质量标准；②既要有技术、知识目标，又要有心理素质提高和社会适应的目标，同时还要有运动参与的量化标准；③切实可行，是指课时教学目标要定得符合教学进度的要求和学生的实际水平，使大多数学生经过努力能完成课时教学目标。应避免目标定得偏高或偏低，脱离实际而不能收到良好的效果，个体差异应有所区别。

（二）构思安排课的组织教法与学练要求

课的教学和学练的构思，是围绕教学目标和教学内容设计的。一般应先构思教材主要内容部分，然后根据教材主要内容考虑准备运动与结束部分的先后次序。并在此基础上根据课的教学目标，进一步分析研究各项教学的重点、难点、动作要领、完成方法、必要的辅助练习和诱导练习。然后针对教材部分的主要内容再构思准备活动的内容（队列、游戏和徒手操等）以及结束部分的放松整理练习或放松游戏等内容和方法。准备运动是为教材主要内容服务的，它的设计应该以有利于教材的实施为归宿。通过学生队伍的调动和组织，使得课的各部分紧密衔接，保证场地、器材的分配，维持教学比赛或游戏的规则。

（三）合理安排课的时间

指各项内容的教学时间和练习次数。课的各部分时间主要是根据它们在全课所处的地位和作用来确定的。它同样受课的教学目标制约，为教学目标服务。各项内容的教学时间，是指课的内容一栏内，各项教学内容的时间安排。练习次数，是指每项练习中，一个学生的练习次数。课堂上，应根据各项内容的教学时间，课的组织来确定教学安排。

（四）更好地把握课堂教学的量和度

在编写课时计划时，应该根据教材、课型、场地、器材情况以及气候条件、学生的实际情况，预计本课的练习量和身体负荷强度。预计时应以该班中等水平的学生为依据，作为实际操作中的参考。

（五）计划课所需要的场地、教学器材和用具

根据教学内容合理安排学校场地、器材等。特别是有几个班同时上课，应事先与同课次教师协商，妥善解决场地和器材的使用。尽可能充分利用场地、器材，以便让学生有更多的练习机会。

（六）做好课后小结

做好课后小结是提高课堂教学质量和教学水平的重要一环。教师应在每次课后将课的教学目标完成情况，存在的问题，做一个扼要的记录，从而修正下一轮的教学，这样做可以不断提高教学质量。

教案并不是专门供别人看的，而是要看是否服务了课堂教学，课堂教学是否服务了学生、促进了学生身体素质的提高。总之，作为一名合格的体育教师，要适应深化教育改革的要求，不断更新教育观念，提高自身素质，努力学习，锐意进取，不断探索适合学生全面发展的教学策略，逐步建立以学生为主体的全新体育课堂教学格局，切实把"激发运动兴趣，培养学生终身体育意识与能力"的课程理念落到实处。下面为教学设计案例。

案例1：踏板操教学设计

武汉市第三中学　　顾静

踏板操是一种方便实用的有氧健身活动，利用踏板做运动，可以相应增加运动的强度，使全身各个部位都能得到充分的锻炼，以腿部、臀部以及腰部的锻炼最为显著。

一、指导思想

本次课程是根据《普通高中体育与健康课程标准》水平五的目标要求，针对高一年级学生对各项运动的爱好与需求，结合高中生的身心特点，以终身体育思想为指导，按照认知规律、身心负荷规律，通过引导、体验、交流、协作、评价等教学过程，变"学会"为"会学"，到最后"会创编"，实现变被动学习为主动

学习。

二、教材、学生分析及教学构思

（1）结合高中学生的认知水平及对新兴踏板活动的认识，将时尚体育项目有氧踏板练习引入高中课堂。本次课程是轻器械健身操（踏板操）单元的第1次课。学生在完成踏板操单个动作学习的基础上，穿插使用踏板的多种练习，以小组合作创编方法为教学突破口，采用示范、表演、互评、实践、观察、引导等多种教学手段，让学生明白什么是有氧运动并掌握一些健身方法。强调教与学的多样性、趣味性、合作性、创造性，在教学中尽可能采用启发、对话、讨论、激励等形式进行教学，使学生在轻松、愉悦的氛围中，了解时尚体育，掌握踏板操的技能，发展主动性和创造性，最终在丰富的教学元素中达成本课目标。

（2）教学组织上以"活泼、自由、愉快"为主调，注重严密的课堂纪律与生动活泼的教学氛围相结合，强调信息的多向交流与教学环境的优化，让学生真正成为课堂的主人，达到预期的教学目标与要求。

三、教学特点

（1）依据认识规律，大量采用启发式教学方法，注重知识原理的学习。

（2）采用小群体的教学组织形式，充分发挥小组长作用，培养学生自学、自编、自评的能力。

（3）引导学生创造、思考、观察，实现一种器材多种用途，使其在整个教学过程中发挥作用。

（4）将时尚体育项目引入高中体育课堂，进行体育文化的传播，提高健身操的实效性和普及性。

（5）强调多种方式的信息交流，如借用语言、文字、图片等形式优化学习氛围。具体内容见表3-1。

表 3-1　踏板操教学设计

学校：<u>武汉市第三中学</u>　年级：<u>高一</u>　教师：<u>顾静</u>

教学内容	有氧踏板练习（新授课）			
教学目标	1. 通过有氧踏板操的学习，学生能初步掌握有氧踏板操的基本动作和练习方法，了解有氧健身练习运动负荷的特点和对身体的作用，能在教学活动中学到与有氧踏板操相关的基本知识 2. 在各种形式的集体练习中，培养学生合作、自主、创新的意识，使之体验学习和共享的愉悦过程			
结构	时间	教师活动	学生活动	练习时间/次数	组织与图解
兴趣练习	12分钟	1. 课堂教学常规，师生问好，宣布教学内容、学习目标与要求	1. 体育委员按教师指定位置集合队伍并报告人数，听教师介绍本次课内容、学习目标与要求	1~2分钟	开课队列示意图 图1
		2. 教师指挥引导学生进行热身练习——"看谁击得多" 要求：主动击球，集体报数	2. 在教师引导下，同学们进行小团队的热身练习	1~2次 2~3分钟	
		3. 命题热身活动练习： (1) 翻捡踏板 (2) 孤岛救援 (3) 踏石过河 (4) 你攻我守 要求：积极思考，团队合作	3. 小团队讨论，挑选2~4种趣味练习，互相学习利用踏板进行身体练习的多种方法	5~6分钟	命题热身活动示意图 图2
		4. 教师提出踏板的多种学练方法	4. 在教师引导下进行多种活动练习	1分钟	

76

续表

结构	时间	教师活动	学生活动	练习时间/次数	组织与图解
合作与探究学习	28分钟	1. 教师提出问题：什么是有氧运动？ 教学生掌握脉搏测试方法 2. 节奏训练 教学重点：节奏训练，建立踏板操动作的基本概念 （1）跟我一起动起来 （2）示范表演踏板操 3. 踏板操动作练习 教学重点：节奏准确，伸展充分 （1）指挥学生进行踏板操基本动作的练习：上、下练习；前、后走板练习；左、右跃板练习 （2）引导学生进行简单组合动作的练习 （3）指导学生进行小团队的动作创编 （4）教师进行目标评价 （5）在练习中进行2~3次脉搏测试 （6）引导释疑何为"有氧运动"并说出其健身价值 （7）带领学生进行踏板操简单组合动作练习	1. 学生进行自主讨论 学生进行脉搏测试并记下自己的即时脉搏 2. 进行各种节奏训练 （1）跟随教师进行多种节奏练习 （2）听音乐打节奏，建立踏板操动作概念 3. 踏板操动作练习 练习口诀：脚踝用力向上顶，挺胸抬头把腰立 （1）踏板操基本动作的多种练习 （2）小团队进行简单的组合动作的练习 （3）在教师的指导下进行动作的创编 （4）小团队相互表演与观摩，体验成功的喜悦 （5）学生在教师指导下进行脉搏测试，记下即时脉搏 （6）通过体验知道有氧运动的定义，明白健身的意义 （7）在教师的带领下进行简单组合动作练习	1~2分钟 2~3分钟 1次 3~4分钟 1~2分钟 1~2分钟 3分钟 2分钟 2分钟 8分钟	节奏训练及踏板操基本动作示意图 图3 小团队合作自主学习示意图 图4

续表

结构	时间	教师活动	学生活动	练习时间/次数	组织与图解
愉悦身心	5分钟	1. 游戏："高山流水" 2. 瑜伽放松 动作要求：尽量伸展，注意呼吸 3. 课的结束 4. 归还器材	1. 小团队合作完成动作 2. 放松活动：坐在踏板上进行瑜伽放松 3. 学生畅谈体会，教师总结 4. 介绍下次课的教学内容，安排学生归还器材	1~2分钟 1~2分钟 1分钟	图5
器材		踏板49块 其他器材（略）	预计心率曲线图 图6		预计练习密度 45%~50% 预计平均心率 110~130次/分
预计本课心理感受			课后反思		
我运动、我挑战、我提高、我快乐			（略）		

案例2：简化少林拳教学设计

郑州市育红小学　荆军体

少林武术是深受少年儿童喜欢的项目。简化少林拳是郑州市为推广少林拳而编写的校本教材。本课为简化少林拳单元教学的第3课时，学习第3段的8个动作。按照前两次课的教学方法进行教学，通过观看《少林武术表演》录像激发学生的学习兴趣。学生通过收集少林拳资料，了解少林寺的历史和少林拳动作风格特点，初步建立少林拳动作表象。采用教师示范等直观教学和学生分组自学等多种教学方法，使学生能主动学习，掌握简化少林拳的动作。本课的特点是：①充分挖掘学生潜能，发挥学生主体作用。在教学过程中，本课强调学生的个性发展和能力培养,充分利用小组合作探究学习,体现团队意识和集体观念,使学生在宽松愉快的课堂氛围中获得知识,发挥学生的主动性、自主性;通过学生的自学、自练、自评和尝试,在教学过程中加强对学生的情感体验和意志培养,在宽松愉悦的氛围中培养学生终身体育的习惯。②教与学互动,学练结合。本课采用学生主动学习和自主练习的方法,以学生为立足点,通过教师的语言引导、激励,使学生与教师建立一种自由、民主、和谐的教学气氛。给学生更多的自主权,让学生充分发挥自主学习能力,做到有"收"有"放"、"收""放"结合,在练习中快乐主动地学习。具体内容见表3-2。

表3-2 简化少林拳教学教案

学校:郑州市育红小学　年级:4年级(水平二)　教师:荆军体

教材	简化少林拳(第3段)			重点:少林拳的风格特点	
				难点:手、眼、步法的协调	
教学目标	1. 认识目标:85%的学生能够了解少林拳的历史及动作特点 2. 技能目标:复习简化少林拳前两段,学习第3段的动作,85%的同学掌握动作 3. 发展目标:学生的协调性和快速反应能力得到发展 4. 情感目标:进行武德教育,学生养成做事认真、持之以恒的良好习惯				
课的结构	教学内容	教师活动	时间	学生活动	练习次数
准备部分	1. 课堂常规 2. 观看少林武术表演影片片段	1. 教师提前到场,准备好器材 2. 师生行抱拳礼问好 3. 宣布本课内容、教学目标及要求 4. 提问学生:收集少林寺、少林拳材料情况,以及学习少林拳的感受	5分钟	1. 队形:门字形队 图1 2. 认真听讲明确要求 3. 介绍自己收集的材料和学习感受	1次

续表

课的结构	教学内容	教师活动	时间	学生活动	练习次数
基本部分	1. 跑步到"少林寺" 2. 看壁画自学 3. 跟教师学习 4. 少林武术操 5. 教师教授	1. 教师用生动的语言激发学生对少林武术的崇敬和武术学习的渴望，并提出学习要求 2. 给学生讲解壁画内容 3. 示范壁画上的动作 4. 鼓励指导学生练习 5. 教师示范讲解练习 6. 音乐渲染气氛 7. 复习简化少林拳第1～19个动作 8. 学习简化少林拳第20～28个动作 马步单鞭；挤手炮；马步架打；猛虎跳涧；二龙戏珠；小提鞋；仙人指路；五花坐山；天王抱琴 动作图解： （略）	10分钟	1. 慢跑2圈 组织：×××××××　→ 　　　××××××× 图2 （1）学生认真观看壁画 （2）自学少林武术动作 （3）跟教师学习壁画上的动作 2. 少林武术操 组织： ××××××× ××××××× ○○○○○○○ ○○○○○○○ 图3 （1）手形变换；（2）罗汉眉； （3）迎面腿；（4）马步单鞭； （5）跨虎登山；（6）单飞燕； 目标：通过观察，了解简化少林拳的基本动作，基本掌握动作要领 组织一： ××××××× ××××××× ○○○○○○○ ○○○○○○○ ▲ 图4	1次 1次 1次 1次

续表

课的结构	教学内容	教师活动	时间	学生活动	练习次数
基本部分	6. 分组自学 7. 分组练习 8. 展示评比 9. 拓展延伸	（1）先教上肢动作，再教下肢动作，最后进行完整的动作练习 （2）用攻、防含义启迪学生，引导学生进行练习 （3）采用集中教、分组练、集中评的形式进行教学 （4）教师示范讲解练习 （5）巡回指导、鼓励 （6）纠正易犯错误 （7）对展示的组给予评价	20分钟	组织二： 　　1组　　　　3组 　×××　　　××× 　×××　　　××× 　　　　▲ 　　2组　　　　4组 　×××　　　××× 　×××　　　××× 图 5 3. 认真听、仔细看、模仿练，明白动作含义，建立动作概念 4. 分解学练时，着重弄清动作的方向路线；完整练习时，注意动作的正确与协调；反复练习时，着重体现少林拳的风格 5. 通过交流、切磋，摸索练习动作方法。能学会动作方法，大部分学生能做到方向、路线清楚，动作基本协调 6. 给予喝彩和掌声 7. 根据所学少林拳动作尝试创编	1次 1次 1次 1次
结束部分	小结	1. 放松：太极拳 2. 总结讲评本课学习情况 3. 师生再见	5分钟	1. 进行放松活动 ××××××××× ××××××××× ○○○○○○○○○ ○○○○○○○○○ 　　　　▲ 图 6 2. 总结评价	1次

续表

课的结构	教学内容	教师活动			时间	学生活动	练习次数
实施情况记载	单元	1	2	3	预计负荷	（图7折线图：横轴0-45，纵轴100-200）	
	教学情况					图7	
	课后小结：				场地器材	1. 壁画、挂图 11 张 2. 计算机 1 台 3. 电视机 1 台	

案例3：跨越低栏教学设计

杭州建兰中学　倪萌洁

跨栏跑是快速奔跑过程中连续跨越固定距离和固定高度的栏架的短距离竞赛项目。练习跨栏跑可以培养学生勇敢、顽强、坚定、果断等意志品质，以及不屈不挠、勇于克服困难的精神。跨栏跑是融速度、柔韧、耐力等素质为一体的身体运动，能为全面发展学生素质起到良好的促进作用。

本课的教学是跨栏跑中的起跨腿过栏技术，这对日后过渡到跨栏跑的完整过栏技术的学习起到承前启后的作用。由于学生初次接触跨栏跑，故本课主要让学生学习起跨腿的过栏技术，初步体会起跨腿的过栏技术要领，通过练习，培养学生勇敢、顽强、果断的意志品质，有效发展学生的速度、柔韧、灵敏、协调等身体素质。

跨栏腿的快速蹬伸是起跨腿过栏技术的重点，故本课针对这个重点设计了"抢凳子"游戏。学生能够从游戏中充分体会到快速和蹬伸的概念，了解跨栏跑起跨腿的基本动作要领。本课充分利用了学校现有的教学器材，即学生的凳子，就能让每位学生都去体会跨栏跑动作。利用凳子的靠背去练习起跨腿和摆动腿，这也是贯穿本课的亮点。

课的第二部分带领学生学习凳子舞，增强课的趣味性，充分展示当代中学生的青春风采，使课堂气氛达到高潮。所有学生一起参与，课的运动量也得到了保证。

整堂课都是用当代流行、健康、节奏感强的音乐作为背景。利用音乐，把课堂中的每个练习都联系起来，也把学生和整个课堂联系起来。具体内容见表3-3。

表3-3 跨越低栏教学设计

学校：<u>杭州建兰中学</u>　年级：<u>初一</u>　教师：<u>倪萌洁</u>

本课主题	魅力、快乐、挑战	教学重点	学生克服恐惧心理，攻栏腿快速蹬伸、下压
教材	1. 跨越低栏 2. 基本体操：凳子舞	教学难点	攻栏腿快速下压，且蹬直向前
教学目标	1. 认知目标：建立跨栏跑的完整性动作概念 2. 技能目标：通过本次学习，95%学生敢于跨低栏，50%学生能用较好动作完成攻栏腿的起跨动作；通过凳子舞的学习，70%学生能跟上音乐节奏 3. 情感目标：培养学生克服困难、敢于挑战的顽强意志品质和积极进取、团结协作的精神			

结构	课的内容	组织、教法、学法与要求			运动量	
^^	^^	教师活动	学生活动	组织示意图	次数	时间
开始部分	1. 课堂常规 2. "音乐火车抢凳子" （1）听节拍，开"火车" （2）全班分成4组，从4个站牌听音乐按照规定动作出发 （3）音乐停止后，以小组为单位，教师发出指令，学生按照规定号码进站坐好	师生问好 组织与教学： 1. 开"火车"要按照一定的节奏和动作进行 2. 每组同学坐的火车不得脱节 3. 音乐停止后，按规定号码跑进规定地点，反应要迅速 4. 注意跑时不要相互碰撞，注意安全	1. 体委整队报告 2. 学生列队听讲 学生按照教师的要求进行游戏 要求： 认真，听节奏，积极，团结	图1 图2	3	2分 5分

— 83 —

续表

结构	课的内容	组织、教法、学法与要求			运动量	
		教师活动	学生活动	组织示意图	次数	时间
基本部分	1. 游戏：快速占领（抢凳子）引入起跨腿的快速蹬伸	组织与教学： 1. 把学生分成5组，进行抢凳子游戏 2. 讲解游戏规则 3. 进行游戏，看谁反应快 4. 注意单腿的快速蹬伸	步骤： 1. 学生按照游戏规则进行游戏 2. 在游戏中体会起跨腿的提拉、跨越、蹬伸动作 3. 注意游戏安全	图3	5~8	5分
	2. 跨栏跑	1. 引入刘翔的跨栏 2. 教师讲解示范 3. 鼓励学生去尝试练习 （1）让学生了解跨栏的基本动作术语 （2）讲解跨栏与起跨腿的动作要领 4. 利用凳子的靠背分别纠正起跨腿的动作、摆动腿的动作 5. 组织学生自我练习 6. 解决学生错误的动作，并且进行纠正。通过生活中的一些例子，如站立穿裤子等动作，让学生加深对起跨腿动作的理解	1. 想象和回顾刘翔的跨栏动作 2. 观察示范动作，理解其中的关键 3. 动作迁移：起跨腿练习—快速蹬伸 4. 相互鼓励，自我挑战练习 5. 效果展示	图4	2 5 5~8 2	1分 2分 2分 2分 2分 2分 3分

84

续表

结构	课的内容	组织、教法、学法与要求			运动量	
^^^	^^^	教师活动	学生活动	组织示意图	次数	时间
基本部分		7. 激励学生相互学习，相互观察评价 8. 提升安全与自我保护意识 9. 让学生体验成功，找到自信			5~8	2分 2分 4分
^^^	3. 课间凳子舞	组织与教学： 1. 教师示范，学习8个8拍的动作，每1个8拍的组合为练习动作 2. 带领学生一起跟着音乐舞动 3. 请个别学生上前面领做	学法与步骤： 1. 学生认真跟学，重点掌握音乐节奏 2. 模仿练习动作 3. 学生大胆练习，动作幅度尽量做大	图5	8	5分
结束部分	1. 放松活动 2. 小结，下课	组织： 1. 启发学生跟着音乐自我放松 2. 小结本课学习的重点，启发学生轻松学会跨栏	学法与步骤： 1. 学生可以自我放松 2. 列队听讲 3. 下课回收器材	同图5		3分
场地器材	田径场 凳子40张，体操棒10个，录音机1台					
平均心率	120~130次/分	练习密度	50%	运动强度	中高	
摘记						

— 85 —

五、体育课堂教学设计（教案）的评价

根据课堂教学设计技能的基本要求和评价表内容（表3-4），练习者既可通过观看录像自评，也可由教师或训练小组人员进行评价。

表3-4　课堂教学设计（教案）评价表

授课教师_____教学内容_____日期_____

请仔细观察授课教师的教学行为和学生的反应，然后填写评价表，在恰当等级后画"√"。

项目	评价内容	权重	赋分值	
1	教学目标明确、课堂的任务明确、教学要求具体	0.10	优	90~100分
2	课堂组织形式新颖、教法手段合理、教学步骤清楚	0.30	良	75~89分
3	教学重点、难点突出、时间分配科学	0.20	中	60~74分
4	密度安排合理，运动负荷适宜	0.20	差	60分以下
5	场地、器材运用合理，并有安全措施	0.10	注：参照权重比例计算最后分值，根据各项指标得分相加得出最终结果。	
6	重视课后小结，不断改进教学	0.10		
最终评价结果：在相应□后画"√"　优□　良□　中□　差□				
您的意见或建议：				

思考题

1. 如何设计教学目标？
2. 如何设计教学组织形式？
3. 如何设计教学方法？
4. 如何设计教学手段？
5. 体育课堂教案设计的基本原则与程序是什么？
6. 选取某一教材某一部分，运用相关理论编写一份课时教案。

第四章 教学口语技能

实训目标

1. 了解教学口语的含义及特征;
2. 初步理解教学口语的功能及构成要素;
3. 初步掌握教学口语的类型及运用方法;
4. 能够在微课教学实践中较好地运用教学口语技能。

语言是人类最重要的交际工具。在人类生活中,人们总是借助语言来表达、交流、合作探讨等。教学作为人类的一种规范活动,同样需要借助语言来进行。苏联教育学家苏霍姆林斯基曾说:"教师的语言修养在极大程度上决定着学生在课堂上智力劳动的效率。"可见,教师的教学语言对课堂教学效果起着重要作用。因此,形成正确、娴熟的教学口语表达技能是上好课的基本条件之一。

第一节 教学口语技能概述

所谓的教学口语,也称教学语言,是指教师进行课堂教学时所选用的语言体系。由于教学活动是人类的一种特殊活动,教学口语具有特殊性。它既不同于哲学、自然科学用语,也有别于文化艺术用语;既不是纯粹的书面语言,也不是普通的日常用语。教师教学语言表达的方式和特点是由教师自己的特点、教学工作的特点等决定的。

一、教学口语技能的概念

语言是人类用来表达思想、交流感情、沟通信息和传递知识的工具。根据语言是否正式，可分为口头语言和书面语言。口头语言简称为口语，它有一般口语与专业口语之分。一般口语也称日常口语，适用于日常生活领域。专业口语，是指适用于某一特定专业领域的口语。在这里，我们所说的口语是指教师职业口头用语，也称教学口语。

教学口语技能是教师用口头语言向学生阐明教材、传授知识、指导练习、传递信息的一种教学行为方式。教学口头语言不独立存在于教学之中，它是一切教学活动的最基本的教学行为。

在体育教学中，体育教师进行教学时的口头语言表达形式是多种多样的，课堂口语是课堂教学中口头语言表达的主要形式。我们认为，体育课堂口语技能是指教师在体育课堂教学中运用正确的语音、语义，合乎语法逻辑结构的口头语言，对教材内容、问题等进行叙述、说明、指导的行为方式。体育教学不仅仅被理解为单纯的健康体能练习，正确、形象、通俗易懂的口头语言，在引导学生学习、启发学生思维、掌握技术动作、实现教学目标等方面具有重要意义。

二、教学口语技能的特征

教师在教学中的语言表达方式和特点主要是由教师自己的特点与教学工作的特点所决定的。教师的教学口语表达同其他行业和职业所使用的语言相比，有以下几个基本特征。

（一）科学性

作为教学信息传递的重要手段，教师的口语表达首先要求科学准确，不出错误。口语表达的特点是严谨、准确、精练、逻辑性强。教师的口语表达要求准确、规范，不应使学生产生疑惑或误解。因此，教师在教学时必须使用科学、规范的术语来表达和讲授。

（二）启发性

课堂教学的目的，不仅在于传授知识和形成技能，还在于通过知识和技能的教学，让学生具有独立发现问题、分析问题的兴趣、意识和能力，提高其思维能力。这就要求教师的口语表达必须具有启发性，通过在平等的教学关系中创设情境、处处设疑，促进学生在知识与技能、过程与方法，情感、态度与价值等方面获得全面发展。

（三）针对性

教师口语表达的根本目的是为了促进学生的发展，因此，教师口语表达必须符合教学对象的年龄特征。教师口语表达的用词、用句、语气、语调、语速等必须与学生的语言接受特点相符合。要针对不同的教育对象、教学环境运用不同的口语表达，要因人而异，有针对性地进行变化。对低年级学生，口语表达要通俗、活泼、形象化、具体化，用通俗易懂的语言表达教学问题，促使学生积极、主动地学习。

（四）教育性

口语表达最基本的两条：一是口语普通话表达必须标准；二是口语表达要遵守社会道德规范和国家政策法规。教师的职责是教书育人，因此教师的全部活动都贯穿着明确的教育目的。作为教师借以完成现实职责的主要手段的教师语言，当然也始终贯穿着教育性。因此，教师的口语表达，除了正确、健康、文明、进步外，还应对学生进行正确的引导，使其形成积极、正确的思想、情感、行为习惯、思维方式。

三、教学口语技能的功能

口语表达结合其他的教学活动，所能实现的教学功能是广泛的，但在这里我们主要强调口语表达在声、情、义方面的功能。

（一）准确传递知识信息

通过口语标准、规范化的发音和语义，词语的准确选择和搭配，可以有效地传递知识信息。口语表达水平与教学效果是直接相关的。教学，无论是教书还是育人，都需要通过语言的表达、交流来实现。国外所罗门（Solomon）和希勒（Hiller）等人的研究表明，"学生的学习效果同教师表达的清晰度有显著的相关""教师讲解的含糊不清则与学生的学习成绩有负相关"。所以准确、清晰地传递知识信息是口语技能的基本功能，也是对口语表达训练的基本要求。

（二）实现情感交流

课堂教学过程，不只是传递知识信息的过程，也是师生间的情感互动交流与沟通的过程。在这种情感交流与沟通的基础上所形成的人与人之间的心理关系，又反过来影响知识信息交流与沟通的进行。所以，师生间的相互激励、默契，这种情感的投入和交流是口语表达中不可缺少的部分。通过口语表达的语调、节奏、语气的变化，可以有效地表达各种感情，实现情感交流的目的。美国耶鲁大学的卡鲁博士曾实验用多种语调向学生讲授，发现低沉、稳健的语调，比那种亢奋、热情、煽动性的言辞，更能让学生记得牢。我国丁传禄等人的调查研究资料也表明了类似的结论。尽管这种研究还需要进一步的检验和确证，但口语表达的情感功能与教学效果之间无疑有着密不可分的关系。

（三）发挥语言示范美感

口语表达除有传递知识信息和沟通师生情感交流的功能之外，还具有语言美感的示范作用。尤其是在中小学生教育阶段，教师不仅要使学生学到知识，还要发展学生的思维，培养学生语言表达的能力。如果说教师的行为是无声的语言，有形的榜样，那么教师的语言就是有声的行动，无形的楷模。在教学中，教师教学语言技能水平越高，对学生产生潜移默化的影响越大，能使学生从自觉或不自觉地模仿教师，到能灵活地表达，从而逐步提高学生的语言表达能力。因此，教师加强教学语言技能的训练，以提高自己的教学语言的示范性，是十分必要的。

四、教学口语技能的构成要素

口语表达是由相互联系相互制约的几个要素所构成的。若想把教学信息以便于学习者接受和理解的方式，生动、准确地传递出去，必须了解口语表达的基本构成要素（图4-1）。

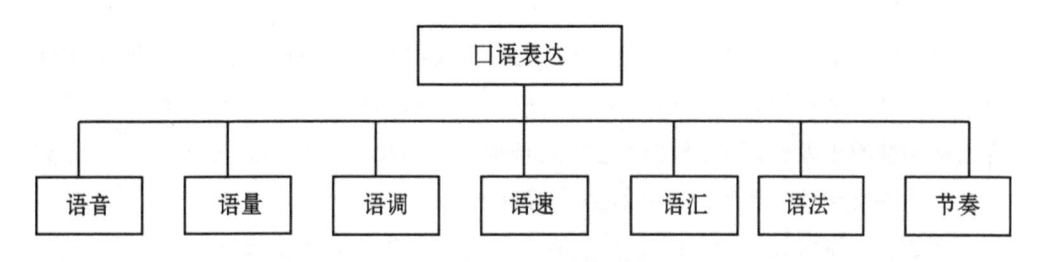

图4-1 口语表达的基本构成要素

（一）语　音

语音是语言的基本结构单位，没有语音也就没有语言。人的语音是由肺、声带、共鸣腔三个器官共同作用的结果。任何声音都由四个要素构成，即音高——声音的高低、音强——声音的强弱或大小、音长——声音的长短、音质——声音的个性特色。语音通过多种有意义音节信号的组合使得内部信息能以声音的形式发出和传递。

在体育教学中对语音的基本要求是发音准确规范、吐字清晰。体育教师平时应当经常进行一些口头练习，注意每一个发音细节。尤其是方言较重的教师可以模仿电视台或广播中一些播音员的发音或者分析著名演说家的语言范例，坚持练习，持之以恒，同样会达到字正腔圆的效果。

（二）语　量

语量即音量，指声音的大小。调控合理的音量是理想口语表达的重要条件之一。体育教学多在室外进行，外环境的噪声对语量影响较大，课堂上教师声音的高、低、强、弱，不仅影响知识信息的传递与交流效果，而且影响教师课堂教学的组织调控和均等指导学生学习的效果。为了提高教学效果，教师根据教学目的的需要，课堂组织形式及练习队形，以及学生的身心状态，使口语表达的声音适时、适度、适量。也就是将口语表达的音高、音强、音长控制在最适当的程度。使每位学生都能毫不费力地听清楚教师讲的每句话、发出的每个音节，且耳感舒适，受音量均等。

（三）语　调

语调即讲话时的腔调，主要指声调的升降及抑扬顿挫的变化等。语调是增强语言生动性、体现语言情感性的主要因素。教师语调的运用一定要从所表达的内容出发和情感出发，调节语调使之高低起伏、抑扬顿挫、自然适度才能大大提高口语表达的准确性、生动性、形象性和趣味性。

例如，在讲解技术动作的重点、难点和关键点时，说话要慢些，语调要高些，以引起学生的注意并留给学生思考和记忆的时间；在进行一般难度内容的讲解时，语调可以平稳缓慢；再如，当强化某一技术环节或改进某一技术动作时，教师可以提高声调以引起学生注意。

（四）语　速

语速即语言的速度，讲话的快慢。教学口语表达的速度是否合适，对学生的学习效果有着重要影响。

在日常生活中，不同的人讲话速度是各不相同的。教学口语表达是教师职业的一种专门工作语言，不应用日常习惯的语速进行教学。教学语言的速度受课堂教学自身规律的制约，受与教学有关的诸多因素的支配。课堂教学的语言速度要慢一些，一般每分钟 200 字左右为宜。

根据信息加工理论，如果发送信息的频率太高，学生大脑对收取的信息处理不及时，势必造成信息的遗漏、积压，导致信息处理的障碍；而如果信息发送得太慢，跟不上学生大脑处理的速度，不仅会浪费许多时间，还会使学生精力涣散。因此，教学过程中必须恰当地掌握语言的速度。

体育教学多在室外进行，语速运用也有其自身的特点。例如，在体育教学组织中，为了节省教学时间，可使用快速语言的强势效果进行队伍调动、队列队形变换等，而在讲解教师技术要领时，语速要适当放慢，便于学生理解和记忆。

（五）语　汇

语汇，又称为词汇，是一种语言里所有的（或特定范围的）词和固定短语的总和。在教学口语表达中，对词汇的要求是规范、准确、生动。

规范——用词规范,正确地使用普通话和专业词汇的用词规范。用词规范不但能够正确地表达信息内容,而且能为学生做出典范。例如,体育教学中常用的一些术语"有氧代谢""负荷量""最大力量""身体指数"等。教师讲解其概念时,用词要规范。

准确——用词准确,使用精确的词语对教学内容进行表述,杜绝似是而非,模棱两可的词语。这是对教师口语表达的基本要求,否则就不能正确地表达教师的意图。例如,推铅球滑步技术教学,教师对滑步时两腿的动作要领,要用准确的口诀表达:摆(摆动腿)—蹬(蹬伸腿)—收(蹬伸腿收扣)—压(摆动腿压伸)。要求:先摆后蹬、以蹬促摆,蹬摆协调,收扣积极,压伸快速、准备用力。如果改为:蹬(蹬伸腿)—摆(摆动腿)……即两腿动作的先后顺序颠倒了,这不仅是用词的错误,也是技术结构理解的错误。

生动——用词意态动人,要做到用词生动就要在选词和用词上做到精选妙用,注意词的形象性、感染力和感情色彩。口语表达能力与教师的科学知识、文学修养及平时训练直接相关,教师只有在平时积累提高,等到学习与训练时才能表现出灵活动人的语言艺术。

(六) 语 法

语法是用词造句的规则,是人们在长期的语言实践中形成的。口语只有符合这种语法规则,人们才能听得懂,违反这些规则就无法进行交流。与语法相关的还有逻辑性,即在组织一段语言时,思路要顺畅,要合乎逻辑规律。合乎语法、合乎逻辑的语言表达才能让人理解。

课堂教学与一般讲演不同,它要让学生知其然,还要知其所以然。真正让学生理解、掌握。因此,在体育教学中,教师要把握教材的内在特点及规律,注意语言的逻辑性。这样才能使学生厘清思路,层层剖析事物,从而达到理解和掌握知识的境界。

(七) 节 奏

语言节奏是指语调高低、语速快慢、语音大小长短的变化。例如,讲到重要的地方提高声调放慢速度;讲到快乐的地方自然地露出微笑;讲到愤怒的地方显出激昂的情绪；讲到悲伤的地方声音变得低沉；这种语调高低，速度快慢变换伴随着情绪的起伏，就形成了一种节奏，这直接影响着学生的情绪和接收信息的效率。

在室外体育课堂教学中同样需要语调高低、语速快慢变化的语言节奏。例如在讲授某一技术难点与关键动作时，教师要有意识地放慢语言节奏，便于学生理解掌握难点与关键动作。再如口令，口令是体育教师职业特有的专业技能之一，口令长短缓急、快慢起伏的节奏变化和短促、悠长、起伏、柔和、激荡的声调变化，在队列队形练习、徒手操、广播体操、健美操、体育舞蹈等教学中，都能起到集中注意力、提高兴趣的作用。

第二节　教学口语技能的类型

根据语言表达方式，口语表达可分为说明语、叙述语、描述语、论证语和抒情语。

一、说明语

说明语是指教师在教学中向学生说明事物、解释道理的语言。它用于对事物形态、性质、构造、成因、种类、功能，或事物的概念、特点、来源、关系、演变等做清晰准确、通俗易懂的解说，以帮助学生加深理解，形成概念。说明语作为一种表达形式，大量存在于我们的口语之中，说明语所采用的具体方法有定义说明、诠释说明、比较说明、分类说明、比喻说明、举例说明，等等。

案例：

（1）在田径教学中，教师向学生解释"步长"这一运动术语的说明性语言为：在走或跑的过程中，步长是指左右两只脚着地点之间的距离，它的大小主要取决于运动员的腿长、后蹬角度、身体重心腾起的初速度和腾起角度及着地角度。步长是决定走或跑的速度的重要因素之一，在步频不变的情况下，加大步长可以提高跑的速度。

（2）在田径教学中，教师向学生解释"短距离跑"这一类项目的说明性语言为：短距离跑属于无氧代谢供能的周期性运动项目，其最大特点是用最短的时间发挥出最高速度，并通过规定距离的运动项目。在正式比赛中，跑的距离主要有100米、200米、400米，且规则规定均采用蹲踞式起跑和分道跑跑完全程；全程跑的成绩主要取决于起跑反应速度、起跑后的加速能力、保持高速跑进能力和终点撞线动作时机。经常进行短距离跑练习，可以增强心肺功能，提高肌肉的力量和神经系统的灵敏性。

二、叙述语

叙述性语言是指教师在课堂中客观地向学生陈述科学文化知识的语言，常用来反映事件、人物活动等状况。这种语言通俗、简练，没有过多的感情润色，也不太重视语言修饰，具有条理清楚、脉络分明、系统完整的特点，在教学中有较高的使用频率。叙述性语言有纵向叙述、横向叙述和交叉叙述三种方式。

案例：

跳远，过去叫急行跳远，它是古代的奥林匹克竞赛及古希腊五项运动里都有的一个项目，是现代学校体育教学和田径比赛的主要项目之一。练习跳远能发展人的速度、弹跳力和灵巧性，并能增强心脏等内脏器官的功能，增进身体的健康。跳远的场地设备比较简单，学习跳远又比较容易，因此青少年比较喜欢这项运动。

跳远方法的演变和技术的发展有比较长的历史，但在近代的田径比赛中，有记载的第一个男子跳远世界纪录是在1864年创造的，成绩是5.48米。半个多世纪以后，到了1931年，日本运动员用蹲踞式的姿势跳出了8.13米的成绩，他的快速助跑给人们留下了深刻的印象。目前的世界纪录是美国运动员鲍威尔用走步式创造的8.95米。

女子跳远在1948年第14届奥运会上才被列为正式比赛项目。现在的女子跳远世界纪录是苏联运动员于1988年创造的7.52米。

从跳远技术的发展来看，有一个由简单到复杂的过程。最初是简单的蹲踞式，以后有了挺身式,又有了走步式。今天的跳远技术,正向着快速的助跑、迅速而有力的起跳和较高的跳跃高度方向发展,运动员必须具备全面和良好的身体素质,熟练而准确地掌握先进的技术。

跳远的完整技术由助跑、起跳、腾空和落地四个部分组成。成绩的好坏主要是由助跑速度和起跳技术决定的,当然平稳的空中姿势和合理的落地动作,也起着一定的作用。总之,各个部分的技术都是跳远中不可分割的整体。

三、描述语

描述性语言是指借助一定的修饰语,生动、形象地表现事物形状或再现某种场景的语言形式。为取得良好的教学效果,教师常用摹态传神的形式,通过逼真的描绘,将教学内容生动地描述出来,使学生从中领悟到真正的内涵,获得美的享受。描述要求形象鲜明、真实准确、生动具体、优美传神,常用在刻画人物、描绘环境、介绍细节、渲染气氛和表达感情等方面。描述的形式有多种,一般可以分为观察描述和回忆描述、想象描述等几种形式。

案例:

当你看到卫生值日小组的孩子们把教室打扫得很干净,如果我们只是简单地和孩子说:"宝贝们,你们真棒!"或者说"你们把教室打扫得真干净,真是好学生",这种判断性的语言其实并不能对孩子起到太多鼓励的作用,反而容易让他们对表扬和赞赏产生依赖。相反,如果我们说"宝贝们,你们把教室的桌椅摆放得这样整齐,地面打扫得一尘不染,每一个门窗都擦得干净明亮,走进教室,我们感到很舒服。你们真是个团结协作的好集体!"我想,这样的话肯定更有说服力,它能让孩子回到先前的场景,让他在这个场景中获得自己美好的劳动情感体验。

在和孩子交流的过程中,我们常常对孩子们的行为进行价值判断。在评价的过程中,我们常会用到判断性语言和描述性语言。描述性语言的使用可以使学生对行为价值的判断更具体化,因而可以成为学生行为的指南,使学生对教师给其行为的描述理解得更深刻。因此,我们提倡在教育过程中多使用描述性语言,少使用判断性语言。

案例：

对背向原地推铅球准备姿势的描述：以右手推铅球为例，身体左侧对准推铅球方向，两脚左右成"八"字形站立，左脚尖与右脚跟与推铅球方向成一直线，右臂成持握姿势，左臂微屈于胸前，接着右腿屈膝（约90°角），上体向右侧屈的同时，肩横轴右转约90°角，目视右后下方，使整个身体如同弹簧，形成右腿承担大部分体重，身体右侧压紧、左侧拉紧、肩与髋扭紧的良好发力姿势。

四、论证语

论证式语言是教师在教学中按照一定的逻辑，用事实、数据、论断、定理和定义等论据来证明某个观点或结论的语言。论证式语言往往在严密的逻辑下运用简单、精确的语言进行论证。教师在进行论证时可选取实例论证、因果论证、类比论证、反面论证、比喻论证、归谬论证等，但无论采用哪种方式，都要做到论题鲜明，论据充分，论证层次分明和富于逻辑性。各项田径教材，都有自身的规律和阶段，各阶段的任务不同，完成的方法不同，但又受整体性质的制约。因此，教学中应处理好整体与部分的关系，否则，就会出现表面性和片面性的问题。

案例：

教材都有自身的规律和阶段，各阶段的任务不同，完成的方法不同，但又受整体性质的制约。教师分析某一教材，如果不了解它的各个动作部分及其主要部分，就不能正确地理解它，如果不了解各个组成部分在整体中的地位及其与其他部分的联系，就不能正确地理解这个部分，也就不能认识整个项目。如跳远，有人说"起跳要制动，像穿拖鞋"，又有人说"不要制动，跑过板去"。这两种观点都有片面性。跳远，其整体性质是向远，是跳远各个部分的普遍依据，起跳主要是向上，没有向上也就没有整体的远。但起跳制动过大使之向上，是丢远而求向上，这只是看到部分，没有看到整体，结果见高不见远。跑过板去，没有向上或向上不够，这样远就受到影响，结果想远也远不了。这只看到了整体没有看到部分。因此，在实际练习中应注意个体差异，把向远与向上辩证合理地讲解到位，才能取得更好的教学效果。

五、抒情语

学习过程是学生增强体验，形成认识的过程。在教学过程中，许多教师为了让学生对教学内容所包含的情感有充分的体验，往往以抒情的方式向学生传递信息，这时经常采用抒情性语言。教师在运用抒发感情的语言时要注意选用恰当的词汇、语气和声调，充满感情地进行表达，同时还可以借助于身体语言、音乐、图片等增强音乐表达效果。

案例：

在"抢救伤员"的游戏中，播放模拟战场中枪炮的声音，仿造出战斗的氛围，使学生不知不觉中步入硝烟弥漫的"战场"，迅速进入角色。生动的音乐，使得游戏更形象、逼真，学生的兴趣能得到进一步激发。又如在投掷和障碍跑教学中，根据教材内容特点进行设置，让学生当一回军人。以一曲激情、节奏感强的军歌《当兵的人》进行教学，使学生在乐曲中感受军人那种豪放和激情的精神风貌，从而以斗志昂扬的状态进入学习，提高学生对体育课的兴趣，激发学生对学习的兴趣。

总之，教师在教学中的口语表达是一个整体。只是为了更好地理解，我们才将其分为以上五种类型。在现实的教学活动中，各种类型的语言是相互渗透，无法完全分开的。教师选择教学口语表达方式主要取决于教学目标和学生的语言水平，只要在教学目标的指引下能全面促进学生发展的语言，就是好的语言。

第三节　教学口语技能的运用

教学口语是经过加工提炼的口头语言，它通俗平易、形式活泼，又自觉吸取了书面语言的精华，故它又是严谨、简练、典雅的。良好的教学口语表达能力，无疑能迅速拉近教师与学生的距离，提高课堂教学的效果。

一、运用口语技能的基本要求

口语表达，顾名思义，就是课堂上教师的口语表达。它运用得成功与否，不仅关系到教学的效果，也影响到学生的心理发展。好的口语表达，犹如春天雨露滋润着学生的心田，浇灌出幸福之花，但如果运用不好，也可能给学生造成巨大的负面影响。

（一）准 确

内容正确，中心明确，重点突出；发音准确，吐字清晰，说规范的普通话；用词准确，造句基本符合语法规范，没有语病，不含糊其词，不东拉西扯，不信口开河。

（二）清 晰

语脉清晰，层次井然；语流通畅，前后连贯；语意完整，句式简洁，逻辑性强，有说服力；不啰唆重复，不颠三倒四，不自相矛盾。

（三）生 动

生动就是要求口语表达具有形象性，富有表情，姿态优美。而形象性是口语生动的核心。口语的形象性一般是指口语的内容具体、色彩鲜明、音乐感强，口语表达达到形象性的要求，就可以产生"如见其人，如闻其声，如临其境"的效果。

（四）得 体

所谓得体是指口语表达适度，分寸感强，合情合理，不失态，不过火。要做到得体，就要注意口语表达的环境和对象，即口语表达要与特定环境相适应，要与特定的对象相吻合。

（五）比 喻

运用比喻的手法说明事理，能够深入细微地描摹事物情态，穷形尽相，给人以哲理的启发、形象的遐想，收到以一当十、理趣俱生的效果。在教学中，比喻的目的就是用学生所熟知的事物来描述学生不熟悉的、抽象的事物，以此来增加学生的感性认识，使其能更好地理解抽象的知识。

（六）优 美

优美的教态是教师在学生心目中的整体形象的外在表现，它包括教师的仪容、风度、神色、情绪、表情、姿势、动作、举止、手势、目光等。身体语言是教态的核心组成部分，它是补偿口头语言在交际中的不足所不可缺少的行为。身体语言运用得恰当、得体、丰富，能充分展示教师的魅力，提高语言表达的效果。

苏霍姆林斯基说过："对语言的敏感性，是促进孩子精神世界高尚的一股巨大力量。"愿我们教师都能运用好口语表达，为自己课堂增色，为学生将来奠基。

二、运用教学口语技能的原则

教学口语除了具备一般语言的共同性质外，还显示了与其他语言的明显区别，有其自身的特征。教学口语要求教师无论在课堂上还是在课外活动中，都应该用最完善的语言去启迪、影响、感染学生的心灵世界，用最完善的语言去开拓学生的视野，这是对教师的总体要求。因此，教师比其他职业的工作者都应更严肃认真，使自己的语言尽善尽美。教师职业的这些特点决定了其语言的基本特征。从教师工作的职责和特点出发，运用教学口语应遵循以下原则。

（一）科学性原则

科学性是指用词准确，合乎逻辑，合乎事物自身发展变化的规律。口语表达的科学性是教学内容科学性的重要保证，而教学内容的科学性是教学中第一位的要求。

教师在课堂上提出一个概念，做出一个判断，说明一个问题，阐述一个道理，讲述一个故事，语言都要完整、精当、科学。"是什么""为什么"，来龙去脉，前因后果都要合乎逻辑。如果颠三倒四，含混不清，那学生的注意力就会分散。

（二）学科性原则

教学口语表达是学科口语表达，因此必须应用本学科的专门用语——术语。术语是学科范围内的共同用语，忽略使用这些术语，不仅影响交流，而且还可能出现错误。学科性的原则就是要求教师运用本学科的教学术语来进行教学，因为教学术语分别表示不同的特定意义，是教学中的共同语。

（三）教育性原则

因为教书育人是教师的核心职责，所以教师职业本身就使其教学口语表达具有一定的权威性。教师在教学中的口语表达对学生的思想、情感、行为始终产生潜移默化的影响，有时甚至是决定性的影响。尤其是对低年级影响更大，教师要充分注意到口语表达的教育性。

另外，口语表达的教育性还表现在组织教学中。教师对学生的尊重、鼓励、爱护的语言对密切师生关系，调动学生学习积极性，培养学生自尊、自爱的意识以及文明礼貌的语言都有积极的作用。

（四）针对性原则

教学内容：必须是建立在学生已有知识基础之上和能够理解的经验范围之内，且与学生思想感情相通，不能超越学生的认知能力，也不能和学生的兴趣需要相悖。

口语表达：深入浅出、通俗易懂、简单明了、生动活泼。教学对象不同，其口语表达也应该相应变化。对低年级学生，口语表达尤其应该浅显、具体、亲切。对中高年级，口语表达则应深刻、隽永、多变，富于哲理性。

（五）简明性原则

只有教师口语表达简明，才便于学生吸收、理解、记忆知识信息。在一节课的有限时间内，要把更多的知识传递给学生，口语表达必须简明扼要，学生一听就明白，这就要求口语表达内容一定要经过认真提炼组织，使用词语一定要经过认真推敲严格筛选。冗长的语言会使学生抓不住重点,还会影响学生的情绪。

(六) 启发性原则

口语表达的启发性就是启发学生思考,启迪学生智慧,激发学生的求知欲望,勇于探求真理。具体包括:启发学生对学习目的意义的认识,提高他们的求知欲;启发学生联想、想象、分析、对比、归纳、演绎,激发他们积极思考、解决问题的能力;启发学生审美情趣,丰富他们的思想感情。

第四节 教学口语技能的训练与评价

教学口语技能训练与评价环节有两项主要任务:一是使受训者能把备课时的设想和对教学口语技能的理解,通过自己的实践表现出来;二是受训者还能对自己或他人的教学口语技能运用效果进行客观评价。这就要求指导教师与受训学生共同努力,准确记录,认真做好反馈交流与客观评价工作。

一、教学口语技能的训练

教学口语技能的训练主要对叙述语、描述语、说明语和论证语进行训练。

(一) 叙述语的训练

1. 训练目标

初步掌握叙述性阐释语的特点,运用叙述性阐释语对某人某事进行阐释、介绍。要求语脉清晰、语言流畅、用词准确。

2. 训练内容

(1) 选取两个体育学专家或世界级水平的优秀运动员,了解他们的生平,然后进行叙述性阐释。

(2) 叙述某一体育历史事件的起因、过程、结果。

(3) 讨论。对教师教学口语实例进行分析、讨论。从教师的叙述方式、语言的流畅程度、思路是否清晰等方面进行评析。

（二）描述语的训练

1. 训练目标

辨识叙述语和描述语，能恰当自如地将描述语用于课堂教学中。

2. 训练内容

（1）选择本学科里的教学内容，用描述语进行3分钟左右试教。

（2）用10个比喻句来描述人的眼睛。

（3）赏析：教学片段。

（三）说明语的训练

1. 训练目标

能准确运用解说语讲述本学科知识概念，做到语句简明、主次分明、逻辑条理清楚，语气肯定。

2. 训练内容

选取本学科的几个概念进行解释说明。

（四）论证语的训练

1. 训练目标

能较准确运用论证语言评述体育课中的观念和学生学习的情况，做到论点集中、中心突出、逻辑条理清楚。

2. 训练内容

（1）选取本学科里的几个观点进行评述。

（2）分组进行评述训练，以3~5人为一小组，一人讲述自己对一堂课的安排，其他成员就此进行评述。

二、教学口语技能的评价

口语技能的基本要求和评价表内容见表4-1，练习者既可通过观看录像自评，也可由教师或训练小组人员进行评价。

表4-1 口语技能微格训练评价表

授课教师_____ 教学内容_____ 日期_____

请您仔细观察授课教师的教学行为和学生的反应，然后填写评价表，在恰当等级打"√"。

项目	评价内容	权重	赋分值			
			优	良	中	差
1	讲普通话、字音正确	0.15				
2	表达流畅，语速、节奏恰当	0.20				
3	表达正确、逻辑严密、条理清楚	0.20				
4	正确使用本学科名词术语	0.15				
5	表达简明、通俗易懂	0.10				
6	表达生动有趣，富有启发性	0.10				
7	语调抑扬顿挫，适合语境	0.05				
8	无不恰当口头语和废话	0.05				

评价员签名：

思考题

1. 教学口语的含义及特征是什么？
2. 教学口语的功能及构成要素有哪些？
3. 教学口语运用的基本要求和运用原则是什么？
4. 举例说明教学口语各类型的运用方法。
5. 选取某一教材某一部分，编写一份10分钟的（多媒体）理论教案进行微课训练。

第五章　身体语言技能

> **实训目标**
>
> 1. 了解身体语言含义及功能；
> 2. 初步理解身体语言构成要素及类型；
> 3. 初步掌握身体语言运用的基本要求与运用原则；
> 4. 能够在微课教学实践中较好地运用身体语言技能。

据研究发现，一个人要向外界传达完整的信息，单纯的语言成分占7%，声调占38%，另外55%的信息都需要由非语言的身体语言来传达。此外，因为肢体语言通常是一个人下意识的举动，所以它很少具有欺骗性。

身体语言丰富而微妙，是人们心迹的显露、情感的外化，在人们的日常交际过程中往往起着不可估量的作用。一位教育家曾指出："没有肢体表演，不能给自己学生以必要的表情或者不能控制自己情绪的人，不能成为一名优秀的教师"。可见，身体语言在教学中具有举足轻重的作用。

第一节　身体语言技能概述

在学校体育教学中，身体语言是教师从事教学的重要方式之一，同时也是提高体育教学效果，沟通师生之间情感的桥梁。从教师的目光语言、微笑语言、身体语言等方面都可以表达出身体语言对知识信息传递、师生情感交流和教师形象塑造的重要作用，也可以显示出一个教师的教学水平。

一、身体语言的含义

身体语言，指非语言符号。非语言符号是指除了语言之外的其他所有能发挥意指作用传播信息的符号，如目光与面部表情、身体运动与触摸、姿势与外貌、身体间的空间距离等。

身体语言又称肢体语言、无声语言、体态语言等。狭义的身体语言是指通过头、眼、颈、手、肘、臂、身、胯、足等人体部位的协调活动来传达人物的思想，形象地借以表情达意的一种行为方式。

教学是一个教师与学生进行交流的过程。在教学过程中教师仅靠有声语言表达是难以实现教学目标的，因此需要发挥身体语言的辅助作用。尤其在"动教"大于"说教"的体育教学中，体育教师的一举一动、一招一式组成的身体语言就显得十分重要。

教师在课堂教学中应用身体语言包括"教与学"两个方面：一是恰当地运用好自身的身体语言；二是及时准确地识别学生的身体语言。作为体育教师的一项专业技能而言，身体语言技能是指体育教师在教学情境中为了达成教学目标而有意或无意地表现出的肢体动作或某一部分形态变化。身体语言可用来进行思想和情感交流，是传情达意的一种行为方式。从这个意义上说，教师的身体语言技能的范围非常广泛，它既包含教师自身的动作，教师与学生之间空间位置的交换，还有凭借依附于身体的物体如教具而发出的动作。例如，教师授课过程中眼睛的注视、环视，面部表情，配合言语使用的手势等。

二、身体语言的特征

身体语言作为一种交际媒介，它在教学活动中起着十分重要的作用。我们了解它的性质和特征，目的就是要进一步挖掘它的内在潜力，充分发挥其功能，提高教学效果与质量。

体育教学作为一门以身体活动和练习为主要手段的课程，具有较强的实践性，在教学中需要大量运用身体示范、动作展示等非语言信息符号。因此，身体语言在体育教学运用中具有明显的教师专业特征。

（一）直观形象性

身体语言之所以能够互相表达、传递信息，是因为人们的意愿、思想情感是通过举止神态传情达意的。直观性是身体语言区别于有声语言的主要标志，也是身体语言最本质的特征。

有声语言表达的是抽象的意义，人们必须通过想象来实现对意义的理解，而身体语言则形象具体。它可以集眼神、表情等动作于一体同时出现，表现出丰富、生动的内容。形象性是身体语言的另一个重要标志。

（二）辅助性暗示性

通常情况下身体语言与口头语言往往结合使用，身体语言在人们传情达意的过程中起到辅助作用。其辅助作用可使口头语言的生动性，传情达意的明确性，信息传递的准确性得到提高。另外，由于身体语言的发生与接收具有强烈的信号刺激，在某种意义上，身体语言具有明显的暗示性。这表明在体育教学中身体语言交际也是一种心理现象，学生必须在心理上与教师发出的信息产生感应共鸣，才能进行交流。所谓"心领神会""心有灵犀一点通"，就是身体语言暗示性的体现。

（三）真实连续性

人们的语言信息大都是有意识发出的，而身体语言表达的信息往往是无意识或潜意识显示出来的，虚假成分较少。有相关专家的研究表明，身体语言传达出的人内心世界的效果是言语的五倍，特别是当两者不一致时，往往是身体语言能够反映人的真实感情，人们可以从某人的表情、眼神、姿态等体态语中觉察出其"言不由衷"的情况。

身体语言的交流是连续的，它不仅连续不断地伴随着人们的语言活动，而且，当人们停止语言行为时，身体语言仍然在继续，即或者用眼睛扫视、与人面对面或者向他人倾斜着身体、频频点头等。

（四）即时个性化

非语言符号往往未经思考就立即做出条件反射式的输出，语言符号总是经过一定的思考方可传播。如驾驶汽车，红灯一亮即踩刹车；一看到美味佳肴，饥者就忍不住要流口水。对于外在变化的事物，人体立即做出反应，输出非语言符号，是精神正常的标志，而延时反应，则可能是不正常的。

一个人的肢体语言，同说话人的性格、气质是紧密相关的，爽朗敏捷的人同内向稳重的人的手势和表情肯定有明显差异。每个人都有自己独特的肢体语言，它体现了个性特征，人们时常从一个人的形体表现来解读他的个性。

三、身体语言的功能

身体语言的作用在某些特定的场合却远远超过口头语言。例如，交通警察和体育比赛中裁判员的各种手势。没有他们的各种手势，交通无法畅通，比赛无法进行。

在体育教学中，教师的言谈举止都置于学生的感官之下，无时无刻不在影响着学生，丰富多彩的身体语言可以营造课堂氛围，渲染活跃气氛，增强学生自信，提高教学效果。因此，体育教师应重视这种无声语言的功能。

（一）辅助代替性

有机组成身体语言是教学内容的有机组成部分，与语言文字共同构成教学信息的完整性。任何教学内容的传授和人际间的来往交流，都不可能由单一的语言形式进行，它总是以灵活多样的身体语言来辅助。

教学是人类一种特殊的交流沟通方式。在室内以讲授知识为主的教学过程中，正是通过教师的抑扬顿挫、行云流水般的有声语言和各种身体语言的有机结合，将科学的内容和知识传授于学生。我们知道，教师讲课，不可能一分一秒都不停歇，这里所说的"顿"，正是有声语言在讲授中的暂停与中断，此时有声语言的暂停和中断，并不意味着教学过程和师生间的交流中断与暂停，而此时教师和学生的身体语言、如学生的眼神、表情，教师的动作、手势等仍在继续进行。这里身体语言弥补了有声语言的局限与间隙，甚至部分或全部替代了有声语言的功能。

二者互为补充，相辅相成，既保证了教学的顺利进行，又使教学内容得到完整的反映。

另外，身体语言——教师动作示范在室外运动技术教学中与有声语言相比更加直观形象，它直接刺激学生的视觉、听觉器官，将生动逼真的示范动作呈现在学生面前。而不像有声语言讲解是在刺激学生的听觉器官之后，还必须通过学生的一系列心理活动，如思维、理解、想象、推理、判断后才能转换为脑海中的实体意义的形象，而这时各人形成的形象又因个体差异致使内容信息在多次传递中受到衰减和损失。因此，身体语言在运动技术教学中更具有传输信息的功能。

案例：

以侧向原地推实心球技术教学为例。教师不只是用理论在那里讲侧向原地推实心球的动作"我们应该怎样做"，更重要的是，要通过教师的具体示范，让学生清楚看到"怎样去做"或"就这样去做"，以"眼见为实"去替代"耳听为虚"。正如一位从事篮球教学的体育教师在上课，我们不仅要听他讲授有关篮球的专业理论知识，还要看他运球、过人、上篮的动作是否标准、规范、协调、优美，这才是一节完整的课。这一案例证明，身体语言和语言文字二者缺一不可。

（二）传递互感性

身体语言具有传递性和互感性，它能沟通教与学的双向情感交流，使教学信息得以顺利传递。在体育教学中，如果当一位体育教师以健壮体魄，整洁时尚的运动服饰，形象优美的动作示范，丰富多变、和谐有度的教态，清晰准确生动风趣的语言，洒脱自如富有魅力的气质贯穿于教学始终时，必然会赢得学生的信任和尊敬，并能激发学生学习的动机与兴趣。课堂教学气氛活跃无疑对整个教学活动的顺利开展乃至对学生的品德的塑造都起着直接或间接的影响和潜移默化的作用。反之，只能给学生留下反感和消极的印象，必然也就影响了教学的顺利进行。

另外，在教学过程中，教师也可以从学生专注期待的目光，聚精会神的表情，以及疑惑沉思、揣摩不解的神情中，随时检验自己的教学效果，调整自己的教学方法和进度。教师与学生正是通过各自的身体语言相互感染，相互影响，以期达到心灵的契合，从而达到预期的教学目的。

案例：

一位教师尽管他的专业理论知识较为丰厚扎实，但在讲授过程中，却教态拘谨、表情严肃、语言平缓、整体形象缺乏一种视觉的冲击力和感染力，难以激起学生的兴趣与注意，这种身体语言无形中就会影响教学信息的传递。而另一位教师，则是教态大方有度、表情丰富传神、语言明快生动，加之一些手势和动作的配合，整个讲授过程挥洒自如，整体形象具有感染力和渗透力，这样不仅能激发和调动学生的学习情绪，使学生从被动接受转变为主动积极的学习，而且也能使学生的情感欲望和求知欲望得到一定的满足。两种不同的身体语言，影响着教学信息的传递，能收到不同的教学效果。

（三）释义表演性

身体语言具有释义性和表演性，它能通过形体动作把抽象的语言概念形象化、具体化。如一位体育教师在教授某一项运动技术时，尽管他的讲授语言非常准确生动富有表现力，但在他未亲自进行动作示范前，学生通过听觉得到的只是一些抽象的概念、泛泛的道理，到底如何去做，他们心中仍然无解。这就是语言本身的抽象性和概括性所致。但是，当教师一旦进入具体的动作示范展示，学生再通过视觉观察、比较，不仅能使这一种抽象的运动技术简单明了，而且还能够加深对这一抽象运动技术的理解和记忆。

正是通过这种独有价值的身体语言，为学习者打开了思维、想象和创作的大门，让学生通过观看教师的示范动作去把握知识、技术、技能。这就是身体语言所具有的特殊释义功能和化繁为简的魅力所在。

（四）客观规定性

身体语言具有客观性和规定性，它能直接独立地传输信息。身体语言本身就是一种信息。人们在交际中，某些信息和知识，可以直接靠身体语言来进行传输和交流。

体育教学过程，在很大程度上是靠身体语言的客观性和规定性直接进行知识传授。教师在教学过程中的讲解、示范、纠错、保护、帮助等一系列行为的每一个具体操作步骤，每一个细微动作以及严格的操作程序，都是作为最主要的信息媒介供学生观察、学习、体验、模仿的，这时的身体语言已具有独立的信息传播功能，而有声语言已退居到次要位置。

应说明的是，在体育教学过程中教师所做出的不同身姿、手势和动作，与表演性象征性动作有着本质上的区别。前者是经过千百次实践而总结出的"标准动作技能"，它具有客观性和规定性，它带有"只能这样做"或"必须这样做"的含义，有着严格的科学性。而后者，则是描摹复杂的事物状态，表达丰富的内部心声所显示的化抽象为形象的一种形式或手段，它带有象征性和虚拟性，而不是客观事物的真实再现。

（五）现实性

身体语言具有现实性，它能产生空间感和营造不同的环境气氛。教师常常根据教学内容的需要，设计出不同的空间形态和色彩背景，布置出带有时代特点的反映现实生活的环境以及穿插一些与教学内容相关的各种音响，以增强现场感和真实性。学生可以从这些非语言形式中了解时代背景、地域差异、季节区别、从而获取有别于有声语言的各种信息。

例如，体育课堂教学中的间距，就能反映出师生双边的主次关系，代表着师生交流的亲疏程度。研究表明，教师与学生之间的距离，能对教学效果产生直接的影响。当教师与学生距离缩短，面对面的机会随之增强，作用在学生视听器官上的刺激增大，这时学生的注意力明显集中，参与课堂活动的意识便随之强烈，学习的兴趣和动机以及情感、意志均容易被激发，教学效果必然会得到提高。反之，间距越大，效果越差。

四、身体语言的要素

身体语言是维系人际关系的一种非语言符号，它是通过人的目光与面部表情、身体运动与触摸、姿势与外貌、身体间的空间距离等变化来传递信息，进行思想和情感交流的一种表现形式。体育教学的身体语言是指除了语言之外的其他所有能发挥意指作用传播信息的符号。身体语言主要由姿势、表情、动作、界域四个要素构成（图5-1）。

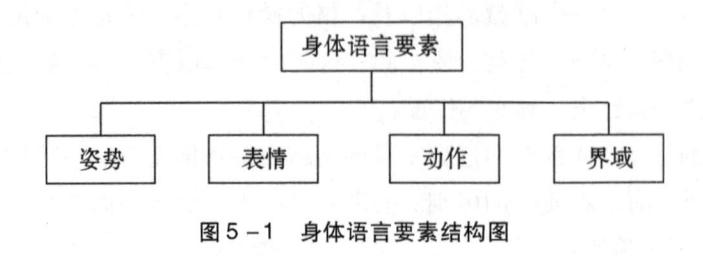

图5-1 身体语言要素结构图

（一）姿 势

姿势是指个人的形体本身（如外貌、高矮、服饰、气质等）以及形体采用的总体姿势（如站、坐、卧、行、走等）及其面向（如面对、背对、侧对、斜对）给予他人的总体印象和影响。姿势在教学中有助于表现教师的外表美和表现力，表现个人内在的本质，教师有力的步伐、挺拔的身躯都能表现出其良好的形象和力量。体育教师健壮的体魄、端正的体姿、矫健的步伐，无形中能增加体育课的吸引力和知识的可信度，使学生保持长久的注意力。如果一位体育教师在上课的时候体态不端，那么无论这位教师上课有多认真，学生都会感觉这样的课不怎么正式，也就很难去认真听课。

（二）表 情

表情是指面部表情（包括眼、耳、鼻、口及面部肌肉的运动方式）显示的情感意味（如喜、怒、哀、乐、惧、恶、燥、狂等）、思想表现、意欲倾向及其所产生的综合效果。例如微笑，微笑是一种令人愉悦的表情，它与有声语言及行动一起互相配合、互相补充，就可以在教学中表达深刻的内涵。如有魅力的笑能够拨动学生的心弦，能架起师生思想与情感信息交流的桥梁。微笑与举止协调配合，以姿助笑，以笑促姿，形成和谐的美，使人感受到愉悦、安详、融洽和温暖。

案例：

一位年轻教师在给初中生上跳高课时，把横杆升高为1.80米，教师轻松地越过了横杆后回到学生面前,却发现学生是满脸茫然,不知所措。教师由学生的面部表情得知,自己的示范动作超越了学生的能力,使学生感到高不可攀,从而失去了完成动作的信心,甚至是畏惧摆在面前的横杆。这时候教师马上降低横杆高度,通过讲解与重新示范,学生流露出喜悦的表情,这样学生练习才能得以顺利进行。由此可知,体育教师如具备身体语言的知识,就能及时了解学生的心理动态,并对其进行正确的诱导,从而最大限度地发挥学生的积极性。

(三) 动 作

动作是指个人身体的运动方式(如屈、直、伸、缩等)、运动方向(如前、后、左、右等)和运动节奏(强、弱、快、慢等)及其所产生的象征意义和实际意义,其中又包括全身动作和局部动作(如头、臂、手、腰、腿、脚等)及其协调关系所产生的意义。

在体育教学中,教师运用身体语言意指演示某一运动项目的技术动作时,不仅要直观形象地表现出动作过程,而且要表现出这一项目的技术动作节奏特征。

案例:

在进行短跑途中做摆动腿的摆动技术示范时,教师可以用上臂代表大腿,前臂代替小腿,手掌代表脚模仿摆动腿的摆动技术。如同一匹奔跑中的骏马的前蹄。经过连续的手臂动态演示,将该动作表达得一目了然,再结合语言讲解,效果会更好;跳跃项目的助跑与起跳衔接技术动作节奏(哒!哒!哒哒!),可以通过教师击掌和实际节奏声刺激学生的视、听觉反应,体会建立正确的衔接技术;交际舞、健美操、体育舞蹈等项目节奏与旋律和声结合在一起时,则可以表现更为复杂的感情,反映生活中的复杂现象,从而也更富于艺术性。

(四) 界 域

界域又称空间距离,指人体本身的物质形体存在于他人的交际范围以内(即可面对面地直接与之交际),同时又以他人感知(如视、听、触、嗅等)可能性的实现为基础。否则便无所谓直接交际。

案例：

体育课上，在课的开始部分，教师距学生较远，使学生感到一种严肃紧张的气氛，起到无形中提醒其集中注意力的作用。在课的中间部分为了加强教学效果，需要设法"接近"，缩短与学生的距离，以便顺畅地沟通，方便进行面对面的信息交流。

一位善于讲课的教师如同一位好演员，讲课要有动作与表情，隔一段时间就要变换一个位置，在学生队伍中或学生练习的周围走动几次，能够照顾到每一位学生，帮助和指导他们改进错误动作。

综上所述，掌握身体语言四要素，一方面，能够约束自己的行为举止，充分表现出真、善、美，这正是一名教师美好心灵及正确运用身体语言的表现；另一方面，通过自己的某些外在动作或表情，体察学生的心理、生理变化，准确获得学生信息，以便做出恰当的评估，进行正确的诊断并且及时采取相应措施。

第二节　身体语言技能的类型

身体语言作用往往需要由不同的身体语言符号来承担，而不同的身体语言符号亦会释放出不同的功能。我们将身体语言分为表情、眼神、手势、身体姿态、界域及触摸行为、着装及仪表6种类型。各类型的功能和作用各不相同，但又相互联系，结合成有机完整的形象教学表达系统。

一、表　情

面部表情指通过眼部肌肉、颜面肌肉和口部肌肉的变化来表现各种情绪状态。比如，眼睛不但可以传情还可以交流思想。因此，面部表情是一种十分重要的非语言交往手段。它可以分为脸面的表情、眉目的表情和口唇的表情。

（一）脸面的表情

脸面的表情是通过脸面色彩的变化、面部肌肉的动作及其所造成的纹路来表现情感的。平时，人的脸色是正常的，激动时就会变红；平时，人的面部肌肉是松弛的，激动时就会绷紧；当心情愁苦时，脸色往往阴沉、无光；当心情愉快时，脸面会红光满面；当心情愤怒时，脸色或者铁青，或者暗红，面部肌肉也会紧张得发生向上或向下的变化。

教师欲要活跃课堂氛围、提高课堂教学效果，应当了解脸面的表情变化的基本规律，并在课堂上恰当、准确地运用这些规律。

（二）眉目的表情

眉通过形状变化，目通过光泽变化来分别传情。眼眉可以舒展或紧皱，眉梢可以上挑或下垂，这都表示不同的感情。目光可以暗淡，可以饱满，也可以锐利，以表达不同的感情。愤怒时，两眼圆睁，双眉竖起；思考时，眼眸凝视，眉头微皱。

可见，眉目的传情达意作用是相当大的。富有经验的教师，总是能充分利用自己的眉目变化，来表现丰富的思想情感。

（三）口唇的表情

口与唇往往相互配合，以其不同的形状表现不同的情意。一般说来，口角向上，表示高兴、愉快。口角向下，如果嘴唇紧闭，则表示不满或不悦；如果嘴唇微闭，则表示骄傲或厌恶；如果嘴唇微开，则表示悲哀或痛苦；如果嘴唇大张，则表示畏惧惊恐。口角平，如果嘴唇紧闭，则表示坚决、果敢；如果嘴唇微闭，则表示平安、谦逊；如果嘴唇微开，则表示注意、期望；如果嘴唇大张，则表示惊愕诧异。

教师在课堂上讲解是要张嘴的，但话与话之间停顿时，则往往是闭嘴的。这样，教师就以口唇的不同形状来传情达意。

人的面部表情与人的情感活动密不可分。人的基本情感，如喜、怒、哀、欲、爱、恶、惧都可以通过面部表情反映出来。由此可见，面部表情在人际交流中占有相当重要的地位。

在体育教学中，教师的表情应和蔼、亲切，工作充满热情，授课富有感情，可以加强师生的情感，激发学生学习热情，鼓励学生克服学习中的困难，增强学习信心与锻炼意志。

案例：

在某一节山羊分腿腾越课上，由于个体体能、技能差异，学生对教学内容技术掌握程度不同，每个学生表现出来的面部表情语言也就各异。一点就通、一学就会的学生，能很快完成教师所教动作，同时神采飞扬、面带笑意。有的学生面带诧异，脸上表情漠然，意在表达不会。观察学生的面部表情可以评估运动负荷，若学生表情自然，则表示运动适宜；若表情痛苦，则说明运动负荷过大。

凡有丰富经验的教师，都善于利用面部表情的变化在教学中表达自己的情感，同时又能通过课堂上学生面部表情及时捕捉到一些情感的信息，使"教与学"的思想、信息相互交流沟通，从而能够"因材施教"，提高授课质量。

教师面部表情中最基本的一点是微笑，它具有神奇的力量。微笑教育是一种现代教育思想，以人为本，创造师生互动良好的课堂教学氛围，为教师的教与学生的学架起了一座情感交流的桥梁。教师的微笑传达的信息：心境良好、充满自信、真诚友善、乐业敬业。

此外，热情开朗、和蔼亲切也是教学中较稳定的面部表情模式，它贯穿于教学的始终。同时，面部表情又要随着教学内容、教学情景的变化而变化。如果说微笑、和蔼亲切是教学情感的主基调，那么，随内容而变化的表情则是一首蜿蜒起伏的圆舞曲。在课堂教学中，教师要根据不同的教学内容和思想情感来展露出怜悯、同情、悲哀、嘲笑、欢乐、愉快等不同的表情，使学生从其表情中获得鼓舞性的信息，甚至能窥探出其所要教学的内容。

教师在课堂上的表情是丰富多彩的，其中常常运用的几种表情示意如下：

（1）表示亲切——双眼微眯，嘴角微翘，面露微笑。

（2）表示满意——眼睛略闭，嘴角上翘，浮出微笑，以示鼓励。

（3）表示惊奇——眉毛上扬，睁大双眼，嘴圆张。

（4）表示兴趣——眉毛微微上扬，双眼略略张大，一般口部微张，同时嘴角略上翘呈现微微的笑意，以示关心、重视，且含有鼓励、赞扬成分。

（5）表示询问——眉毛上扬，眼睛略大，嘴微微张开。它与表示"兴趣"的面势语的共同点是"关注"，不同的是要去掉微笑，换成疑惑状。

（6）表示严肃——眉毛微皱，双唇较紧地抿在一起，眼睛略略睁大。

另外，作为教师，一般会在成年人面前更加注重自己的表情，会懂得在适当的时候掩饰自己的情绪。可是，很多教师面对学生时就毫不在意了，喜怒哀乐都放在脸上，而这恰恰是教师的一大禁忌。

二、眼　神

"眼睛是心灵的窗口"，这是著名画家达·芬奇的至理名言。在课堂上，眼神是体现师生的非语言思想交流与共鸣的关键点。因此，教师讲课时，不能昂首望天，目中无人，照本宣科。实践证明，教师的目光和学生的目光接触的时间越多，获得学生信赖、激发其兴致的可能性就越大。教师讲课时，应以敏锐而亲切的目光有意识地关注每一个学生，使他们感到没有被冷落。当然，整个目光还要随着教学内容的进行、学生的情绪等自然地变化。

可见，眼神的表达运用能使师生在无声的交流中达到"心有灵犀一点通"的境界。他是沟通师生心灵、建立和维持师生关系的窗户和纽带。为了发挥眼神在体育教学中的功能，可以采用环视、注视、虚视、点视、锁视等方法。

（一）环　视

环视时目光在较大范围内做环状扫描，在课堂中使用环视时教师能够尽最大可能和每一个学生有眼神交流，照顾到每一个学生，这样学生上课时走神的机会会大大减少，从而一定程度上保证了课堂教学效率。教师运用环视的时机：一般在讲课之前、提问之后、教学过程、列队之后和集体活动之前等教学环节。

案例：

在体委整队准备上课时，面对较乱的场面，教师就可采用环视来逐一和学生进行眼神交流，引起学生注意，集中学生的注意力；而当学生练习时，教师环视练习者，可使学生意识到教师在注意他的练习，从而通过表情与眼神向教师表明他的学习态度。

如果课中完全没有环视行为，就会给学生以教师呆板、不热情或高傲的印象。

（二）注　视

注视是指目光较长时间地固定于某人或某物。注视辅以不同的视线、视角和不同的表情，可以表达不同的情感。教师课堂教学注视一般包括授课注视、亲密注视和严肃注视。

1. 严肃注视

注视学生的双眼和额头中心所形成的上三角区域，这在批评学生时显得严肃、认真、诚恳并且容易掌握主动权。

2. 授课注视

注视学生的双眼和嘴巴所形成的三角区域，此时显得融洽、和谐、自然，不但能激励学生的思维，而且能促使学生认真听课。

3. 亲密注视

注视学生的双眼和胸部之间的区域，则能表达一种亲近的情感，小学教师使用，会给学生慈父慈母般的感觉。

案例：

在体育教学中，当讲解或语言停顿的瞬间，注视个别同学，表明了一种提问的含义："听懂了吗？"学生能感受到一种关怀，学生通常会给以积极的反应，比如以点头或锁眉表示听懂或不懂；当个别学生违反纪律或练习不认真时，为了不影响体育课的课堂气氛和正常的教学进程，教师可能用注视将批评、不赞赏的信息传递给这些同学，学生能领会到："教师提醒我，不能再这样了。"和语言训斥相比，身体语言保证了教学或练习的连续性，这种方式更体现了教师对学生的尊重、爱护和严格要求，因此更有实效性。

（三）虚 视

这是一种似看非看的方法，教师不时地把视线对准某一个学生，或者某一部分学生；或者对某个学生仅仅一瞥，以提醒个别轻度走神或违反纪律的学生——他们的行为已经引起了教师的注意。这样既能起到唤起学生注意的效果，又不会伤害他们的自尊心，可以调动学生学习和练习的积极性。

（四）点 视

顾名思义，就是将目光短时间地停留在某一点上，尤其是停留在特定学生身上，这种方法既可以对表现好的学生传达一种鼓励、支持的信息，还可以消除和制止某些学生的不规范行为。

（五）锁 视

这是教师紧锁眉头，并注视个别学生的方法。当某个学生违反纪律或练习错误，或经反复的提醒仍然无效时，锁视能加强学生对错误的认识或启发学生积极思考。

案例：

在一节学习篮球三步上篮的技术课上，当要求学生开始自己练习时，教师适时地将目光停留在每位完成练习的学生身上，对按照技术要求完成练习的学生来说，体育教师的目光就是对他的一种肯定；而对不认真的学生来说，教师的目光则是一种警告的信号。其实在教学中教师要善于运用眼神交流手段，一方面能透过学生的眼睛，洞察其内心世界，了解学生是在认真思考还是心不在焉；另一方面，教师还要会利用自己的眼睛，对学生在课堂上的行为进行控制。

但在教学中要避免使用盯视、瞪视、逼视、怒视、呆视、漠视、侧视、眨眼、垂眼、仰视等，以免给学生造成心理负担。因为这些眼神语言要么带有愤怒，要么带有鄙视的意思。

此时无声胜有声，恰如其分地使用眼神等身体语言可以使自己的教学变得高效又从容。

三、手　势

手势是身体语言的核心。因为手势在日常生活中使用较多，也最细腻生动，运用起来也更自如。一般情况下，人们通过手的接触或手的动作可以解读出对方的心理活动或心理状态，同时还可将自己的意图传达给对方。手势的类型可概括为以下四种。

（一）情意性手势

主要表达教师的情感，使其形象化、具体化。即通过手势的方向、节奏、速度和力度的变化，表达出教学内容及教师本人的特定情绪和情感。

（二）指示性手势

它指人说人，指物说物，这种手势具体指明教师在教学中论述的人、事、物的数量及运动方向等。其特点是动作简明，表达专一，基本不带有感情色彩，往往用来指示前后左右视觉可及范围内的具体对象。如教师用手指着某学生请他发言。

（三）象形性手势

它主要用来模拟事物或人物的状貌，如大、小、方、圆，运动的快、慢，距离的近、远等都可以用象形手势来表现。

（四）象征性手势

象征性手势其中又可分为指势语和掌势臂势语。其中指势语有跷拇指、伸出食指、V形手势和表示数字的手势等；掌势臂势语有抬手、招手、手掌下按、鼓掌和丁字手势等。比如说体育教师要求学生按身高高矮顺序站队的时候，会做出一手握拳上举，另一只手水平侧举的动作，学生就会按照教师的要求自觉地整理队伍；体育教师还经常会用击掌的快慢来控制学生动作的节奏。

另外，手势还有规定的区域及内涵：上区（肩部以上有积极、展望的意义）；

中区（肩部至腰部）中性意义（使用最广，无强烈褒、贬）；下区（腰部以下）消极（鄙视、批判）。

教师在课堂上的手势主要有四个作用：一是澄清和描述事实；二是强调事实；三是吸引注意力；四是调控课堂。手势的效果在于是否用得恰当、适时、准确。所以教师讲课应使用适当的、准确无误的手势，以加强表达效果，并激发学生的学习兴趣。

在课堂上，手势语可以代替语言的作用。比如当教师走进课堂时，学生起立表示对教师的问候和尊重，教师点头敬礼表示对学生的回敬，双手手掌向下按，表示让同学们坐下；当同学们讨论完毕时，教师可用双手按下表示停止；学生回答问题不对时，教师可用单手左右挥动表示不对；让学生到前边来时，可用单手指示应到的地点；让某学生起立时，可用手掌向上抬起……如上所述，利用手势不仅可以节约不少话语和时间，活跃课堂气氛，还可以起到增加师生感情交流，调控课堂的作用。

案例：

在篮球行进间运球教学中，为了提高学生快速反应能力、比赛中抬头观察场上情况的能力以及适应实战需求的能力等，教师可以让学生单手运球的同时观察教师的手势，随着教师的手势而左右移动运球。为了提高学生做动作的频率和活跃课堂气氛以及制止不良行为的延续，教师可以采用击掌来代替哨音和口令。这样恰当地运用手势，可以消除体育课上一味由教师讲解与示范，学生自己单独练习的乏味之感。运用手势还可消除因噪声影响语言效果的不良因素。

在教学过程中，虽然手势语在教学中有着极重要的作用，但有的教师却不够重视它的运用，实际教学中存在着不善于运用手势语的问题。这些教师在讲课时，只知枯燥无味地讲述，不善于运用手势语言，缺乏直观性、形象性。因为有些知识抽象难懂，不利用手势相助，不便于学生理解；又由于不使用手势显得姿势呆板、僵硬，缺乏吸引力。所有这些，都会降低教学效果。这样廉价的"教具"如果闲置不用，实在是一种遗憾。

四、身体姿态

身体姿态是一种处于静止和无声状态的非语言交流，身体姿态主要分为静态和动态两大类，主要有站、坐、走等姿态。自古以来中国人就讲究"站有站相，坐有坐相"，可见走姿和站姿在一定程度上能够反映一个人的精神状态和文化修养。

站姿是生活静态造型的动作，优美、典雅的站姿是发展人的不同质感美、动态美的起点和基础，能衬托一个人美好的气质和风度。标准站姿：严肃、庄重、自信、可靠、脚踏实地等。

坐姿是一种可以维持较长时间的工作劳动姿势，也是一种主要的休息姿势，更是人们在社交、娱乐中的主要身体姿态。良好的坐姿不仅有利于健康，而且能塑造沉着、稳重、文雅、端庄的个人形象。标准坐姿：沉着、稳重、冷静、认真等。

走姿是人的基本动作之一，最能体现出一个人的精神面貌。行走姿态的好坏可反映人的内心境界和文化素养的高下，能够展现出一个人的风度、风采和韵味。标准走姿：从容自信、潇洒大方，步态均匀，腰部有力等。

在体育教学中，教师不同的身体站姿给学生不同的感受，也表现出教师的不同精神状态和风貌。自然大方的姿势给学生以轻松和美的感受，而拘谨、单调的姿势则易使学生厌烦。这就要求体育教师的身体姿态既要符合礼仪的基本要求，又要符合教学内容和特点的要求。

教学过程中，教师不仅要始终处于便于观察学生和被学生观察的位置，还要通过站立、行走、走站交替的不断变化照顾到每一个学生。这样可以使学生始终感到教师就在自己身边关注着自己的学习，随时能得到教师的指导、评价、赞赏等。这种与教师保持内心联系的感觉，能更好地促进师生之间的情感交流，使教学活动变得更富有生气，学生的练习也会更积极主动。

案例：

教师进行武术软兵器基本动作教学时，在课的开始部分面向全体学生做一个右手半握拳，然后用左手掌包握在右拳上，两臂屈肘抬至胸前，目视学生，以略带微笑的"抱拳礼"的姿势向同学们问好。在教授软兵器基本动作中要充分体现出武术的"精气神",以增强教学的感染力,吸引和稳定学生的注意力。

五、界域与触摸

所谓"界域",即交往中相互距离的确定。它主要受到双方关系状况的决定、制约,同时也受到交往的内容、交往的环境以及不同文化、心理特征、性别差异等因素的影响。人总生活在一定空间中,以保持自我的独立性,不受他人侵犯。因此,交往双方要有意识地维持相应的交往距离。但在体育教学与训练中,师生通常表现为无界域,即零距离。这是体育教学与训练特点所决定的。因为体育教学在一定程度上是手把手的教学,为了让学生完成动作,提高练习质量,或者由于动作难度大、危险系数高,避免发生伤害事故,这就需要教师要及时准确地给予学生帮助和安全保护,所以触摸式的保护与帮助是体育教学中不可缺少的教学技能行为。

(一) 界 域

所谓界域观念,即指在人与人之间的信息交流中,空间位置对人的心理上的影响。心理学家对于人际关系中的界域关系进行了详细的研究,可以简单地总结为下述四个区域。

1. 亲密距离

为0~45cm,即可以用手互相摸触到的距离,这是关系相当亲密的人之间的距离。如果陌生人进入这个区域,可视存有敌意。在交流中,如果经常接近这个距离,则能改善两人之间的关系。

在教学中,有意识地接近学习差的学生,会使他感到亲切、温暖、体贴,可以更好地改善师生关系。教师与不同学生之间,一般处于0~15cm的接近状态,但幼儿、小学低年级学生及艺术、体育等特殊职业的教学,往往需达到0距离状态。例如在教学活动中,学生身体之间的合理冲撞性接触;教师传授学生技能需要"手把手式"的教学等。

案例：

在体育教学中，教师为了让学生改正错误动作，尽快掌握正确动作，或为了活动的安全，通过推、拉、压、扶等身体接触来刺激本体感受器，建立肌肉记忆和本体感觉或采取的保护帮助等措施，都是达到0距离状态的，这是由专业特点所决定的，但要注意避开隐私与敏感部位，以免引起误会，造成不良影响。

2. 个人距离

40~120cm是双方手臂伸直可以互相接触的距离，一般用于同事、朋友或师生之间。在教学过程中，可以通过这个距离观察学生或教师对你的亲疏表现。如果一个学生总是离你远远的，不愿接近你，那就是对你有反感，有意见，应该跟他很好地做工作，征求他的意见，改进教学工作和师生的关系。

3. 社交距离

120~360cm距离通常用来处理公共关系。如上级对下级布置工作，首长的接见、讲话等。一般身份越高，距离应越大。

在体育课堂教学中，教师台上站在高处或远离学生，就有种威严、高深莫测感，觉得不好接近。如果教师走下讲台到同学们中间去，就觉得亲切、融洽。因此教师应该经常深入学生中间，及时解决学生中存在的问题。

4. 公众距离

360cm~无限远一般适于公众场合，如演剧、开大会等。

在体育教学中，教师如果给学生做个别辅导，就会比集体讲解效果好。所以在课堂上教师应该尽量地多到同学们中间巡视，及时指导学生的学习。但在教学实践中，有些教师不能很好地处理教学界域，以致产生很多问题，影响教学效果。因此教师要对界域观念引起足够的重视。

（二）触摸行为

触摸行为是指在人际交往中，人与人之间发生的身体接触行为，多为手部动作。如握手、拍肩、拥抱、贴面、亲吻等。在体育教学中的推、拉、顶、压、拍、扶等身体接触也是触摸行为。它是主要对肌梭、腱梭、关节小体等动觉感受器的深层次刺激，能建立正确的动觉。

触摸行为是人类最基本最原始的行为之一，其在人们的日常生活中具有非常重要的作用。触摸不仅能有效地改变人们的态度和行为，还能单独地表达出各种情绪信息，在人际交流中起到媒介的作用。

触摸在体育教育教学中的作用：

（1）用来表示亲密、善意、温柔与体贴之情，是启迪人们心灵的一个窗口。如果教师将一只友爱温暖的手搭在处于困境的学生肩上，可以使他振奋，给他勇气；如果搭在处于紧张和焦虑不安的学生肩上，可以使他肩部的肌肉放松而感到轻松。

（2）教师通过对学生学习动作时的推、拉、顶、压、拍、扶等接触行为，可以刺激学生运动本体感受器，建立条件反射，增强肌肉记忆，形成自动化技术动作。

案例：

在学习铅球最后用力预备姿势练习时，教师的右手拉住学生的左手，教师的左手推、顶学生的右膝关节后部，使学生右腿承担大部分体重，铅球处于较低位置的右侧压紧、左侧拉紧、肩与髋扭紧，从而形成良好的发力姿势。

六、着装及仪表

人们讲究衣着和饰品，既是出自追求美的本能，更是为了达到交际的目的。教师的服装应以整洁、大方为原则，切不可穿奇装异服，过分打扮，当然也不能肮脏邋遢，不修边幅。

教师仪容仪表规范是师德建设的重要内容，在社会交往中体现教师德、才、体、貌等素质的基本表征。教师是学生的榜样，仪容仪表对学生有着潜移默化的示范作用。教师上班着装及仪容仪表应符合下列基本规范。

（一）着　装

教师着装以正装或大方得体的休闲装为宜，总体要求如下：

（1）着装庄重大方、整洁美观、协调文雅，不得过于花哨、另类；

（2）不穿超短裙（膝盖以上）、超短裤、吊带裙及过于短小、开衩过高的旗袍；

（3）不穿露肩、露背、露腰、露脐、低胸、透视的服装；

（4）穿鞋以低跟、中跟为佳，不穿跟过高、鞋头过尖的鞋，不穿拖鞋；

（5）衣服要勤换、勤洗、勤熨，保持整洁、无异味；

（6）男教师上班不得着装背心、短裤；

（7）周一升国旗仪式宜着正装。

（二）仪容仪表

（1）化妆要素、淡、雅，不浓妆艳抹，不喷洒气味浓烈的香水；

（2）不过度染发（黑色除外），不留夸张、怪异发式，男教师不留长发；

（3）不蓄长指甲，不染指甲（包括脚指甲）；

（4）不佩戴过于夸张的饰物（头饰、耳饰、项饰、胸饰、腕饰等）。

（三）体育教师的着装和仪表

体育教师的着装及仪表除了要符合以上基本规范外，上课时还要符合以下要求：

（1）着运动装、运动鞋，禁止其他另类服装；

（2）运动装宽松，具有弹性；

（3）色调和谐，适合年龄；

（4）适合体形；

（5）发型大方，具有运动个性；

（6）女教师妆容淡雅、自然、适当。

案例：

一位体育教师刚开始上课，学生就立刻活跃起来。有的学生看着教师嘻嘻笑，有的相互交头接耳，窃窃私语。原来教师衣服的扣子扣错了，长短不齐，衣冠不整。

教师的着装及仪表从某种意义上反映教师的个性，体育教师的仪表尤其会引起学生的注意，且能潜移默化地影响着学生的学习积极性，它是无声的教育，直接影响着学生的情绪和教学效果。因此，教师要注意仪表美，穿着整洁、大方，体现个人特色，不过于花哨、不追赶时髦。

第三节　身体语言技能的运用

身体语言是指通过身体所显示的各种行为动作特征，是代替或辅助语言表达和信息传递的一种特殊方式。口语的传达意识多属于理性层面，既是思维的工具，又可表达思维的结果。而身体语言则不是思维的工具，它有时表现的是思维的结果，而有时表现的则是人的潜意识。体育教学主要是动作学习，身体语言的表达和正确运用则显得更为突出和重要。因此，为充分发挥无声语言的功能，教师在运用身体语言时，应遵循一定的原则与要求。

一、运用身体语言技能的要求

教师在教学中，身体语言运用应准确、适度，自然、得体，和谐、统一。

（一）准确、适度

所谓准确、适度，就是说教学身体语言的运用要注意从课堂教学这一实际出发。具体地说，要注意特定的交际内容、交际环境、交际对象和交际目的等。而单就交际对象而言，又要根据对象的年龄特点、心理品质、文化程度和对语言的状况而定，机械套用只能弄巧成拙。当然，讲身体语言运用的准确、适度，不能不涉及量与质的问题。在量的把握上要少而精，宁缺毋滥；在质的控制上要贴切灵活，杜绝无意义的笑料。简言之，少则不足以表现，多则成信息噪声。一般来讲，身体语言大多出现在表达意义或情感过程中最主要、最关键、最核心的部分。这样，就不能要求每一句话、每一个词语都要附之以身体语言。

（二）自然、得体

教学身体语言的运用是基于课堂教学中传递或表达内心情感的需要，它应是情之所至，不由自主，清水芙蓉，天然落成，不留凿痕。古人说得好："心戚者则形为之动，情悲者则声为之哀，此自然相应，不可得逃。""我本无心作此态，谁知笑颜逼人来。"只有纯真，只有自然，只有得体，教学身体语言的运用，才能做到既满足实现诸项表达功能的要求，又能符合审美原则，给人以美感。教师课堂形体语言无论是从审美的角度还是从表达的角度，身体语言的运用都要自然得体，既要符合美的原则，给人以美的享受，又要是内心情感的真实流露。

（三）和谐、统一

1. 各种身体语言之间协调一致，而与有声语言配合统一

成功的教师往往在表达某一内容时调用各种身体语言，在讲授中增添更多的表演性，而且流畅自然，从而更强烈地刺激学生的视觉接收系统。但如果这种刺激是紊乱的、生硬的，则适得其反，会影响学生对信息本身的有效接收，甚至笑话百出，根本谈不上审美愉悦。

无论是在两者表达的内容上，还是时间和方法上，身体语言与有声语言都要一致。只有一致，才能准确实现自己的思想和愿望，提高信息传递的效率与速度。任何一点滞后、错位和越位，都无法收到既定效果。

2. 教学身体语言与运动项目的时空特征、教学风格要相吻合

教师要对运动项目的特点、功能、关键动作及节奏等有深刻领会，否则只能求形似而神不附，缺乏运用教学身体语言的真正价值。一句话，教学身体语言的运用务求自然、精到，不可死搬硬套。教师的一举手，一投足，一个眼神，一个微笑都应事出有因，和谐优美。在表达效果上，它需与有声教学语言配合默契，相得益彰；真正使语言锦上添花，而不是画蛇添足。这样，出现在课堂上的教师形象才会是自然的、朴实的、完美的，与之共同创造课堂教学的艺术之美。

二、身体语言的运用原则

身体语言是丰富且多彩多姿的，教师在运用身体语言时应遵循以下原则。

（一）协调性原则

一是身体语言应与教师的有声语言相和谐，每一种身体语言必须与有声语言所述的情、景、形相统一、相协调；二是各种身体语言之间的动作要互相配合，如手、眼、头、身并用时，就要考虑最佳组合，使其协调一致。

（二）针对性原则

无论表情、动作、姿态、衣饰都需考虑要适应特定的对象和场合。在教学中，体育教师应针对不同年龄段的学生选择不同的体态语言，注意学生的个体差异，因材施教。随着学生年龄的增长，他们的抽象思维和逻辑思维不断发展，教师的身体语言也应由多转少，由描述为主转为示意为主，以利于学生更深刻地把握体育的概念。

（三）善意性原则

体育教师在运用身体语言时要关心、尊重学生，注重学生个性，寄予学生殷切希望，充分肯定学生的点滴进步。不要随意使用否定性的身体语言，更不能使用蔑视性的身体语言，否则既伤害学生的自尊心，也有损自己在学生中的形象。

（四）合理性原则

身体语言在教学活动中只是配合口头语言的辅助手段，应力求准确、精练、生动、形象，不能喧宾夺主。教师身体语言用得过于频繁，反而会分散学生的注意力，影响课堂教学效果。

（五）意指稳定性原则

教师用在课堂上的身体语言应相对稳定，使学生了解教师身体意指含义，否则学生就会感到无所适从，教师身体语言信息也无法向学生传递。因此，师生间的身体语言要有共识，彼此了解对方身体语言的含义，才能顺利地进行各种身体语言的交流与沟通，达到预期的效果。

第四节　身体语言技能的训练与评价

身体语言技能训练与评价环节有两项主要任务：一是使受训者能把备课时的设想和对身体语言技能的理解，通过自己的实践表现出来；二是受训者还能对自己或他人的身体语言技能运用效果进行客观的评价。这就要求教师与学生共同努力，准确记录，认真做好反馈交流与客观评价工作。

一、身体语言技能训练教案示例

根据微格教案设计的要求，身体语言技能微格教案示例见表 5-1。

表 5-1　蹲踞式跳远微格教案示例

训练技能：**身体语言技能**　授课内容：**蹲踞式跳远（准备部分）**　授课教师：_____

技能训练目标	1. 面部表情亲切、自然大方，并能恰如其分地变化目光的视角、远近 2. 姿态潇洒、干练、端庄，走动的次数和速度适当，走动的姿势自然大方 3. 手势动作灵活．自然得体并和授课内容相一致				
教学目标	1. 使学生了解本次课的教学内容 2. 培养学生听从指挥，遵守纪律的组织观念 3. 通过活动，锻炼身心				
时间分配	教师教学行为	运用的技能要素	学生学习行为	组织教法
1分钟	教师对体育委员说"入列"，教师跑步到队形中央，面向学生站立，"同学们好！这节课我们要学习蹲踞式跳远"	环视学生 导入技能	体育委员向教师报告出勤情况，学生们注视着教师，"教师好！"队伍整齐，认真听讲	××××× ××××× ××××× ××××× △

续表

时间分配	教师教学行为	运用的技能要素	学生学习行为	组织教法
3分钟	什么是蹲踞式跳远呢？蹲踞式跳远是人类腾跃远度越过水平障碍的一种技能。它的技术动作由四个部分组成，分别是助跑、起跳、腾空、落地，其中重点是助跑快速、踏跳有力、腾空有高度、双脚同时落地有缓冲。经常练习对发展力量、速度、灵敏、协调等身体素质有积极作用，尤其对发展腿部力量，提高爆发力和弹跳力有直接作用	设疑，注视学生，引起注意，讲解技能，手势配合讲解	认真听讲 积极思考	××××× ×××× ××××× ×××× △
6分钟	1. 下面我们做准备活动向右转，跑步走，1、2…… 2. 立定，向左转，以中间同学为基准，成体操队形散开，下面我们开始做徒手操	口令技能 哨声 利用手势示意散开队形，合理组织队形	听从口令 队伍整齐 行动迅速 动作整齐	×　　　△↑ × × ×××××（热身） ××××× ××××× ××××× ××××× △（徒手操）
9分钟	1. 徒手操 （1）伸展运动：2×8拍 （2）扩胸运动：2×8拍 （3）体侧运动：2×8拍 （4）腹背运动：2×8拍 （5）弓步压腿：2×8拍 （6）跳跃运动：2×8拍 （7）腕关节、踝关节运动：2×8拍	口令技能 注视学生 喊口令时伴随走动，观察学生练习，合理组织练习	认真练习 动作规范 节奏感强 整齐划一	××××× ××××× ××××× ××××× △

续表

时间分配	教师教学行为	运用的技能要素	学生学习行为	组织教法
10分钟	教师指向中间的学生,"向中看齐,向前看!1、2报数成两列横队走!前两排同学向前3步走!向后转"	口令技能 手势配合组织队形	听从指挥 队伍整齐 行动迅速	××××× ××××× △ ××××× ×××××
指导教师意见				
课后自我分析				

注:本教案引自施小菊著《体育微格教学》。

本教案为微格教学参考教案,时间按每部分内容累加计算,根据教学内容、技术特点等需要可以适当调整。

二、身体语言技能的评价与反馈

根据身体语言技能的基本要求和评价表内容(见表5-2),练习者既可通过观看录像自评,也可由教师或训练小组人员进行评价。

表5-2　讲解技能微格训练评价表

授课教师_____　教学内容_____　日期_____

请您仔细观察授课教师的教学行为和学生的反应，然后填写评价表，在恰当等级打"√"。

项目	评价内容	权重	赋分值			
			优	良	中	差
1	面部表情准确、自然、适度、微笑、态度和蔼	0.15				
2	着装协调，仪表美，不因头发或化妆而影响表达	0.15				
3	站姿直而不僵硬，头不偏，略前倾，讲课时挺胸收腰	0.10				
4	臂、手、指与教学口语配合得当，无不良动作	0.15				
5	走动范围合理，快慢合适，停留得当	0.15				
6	正面使用眼神交流，面向全体学生	0.15				
7	身体语言之间转换自如，课堂生动活泼	0.15				

您的意见或建议：

思考题

1. 身体语言含义及功能是什么？
2. 举例说明身体语言构成要素及类型有哪些？
3. 身体语言运用的基本要求与运用原则是什么？
4. 选取某一教材某一部分，编写一份10分钟的教案进行微课训练。

第六章 口令技能

实训目标

1. 明确口令的特征与功能；
2. 理解口令的要素与类型；
3. 掌握口令运用的基本要求及注意事项；
4. 能够在微课教学实践中较好地运用提问技能。

口令即是口头命令。体育口令是体育教学中特有的语言，在体育教学过程中，它与组织、讲解、示范等教学手段结合应用，以达到完成教学任务的目的。口令是体育专业的学生及教师必备的基本技能。

第一节 口令技能概述

体育口令不同于一般用语，属于经过强化、程序化的语言表达方式，其对日常用语进行提炼、概括和修饰，形成了节奏鲜明的语言风格，具有较强的简洁性、节奏性和针对性。

一、口令技能的概念

在体育课的教学过程中，口令是指具有一定的顺序与形式，以及明确的内容，并以命令的方式指导学生活动的语言方式。体育口令包括队列口令和动作口诀。口令是日常体育教学中最常用的辅助技能之一，在体育教学中起着极其重要的作用。口令是体育教师的专业术语，它带有教师命令、威信和意志的信息，学生应做到有令即行。

口令既具有一般语言所具有的特点，在教学中又有自己所独有的特征。

（一）口令的准确性

口令本身具有准确性，教师只有准确地下达命令，学生才能准确地完成动作。体育口令源于军事口令，内容明确。教师在下达口令时，要保证时机准确、口令清晰、音正意准。含糊不清，非规范、错误口令，是体育教师运用口令的大忌。

（二）口令的简洁性

体育口令语言精练。教师一般利用简短的口语或数字，指示学生所要完成的动作。下达口令时，只需说明"是什么""怎么办"，无须解释"为什么"。简明扼要，中心突出，没有废话，是口令的鲜明特点。口令要坚决果断不容迟疑，稍有迟疑或不够果断的口令，都将导致学生无法圆满地完成规定动作。一些特定简洁的指令，不仅使学生明了，更能节约教师组织教学的时间。如"稍息、立正、集合、解散"等口令，教师就没有必要再多做烦琐的指示，只要简单的几个词，学生就明白了自己要完成的动作。

（三）口令的节奏性

口令声音有长短、高低之分，口令的节奏较具体，一般与动作性质相吻合，教师在下达口令时一般都是清晰、洪亮、抑扬顿挫的，节奏性是口令的特点。体育课中口令的节奏性一般体现在：口令的分解，如"预备——起""一二、三四、五——六、七八"，这样既可有利于听者有准备时间，动作节奏清晰，整齐划一，又可保证教师喊口令时的换气。口令切忌无力或速度慢，只有准确有力的口令，才能使学生感受到教师的威严，才能精神集中、动作迅速。

（四）口令的针对性

口令是指示，故一定要有针对性，它是教师在一定的目的下发出的信号和指令。教师对所发出的每一个口令都应具有一定的预见性和实质性，即学生的准备情况，执行口令的效果等。口令的针对性就是要具体准确，具体就是针对性的体现，如集合整队、队列操练、体育比赛及集体游戏等都有其一定的口令。特别在许多体育比赛上，就需要针对性地发出该项比赛的有关口令及术语，同时还要注意所发口令的时间和空间。

（五）口令的程序性

口令要具有一定的程序性。如学生还未集合就不能喊稍息、立正，还未踏步就不能喊立定。预动令结合的口令就必须先喊预令再喊动令等。

二、口令技能的功能

体育教学中的口令是教师传递给学生的带有命令信息的交流方式，喊口令是体育教师的基本能力，教学过程中合理、有效的口令对体育教学帮助很大，能达到高效能的组织指挥教学的目的，能够提高教学效果，有利于学生掌握教学内容；还能够体现出教师自信心强，雷厉风行，坚强果断，这样才有利于培养学生的组织性、纪律性，才能有良好的教学秩序。

（一）维护课堂秩序，提高教学效果

体育课一般在开放的空间进行，由于上课环境、形式的改变，学生更容易受到外界因素的干扰，弱化了教师对学生的主导作用，教师必须通过简明、清晰、准确的口令才能更好地组织、指导学生的体育活动，以保证良好的教学秩序，最终达到提高教学效果的目的。

（二）有效进行队伍调动，节约教学时间

体育课教学从开始到结束都离不开队伍的调动，上课过程中合理地安排队伍，

及时调动练习队伍或是组织学生的队形，不仅能严密教学组织工作，更有利于师生的课堂交流，队伍调动得当与否直接影响教学效果的好坏，而在队伍的安排与调动中是时刻离不开口令下达的。另外，有针对性的下达口令可以有效节约教学时间，提高效率。例如，集合的时候，要求学生四列横队站好，教师就可以直接下达口令：成四列横队集合，这样学生就能明确教师的指令，迅速集合站队。同时，教师还可以把教学重点或难点变成简洁的教学口令，在教学中适时的提醒学生注意动作，这样也可以节约教学时间。

（三）调动课堂气氛，激励学生练习的积极性

在教学中，教师和学生的情绪和状态是相互影响的，教师激情洪亮的口令，可以积极调动学生情绪，使课堂秩序紧张而有序，从而起到调动学生学习兴趣，以及活跃课堂气氛的作用。

三、口令技能的构成要素

体育口令主要包括口令结构、口令用语、口令发声、口令节奏以及口令音量等构成要素，如图6-1所示。教师只有掌握口令各要素的技术，才能在教学实践中准确有效地运用口令。

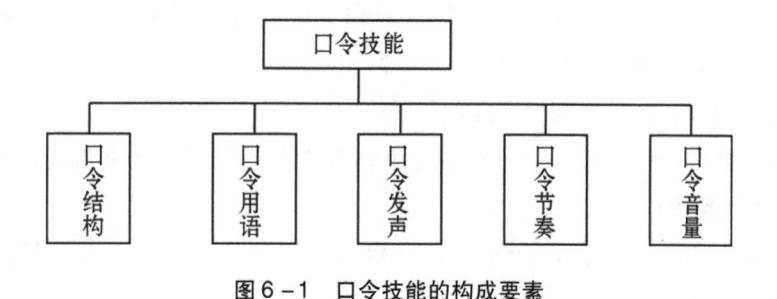

图6-1 口令技能的构成要素

（一）口令结构

口令一般由预令、中间停顿、动令三个部分组成。预令指明动作的性质（动作的做法和方向）。预令的长短一般视队伍大小、练习场地、外部环境和学生年龄

等情况决定，预令必须清楚、洪亮。

动令是指明动作的开始。动令要求短促有力。一个完整的口令，预令和动令是密切相关的统一体。但有的口令只有动令无预令，如立正、稍息、报数等。

中间停顿是指在下达动令前停顿合适的时间，下达口令时有一定的停顿，以使学生对所发出的口令得以思索，了解并做出准备。

例如，在行进间队列中向右转，口令是"向右转——走"，因为预令"向右转"指明了动作方向的改变；动令"走"则起到指挥动作开始的作用。在预令"向右转"和动令"走"之间要有合适的停顿，以使学生能对动作提前做出反应，在动令下达时可以做到整齐划一。

（二）口令用语

体育教师一定要注意教学中口令的规范与术语的正确性，不喊错误口令、无效口令。口令的内容及下达方式都已经有所规定，教师应该统一使用体育专业术语下达口令，不用日常口语替代教学口令，以确保口令的权威性和严肃性。

例如：队列队形练习的基本术语：

列：左右并列成一排称为列。一般由右至左按高矮顺序排列。几排即为几列。前排为第一列，以此类推，二列横队，第一列称前列，第二列称后列。

路：前后排列成一行为路。一般从前到后按高矮顺序排列。几行即为几路。左边第一行为第一路（也称左路），以此类推。

间隔：相邻者左右之间的间隙叫间隔。

基准：被指定作为看齐或行动目标者称基准。被指定作为基准者应举手示意（除排头排尾者外）。

横队：由"列"组成的队形（一般队伍的横宽大于纵深）。常用于集合带队、听讲、观摩和做操。

纵队：由"路"组成的队形（一般队伍的纵深大于横宽）。常用于整队、集体行进和游戏。

排头：位于纵队之首或横队右翼者。

排尾：位于纵队之尾或横队左翼者。

翼：队列的两端。左端为左翼，右端为右翼，多列行进间变换方向时，处于转弯内侧的一翼称为轴翼，另一翼称为外翼。

（三）口令发声

口令的发声主要部位是口腔、胸腔和腹腔。口令发声要求吸气有深度，胸腔和肺部全面扩大，但无僵硬感，呼气后微微保持原状。喊时气流顺畅、均匀有节奏，有明显的呼吸支持点。声门闭合，声带随着声音的高低强弱而改变长度、厚度和张力；口适度张开，舌根、下颚及脸部不紧张，喉头稳定，但不用力；上颚稍向上抬，并感到上部共鸣的作用。

（四）口令节奏

口令发音的节奏不同，其运用效果也明显不同，在下达口令时，教师要注意预令和动令要有明显的节奏，做到不急不缓，间歇适当，使学生可以在听到预令后有时间准备动作。口令的节奏变化，使口令成为振奋学生精神，鼓励学生积极练习的重要手段。

掌握口令的节奏，还与换气紧密相关，换气方法主要有大换气、小换气和偷换气三种。大换气是在休止的地方从容换气。有预令的应在预令和动令之间换气，如："齐步——走"；无预令的口令应在口令下达后换气，如"稍息""立正"等。小换气是在顿挫的地方换气，也叫补气。如在徒手操中喊数字时数字音的换气："1——2——3——4"等。偷换气是指对于一个原本不应该换气的较长的口令，为了艺术表现或口令效果的实际需要，偷偷地换气，这种换气需要较高的技巧。

（五）口令音量

口令声音的大小主要取决于队伍的纵深长度和人数的多少，应以能使全体学生听清为宜。下达口令时不但要注意音量的大小，还应注意音量的变化。一般有预令的口令，起音相对要低，然后由低到高，声调逐渐升高，音量逐渐加大。例如"齐步——走！""齐步"声音要低，"走"字提高音量。另外，教师在下达口令时，还要突出并恰当运用主音，重点字的音量要增大、加重，拖音也应延长。例如"向右——转"口令中的"右"字发音要重点突出，字音应加重并延长，以保证学生听清正确的转动方向。

第二节 口令技能的类型

口令按下达方式不同可以分为短促口令、断续口令、连续口令和复合口令；按内容表达方式不同可以分为常规口令、数字口令和信号口令等。

一、按照口令下达方式的不同划分

队列口令是在队列练习中指挥者下达的口头命令，根据下达口令的方式不同以及口令中有、无预令和动令，队列口令可分为以下四种。

（一）短促口令

短促口令：发音短促有力，只有动令，中间不停顿，不拖音，一般按口令字数平均分配时间，有时最后一个字的拖音加长。如，

原地队列："稍息""立正""报数"等。

行进口令："踏步""前进"等。

（二）断续口令

断续口令：预令和动令之间有停顿（微歇）。如"第×名出列"，"1、3、5，报数"等。又如"成×列横队——走"等。

（三）连续口令

连续口令：其特点是预令和动令相连，预令拖音稍长，动令短促有力。如："向后——转""向后转——走""立——定"等。

（四）复合口令

复合口令：兼有断续口令和连续口令的特点。如："以×××为基准，向中看——齐""左转弯，齐步——走"等。

二、按照内容表达方式的不同划分

按照教学过程中的作用和表达方式不同，口令又可分为常规口令、数字口令和信号口令。

（一）常规口令

常规口令是借助于简洁、规范的语言，用口令的形式指导教学，常规口令统一规范，具有针对性，教师不可以自己添加个人语言，随意改变口令，必须按正确口令规范执行。如"跑步——走"不能喊成"起步——跑"。另外，常规口令直观性强，语言生动简练，重点突出，节奏明显。如"原地踏步走""向中看齐"。

在体育教学中，常规口令最多体现在队列队形的练习中，即运用口令来调动队伍。队列练习是指全体学生按照一定的队形做协同一致的动作。队列操练必须严格按照中国人民解放军队列条令进行；队形练习是指在队列练习的基础上所做的各种队形和图形的变化。队形依据队列，队列构成队形。而学生队伍的调动和组织又是建立在队列队形练习的基础上，体育课不同于室内文化课，在体育教学中，会有很多学生队伍的调动与组织，都需要教师下达正确的口令进行指挥，所以一个体育教师如果不会使用规范正确的口令，很难上好一堂规范的体育课。

队列有赖于口令，教师要按照口令的规范进行教学，掌握好口令的技能技巧，队列口令的要求是严肃、准确、洪亮、熟练。

（二）数字口令

数字口令是用数字来调整动作的时空感、节奏与整齐度的口令。可以通过简单的数字"1、2、3、4……"来调整学生动作的节奏、整齐性和时空感。

第一，数字口令可调整动作的节奏。如在栏间跨栏步伐教学中，学生容易产生拉大步和倒碎步等错误。教师为了有效调整栏间距离，抓好过栏技术，采用有节奏的"数字口令"来调节学生的栏间步节奏，即在学生每过一个栏后，起跨腿刚一触地的一瞬间就开始喊"1、2、3"的口令，让学生随着口令的节奏练习三步过栏，这样练习能有效帮助学生逐步形成正确的快速栏间步伐节奏。

第二，数字口令可增强动作的整齐性。如在队列练习中的"1、2、1"就是最常用的数字口令；又如原地转法练习时，教师发口令后，学生可边做动作边喊"1、2"，这样既可活跃课堂气氛，又能提高动作的一致性。

第三，数字口令可加强动作的时空感。如在跳马的上板起跳步的教学中，如踏跳的时间太长，就会影响向前的速度，进而影响第二腾空的质量，如果教师在上板起跳的最后一步蹬地起跳到推手动作过程中喊"1、2、3"当喊"2"时加快速度，减少"2"的音长，那么可以有效地促进学生快速踏板动作技术的完成。

（三）信号口令

信号口令是指利用口哨、击掌、节拍器、音乐、单字口令以及其他特殊规定的信号代替口令。信号口令是一种常见的教学手段，教师运用有效的信号口令，不仅可以培养学生动作技术的节奏感，而且可以帮助学生正确体会动作要领，对动作技能的形成起着良好的辅助作用。

哨声使得教学语言更为丰富。响亮、有力的哨声，能快速地把信息传递给学生，从而有效地组织学生进行体育活动，使体育课充满活力和生机。哨声可以加强条件反射的作用，有利于提高课堂教学效率。在师生距离较远或教师处于逆风环境中，教师需要发令时，哨声是一种较好的指挥手段，它不仅可以保护教师的身体健康，同时能有效地集中学生的课堂注意力，促使学生认真进行体育练习。

击掌动作本身就是一种鼓励和表扬。以击掌的方式作为信号口令，可以让学生备感亲切，受到鼓舞，而且，掌声运用灵活、方便，节奏更加容易控制，是一种很好的信号口令形式，对帮助学生体会动作要领，培养学生正确的动作节奏感能够起到很好的辅助作用。

节拍器节拍标准、清晰，可以调节动作速度，因其能准确地计算每分钟的步数，常在学生跑步练习时使用，效果较好。

利用音乐配合学生练习舞蹈或基本体操等，对激发学生的情绪和规范练习动作能起到很好的作用。

单字口令是指在教学中，学生在学习动作技能的关键部分，教师用单字发音的形式，通过口令来提示学生该如何做或该注意什么，主要是通过单字的呼声给学生提示零散的、关键的知识点。如武术中"提膝点剑"动作的"提膝"可强调"提"字，"点剑"动作可强调"点"字。

其他特殊规定的信号也可以起到口令的作用。例如，听枪声起跑或拔河开始，用击鼓作为游戏的进退信号等。

第三节 口令技能的运用

口令指挥能力是一种技能，它涉及语言表达、组织和管理、心理和音乐等方面的综合能力。要想在教学中充分发挥口令的作用，体育教师必须掌握运用口令技能的方法。

一、运用口令技能的基本要求

运用准确恰当的口令，能够调动学生上课的兴趣和注意力，有效提高体育教学效果。

（一）常规口令的运用

下达短促口令时，要简洁明确，如教师在下达短促口令"立正"的时候，要先吸气后吐气，用适当高亢的音量发出口令，"正"字音饱满，不能低，是否拖音要看队伍、场面大小而定。队列口令中，预令与动令组成的口令较多，如原地转法的口令，喊口令时，要求学生听到预令就应准备做动作，听到动令立即做出动作。发口令时要注意咬字、吐字清楚，预令与动令之间有适宜的间歇。行进间的口令也是预令和动令组成的口令，喊这种口令的时候要按照预令和动令组成的口令进行，但是要掌握时机，行进间的口令一般动令落于右脚，但也有例外，"向左转——走"时，动令就应落于左脚。

（二）数字口令的运用

数字口令提示动作时间的设定。数字口令在动作教学或者练习中，一般由教师自己规定，这就需要教师掌握口令的强度和频率的适宜度。以及在下达口令前提前让学生熟知你所运用的数字口令要传达的意思。数字口令在动作掌握方面做提示调节作用的时候，一般在学生粗略掌握动作后使用，当学生已基本形成自己的动作节奏，即可以尝试去掉数字口令这一刺激，以便让学生按自己已形成的动作去完成动作技术。

（三）信号口令的运用

哨声的运用可以减少教师用嗓量，保护教师的身体。哨声音质响亮、清脆，在教学中丰富了教学语言。课堂中多种多样的哨声，可以有效地传递教师的命令与指示，组织学生进行各种练习。哨声的短促、清脆与其特有的音响和音频可以迅速刺激学生的条件反射，适合在体育教学的教学环境中运用，可以有效地进行教学指导，从而加大课的密度和强度进而提高教学效率。运用哨声时要注意切忌使哨音变成噪声，尤其针对低年级儿童使用时，由于儿童对声音反应敏感，所以要视实际情况而用，或者采用其他的音响代替哨音。

另外，在教学中，掌声、音乐及其他信号口令运用得当，也能收到一定的效果。如击掌，其方便，节奏易于调整，并且具有亲切感，更能使学生受到鼓舞，音乐旋律优美，节奏多变，作为口令指挥练习能激发学生练习的热情，提高学生练习的积极性。

二、运用口令技能的注意事项

教师在实际应用口令时，发音要准确，声音要洪亮、果断，并注意正确站姿，以有效提高教学效果。

（一）发声部位要准确

口令练习时正确的发声部位应该是：胸腔、口腔、颅腔三个部位产生共鸣。一般在发口令前要吸气，吸气的深度根据口令的类别和要求而定。如下达短促口令"立正""稍息""报数"等，一般向下压气，以胸腔共鸣。下达连续口令时，要带拖音，如"齐步——走""向右——转"等吸气要深一些，一般要吸到丹田，发声要洪亮、宽厚、有气势。

（二）掌握好口令的节奏

各种口令的下达都要注意节奏，预令、动令和间歇都要有明显的节奏，一是为了让学生能听清楚，二是让学生能有所准备。在体育教学中，下达口令时，要注意字与字之间不可平均发音，要有所侧重。口令的节奏也要视实际教学内容而定。如准备操的口令应根据活动关节及肌群的不同，而采取不同的口令下达。活动较灵活的关节，如肩关节、腕关节、膝关节和踝关节时，口令的节奏可以明快一些；而活动那些活动范围较小的关节时，如颈关节、腰关节，口令的节奏就应慢一些，以免造成关节的损伤。

（三）合理的运用呼吸

"善口令者，必先调其气。"这也说明了"呼吸"与"口令"的关系，正确的呼吸是掌握好口令的基本前提，在喊口令的时候，要把发声器官协调一致地动员起来，才能加大呼气量，获得正确的发声，达到良好的效果。

（四）下达口令时要注意音量的强弱变化，突出主音

声音的大小主要取决于队伍的纵深、长度和人数的多少。一般都是把重音放在最后一个字，并且音调要高一些。如"齐步——走""向右——转"。

（五）教师要有正确的站姿

练习口令首先要掌握正确的站立姿势，因为正确的站立姿势是口令发声的基础，它能使发声器官的各个部分处在最有利的体位，易于相互配合，协调动作，从而获得正确口令发声。并且，教师站姿端正，也能影响学生的精神状态，增强口令的感染力，俗话说："喊破嗓子，不如做出样子。"

第四节　口令技能的训练与评价

在实际教学中，一些教师由于对口令的基本功掌握不够，运用口令不当，致使课堂混乱，影响了教学效果，甚至出现一些明显的错误，因此，对于将来要从事体育教学工作的体育师范生进行系统的口令技能训练，培养其口令技能是很有必要的。

口令技能的训练与评价环节有两项主要任务：一是使受训者能把备课时的设想和对口令技能的理解，通过自己的实践表现出来；二是受训者还能对自己或他人的口令技能运用效果进行客观的评价。这就要求指导教师与受训者共同努力，准确记录，认真做好反馈交流与客观评价工作。

一、口令技能的培养和训练

口令技能和其他技术动作一样，要经过刻苦的练习才能掌握，要经常和反复练习，不断地实践，才能有效提高教学效果。

（一）口令技能是培养学生基本教学能力的必修课

《全国普通高等学校体育教育本科专业课程方案》规定，体操课为主干课程和必修内容，要求学生掌握队列队形练习方法，包括口令技能等，并且要有初步指挥队列队形的能力。培养学生的口令技能不仅是体育师范生体操课的教学任务，也是培养和提高体育师范生教学基本功不可缺少的必修课程。因此，体操课教师应在有限的学时里，尽可能地利用各种方法和手段，努力提高学生的口令技能。学生只有掌握了口令技能，才能在以后的体育教学中规范地运用口令，服务教学，才能胜任体育教学工作。

（二）把口令技能训练融入日常教学

除了《全国普通高等学校体育教育本科专业课程方案》中规定的体操课口令练习这一教学内容外，教师还应该把口令技能培养融入日常的其他课程教学中，制定切实可行的、与本课程教学任务不冲突的教学计划，认真研究口令技能培养的新教法、新手段。把对学生口令技能的培养落实到每一节课，做到有目的、有计划、有意识地开展教学。

（三）狠抓基本功训练，以比赛促进口令技能的发展

俗语说"拳不离手，曲不离口。"口令技能也一样，只有狠抓基本功训练，经过多次重复练习，才能领会口令的技巧。另外，在日常教学和训练过程中，教师应多开展教学比赛，通过比赛检验学生对教师所授内容是否熟练掌握，根据比赛

的反馈信息及时调整教学计划和教学策略，以便更有针对性地培养学生的口令技能。因此，建议教师无论是在日常教学中，还是在课余时间，在不影响学生其他专业课程学习前提下，多组织和举办一些教学基本功比赛，如队列队形练习比赛等，以激发学生学习的兴趣和练习的积极性，进而促进学生口令技能的提高。

（四）教师教育与自我教育相结合

口令技能需要长期操练才能运用自如。体育师范生除了在日常专业学习过程中接受教师的口令技能教学外，还应该进行自我教育，开展多种形式的自我练习，如集体练、小组练、两人练、个人练等，这样才能更好地巩固所学的技能，才能更好地提高自身的口令技能水平。

（五）课堂教育与课外教育相结合

在有限的课堂教学里，会有一部分学生难以掌握教师所授的口令教学内容。他们需要更多时间，经过进一步练习，才能领会教师所授的内容。因此，学生应该充分利用课外空余时间复习、练习口令，进一步巩固和掌握口令技能。

二、口令技能培养的注意事项

口令技能是体育教师必备的基本教学能力，把口令技能融入日常体育教学和训练中，更有利于增强学生的练习兴趣，提高学生的学习效果。

（一）增强学生对口令基本功训练重要性的认识

口令对于一个体育教师或体育专业学生来说相当于一张名片。口令技巧的高低，直接影响着教师在学生或同行中的印象，也体现了体育专业教师的职业技能水平的高低。然而，我们一些教师和学生对这方面不够重视，认为口令非常简单，对日常教学不会有太大的影响，只要技术好，教学就没问题，其实这种观点是错误的。体育教学是一个多学科的综合运用过程，它涵盖了教育学、心理学方面的知识，同时它还有体育专业特有的技术技能教学规律。口令是体育师范生的基本功之一，是专业学生从教的基础，只有认清口令在体育课堂教学中的作用，才能重视口令技能的培养，才能在实践中提高口令技能。因此，教师在日常的教学训练中应注重学生这方面意识的培养，使学生充分意识到口令技能对于一名体育教师的重要性。

（二）注重学习方法与能力的培养，关注学生的咽喉健康

口令学习有其特殊的发音规律和技巧，盲目地学习和训练，不仅达不到学习效果，反而会影响发音器官的健康。有研究认为，凡是不会正确运用口令者，都与其对口令的认识、知识和方法等方面存在的问题有关。因此，在日常的口令教学与训练中，教师应注重学习方法和能力的培养，通过理论教学传授口令的基本知识，使学生了解口令的种类、结构、特点，掌握口令的节奏、音调、发音方法以及下达口令的基本要领。用理论指导口令练习，在练习过程中完善理论。同时，应注意发音部位的健康和保养，以免由于发音方法不当造成咽喉疾病，影响学生日常生活和学习。

（三）多种训练形式相结合，切忌顾此失彼

口令技能训练过程非常枯燥乏味，学生在练习过程中难免会有消极情绪出现，甚至有敌对行为。因此，教师在训练过程中，应提高学生对口令技能训练的意识，充分调动学生学习的积极性和主动性，培养学生对口令训练的兴趣。同时，教师应采取形式多样的教学方法和手段，改变传统单调、乏味的训练形式，开创一个活泼生动、丰富多彩、趣味性高的新局面。形式可采取互教互学，可以集体练、个人练、两人练、小组练、男女合组练、教学比赛练等；还可以结合哨子练，结合手势练，结合口号练，结合课堂教学练等。这样不仅可以增强学生练习的兴趣，提高学生的练习效果，还可以避免由于形式单一的训练而造成顾此失彼的现象。

（四）加强指挥实践，培养指挥能力

口令的最终要求是为教学服务，用于指挥和调控教学。娴熟的口令技巧是课堂教学的基础，教师应在要求学生掌握娴熟口令的同时，培养学生指挥和调控课堂教学的能力。因此，教师在日常教学和训练中，应尽可能地给学生提供实践的平台和机会，加强学生的指挥实践能力。同时，制定简易可行的计划，通过课内外的多次指挥实践，特别是利用课堂学生教学实习来提高学生的指挥能力，并在教学中做到实践前

启发引导，简明扼要地讲解练习方法；实践中及时指导，肯定成绩，指出不足，及时纠正学生的错误；实践后及时总结和点评，为学生练习指明方向。

三、口令技能的评价与反馈

口令技能微格训练评价表见表6-1，练习者既可通过观看录像自评，也可由教师或训练小组人员进行评价。

表6-1 口令技能微格训练评价表

授课教师_____ 教学内容_____ 日期_____

请您仔细观察授课教师的教学行为和学生的反应，然后填写评价表，在恰当等级打"√"。

项目	评价内容	权重	赋分值 优	良	中	差
1	语言标准、读音准确	0.15				
2	用词准确、口令规范	0.15				
3	预动间歇、准确自然	0.15				
4	吐字清楚、声音洪亮	0.15				
5	主音突出、节奏分明	0.10				
6	音量适中、节奏感强	0.10				
7	时机得当、运用合理	0.10				
8	呼喊自然、熟悉优美	0.10				

评价员签名_____：_____

思考题

1. 口令的特征与功能是什么？
2. 举例说明口令的要素与类型有哪些？
3. 口令运用的基本要求及注意事项是什么？
4. 评价口令技能的标准有哪些？
5. 选取某一教材某一部分，编写一份10分钟的教案进行微课训练。

第七章　口哨技能

> **实训目标**
>
> 1. 了解口哨的定义及分类；
> 2. 理解口哨的功能及构成要素；
> 3. 掌握口哨运用的基本方法及要求；
> 4. 能够在微课教学实践中较好地运用口哨技能。

第一节　口哨技能概述

口哨是一种体育教学的工具，是体育教师在教学过程中的"第二嗓子"，合理地使用口哨，有利于组织课堂教学，顺利地完成教学任务。

一、口哨技能的定义及分类

哨子是用金属或塑料等制成的能吹响的器物，多在集合人员、操练或体育运动时使用。哨声是信号口令的一种，是体育教师课堂教学的重要手段，在体育课中应用较广泛，因此作为单独一项内容进行详细阐述。巧妙适时地应用哨子有助于教师较好地完成教学中的队伍调动，也有助于学生精神振奋，提高学习注意力；

同时哨声可起到活跃课堂气氛，维护课堂纪律的作用。哨子有多种吹法，分别有命令声、催促声、召集声、调令声等。一般来讲，吹哨的时机大概可以分为：上课前的集合、队伍解散后再集合、准备活动时用哨音来指挥学生做动作、分组练习时的暂停、换项等，指挥调动队伍、队形变换等。教师应用哨音作为信号口令时切忌滥吹，否则会分散注意力，使学生烦躁，从而影响教学效果。

口哨技能是指体育教学过程中，教师以不同的声音、节奏变化，提示、传递、召唤及警告学生而实现教学活动意图的行为方式。体育教师常用的哨子多种多样，不同的划分标准其种类也不相同。按哨子有无核分为有核哨、无核哨，有核哨声音更大一些，无核哨音频更高一些；按哨音所包含的单音数目分为单音哨、双音哨和三音哨；按哨子的制作材料分为金属哨、塑料哨和焦木哨等。

二、口哨技能的功能

在教学中，哨音一直是体育教师的一个象征，它对教师的口令能起到辅助和弥补的作用，也能减轻教师嗓子的负担。下面是口哨功能的介绍。

（一）提示作用

体育课教学多在室外场地进行，教学场地相对较大，气候、环境等客观因素干扰较多，学生注意力容易被分散，教师与学生间距经常较大，这些都会影响到教学效果。

教师通过应用节奏清晰、响亮、有力的哨声，既可以使学生的注意力快速地集中起来，促使学生认真进行练习，又能减轻教师的工作负担，保护教师的咽喉与口腔。

（二）传递口令作用

在召集学生，集中队伍，练习开始、暂停、终止以及改变练习方式等教学过程中，用哨音传递口令，能够迅速地将教师的指挥意图传递给全体学生，可保证教学过程紧凑且有条不紊地开展。例如，学习足球运球急停技术，可规定长哨音为开始运球，短哨音为急停。

（三）号召作用

在学生进行技术练习过程中，通过哨声与某特定技术动作相结合，给予指令性信号，使练习者在大脑皮层受到哨声的刺激时，形成一种连锁的、复杂的、本体感受性的运动条件反射，有利于强化学生特定技术动作，加深对整个动作结构与节奏的理解和记忆。同时，哨子采用不同的吹法会产生不同的音色，轻快悦耳、节奏鲜明的哨音能给学生以激情，起到振奋精神、激发兴趣、提高教学实效性的作用。

（四）警告、制止作用

哨子在竞技比赛中的广泛使用就在于其具有特殊的警告、制止作用。在体育教学过程中，学生根据教师的安排，必然有体育练习的自主活动时间，在这个过程中，学生可能会有扰乱课堂秩序、违反课堂纪律的错误言行发生，或在练习过程中发生学生之间的冲突、争执等情况。此时教师可以利用哨声，对学生的错误言行进行及时的制止、警告或纠正，这样不仅可以培养学生互相协作、团结友爱、遵纪守法的良好思想品德，也可以保障课堂教学有序进行。

三、口哨技能的基本要素

口哨的基本要素包括：一是口唇（双唇）、二是气流（包括将人体内储存的气体外吹和将体外的气体吸入）、三是舌头的调节作用，如图 7-1 所示。

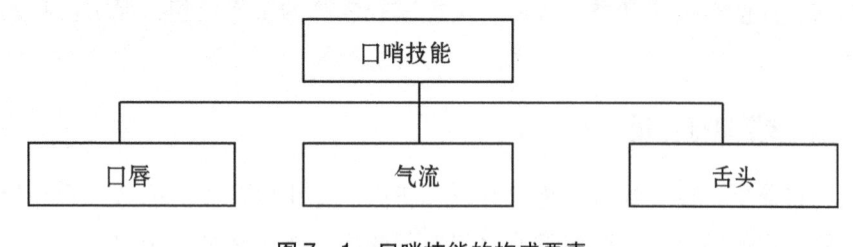

图 7-1　口哨技能的构成要素

（一）口　唇

口唇是口哨最基本的要素之一。其口型是：噘拢双唇，中间留一个大约能将小手指伸进去的小孔。口缝越小则声音越高；口缝越大则声音越低。

（二）气　流

气流从人体内向外吹叫外吹，将体外的气体向体内吸入叫内吸，二者混合运用叫吹吸结合。作为初学者，一般是运用外吹的方法来练习。气流越大、越急，声音越高；气流越慢则声音越低。开始练习输送气流不要将气流吹得过猛、过急。否则，一口气吹出就没有内存气体了。开始练习送气一定要平稳、缓和，控制气息。

（三）舌　头

舌头不仅能调节口哨声音的高低，更是发音和音色的关键要素。舌头越靠后并悬在口腔内，口哨声音越低；舌头越靠前并使舌尖顶到下齿则声音越高。

以上是口哨"三要素"，三者要密切配合、步调一致。否则，只注重一个要素而忽视另一个要素，都不会取得良好的效果。只要多练习、多体会、多研究，就能找到规律。

第二节　哨子技能在体育教学中的运用

哨子的特点是音响高、声质脆，具有召集、催促、命令等用途，正确的使用哨子可使教学过程中各环节忙而不乱，体育教师可以借助哨子的作用，进行召集队伍、指挥队伍、信号联络、教学比赛等活动。

一、鸣哨的方法和哨子语言

为了在体育课中发挥口哨的最佳使用效果，要了解鸣哨的方法和常用的哨子语言。

（一）鸣哨的方法

双唇合拢，中间留一空，借助于人的唇、舌的作用使气流通过而发出声音。舌头本身不能震动发声，但可以控制气流，挤压口腔的空气，改变口腔容积从而改变口哨的音高，音的高低是由振动频率决定的，两者成正比关系：频率振动次数多则音高，反之则低。

（二）哨子语言

体育课堂上常用的哨声组合技巧有："嘟——！"，尖长一声，表示某动作或片段的开始；"嘟嘟！"，短促两声，表示提醒或引起学生注意；"嘟——！"（声音由高到低），悠缓一声，表示动作的片段结束或暂停；"嘟嘟——！"（声音由低到高），表示对违犯课堂纪律的学生给予警告、制止或指正；"嘟嘟嘟——嘟！"，表示紧急集合；"嘟嘟！"（声音由低到高再转低），表示小组的练习进行轮换等。另外还有一些课堂常用哨音：

（1）"嘟！嘟——"用于上课前，或练习停止集中时，意思是"集合！"。

（2）"嘟！嘟——嘟"用于队列练习中统一步伐，意思是"一二一"。

（3）"嘟！"短促有力的一声吹哨，用于起跑、投掷、裁判和游戏练习中，统一开始时间，意思是"跑！""投！""开始！"等。

（4）"嘟——"一声长鸣，用于下课，意思是"时间到"。

（5）"嘟！嘟！嘟！嘟！"急促有力的连吹，用于练习停止，意思是"立即集合！"。

二、口哨在体育教学中的运用

哨声长、短、轻、重、缓、急是体育教师的基本功：集合哨长重急；静音哨短急；集中注意力哨短重。作为体育教师，应在教学中熟练应用口哨指挥。

（一）队列练习

队列练习通常由教师下口令，学生操练。枯燥单调，易疲劳。若口令与口哨交替使用，则可以克服单调乏味感，有利于增强学生练习队列的兴趣。如练习齐步走、正步走、跑步走，吹口哨时第一次可以使用"1——2、1——2"的节奏（节奏变化少）；第二次可以使用"1——2——1、1——2——1"的节奏（节奏略有变化）；第三次可以使用"1、1、1——2——1、1——1、1——2、1——2——1"的节奏（节奏变化多）；第四次可以把前几种变化组合起来使用（变化很多）。在行进中学生可以喊1——2——3——4的口号，提高兴奋性。

（二）做 操

做徒手操、广播操时，教师在下达"预备——起"的口令后，可以用口哨通过哨音节奏的变化，吹出1至8拍节奏，用哨音指挥做操，如"牧歌"动作要求用力或强调动作幅度加大，在吹出那个节拍的节奏时，可以通过加大哨音的音量或延长哨音时间做出指示。

（三）集合与解散

上课的集合与解散，学生在操场的四面八方，哨音传得比较远，学生听到哨音能快速地到指定地点集合。

（四）其 他

教师还可以用哨音强化某些教学要求，提高教学效果。如学生在连续快速跑、耐久跑的全程跑接近终点时，有些学生由于意志品质差，缺乏顽强的精神或体力不支，冲刺阶段不快速冲刺，甚至减速。这时教师可以及时多次急促短音的节奏，吹出"嘟、嘟、嘟、嘟"的快节奏的连续短音，再配合手臂的多次快速挥手，发出一定的刺激性指令，使学生大脑皮层瞬间做出兴奋反应，激励学生勇猛顽强，鼓起勇气，克服疲劳，快速冲刺跑过终点。

三、口哨技能运用应注意的事项

哨音是指示、是命令，但是在使用哨子时，要做到恰当合理，哨音强弱分明，节奏感强，不可滥用，以免形成噪音，影响学生身心健康。

（一）避免用哨太近

哨音是教学提示语言的一种，是课堂教学语言的补充和延续。哨音持续时间的长短，音量的强弱，是连续或是间断，要根据练习人数的多少，活动场地面积和范围，情况的轻重缓急程度等来确定，鸣哨时要有强烈的针对性，有长短、轻重、缓急的变化，确保学生清楚教师鸣哨的真正意图。为了使哨音清晰洪亮，可通过加深加大呼吸，使哨声雄壮有力。考虑到鸣哨时产生的音量，因此必须注意到鸣哨时与学生的距离。声源过大，太靠近学生，会使他们听觉神经系统受到强烈刺激，使人产生不适感，脸色发白，甚至捂耳尖叫，严重的可导致短时耳鸣。所以鸣哨一般离学生3米以上较适宜。

（二）切忌用哨过频

在体育教学中，哨音有时能有效地代替教师的口令，丰富体育教学语言。教师清晰、有力、响亮的哨声，不但能有效地把教师的口令意图信息传递给学生，还能快速有效地组织学生进行各种体育练习，使体育课充满活力和生机。虽然哨声清楚有效，但鸣哨要注意次数不要过频，应做到少用精吹，可不用哨的时候做到不吹，鸣哨必须有明确的目的，或集合、或提示、或调换练习等。目的不明确的频频用哨，会使学生无所适从，久而久之，会造成学生对哨音反应迟钝。因此鸣哨要做到把握时机，恰到好处。

（三）勿让哨音过于单调

哨音应带有较强烈的感情色彩，使哨声具有轻重缓急，节奏鲜明的表现力，哨声切忌平淡和单调。如集合队伍或停止练习等，哨音应响亮且清脆，指导练习哨音应该短促有力，调换队伍哨声应长，只有使哨声具有明确的指令性，才能让学生听到哨声后立即做出相应的反应。

（四）口哨要与其他口令配合使用

在运用口哨的同时，合理有效地利用手势、音乐等其他口令形式更能达到高效组织指挥的目的。

（五）注意卫生

口哨要专人专用，不要外借，体育组可以另备口哨，以供他人组织体育活动时使用。每隔一段时间要清洗消毒，保持清洁卫生，防止病从口入。

第三节 口哨技能的训练与评价

只有经常练习，细心琢磨，才能体会出口哨的发音规律，才能运用得法，灵活自如。

口哨技能的训练与评价环节有两项主要任务：一是使受训者能把备课时的设想和对口哨技能的理解，通过自己的实践表现出来；二是受训者还能对自己或他人的口哨技能运用效果进行客观的评价。这就要求指导教师与受训学生共同努力，准确记录，认真做好反馈交流与客观评价工作。

一、口哨技能的训练

训练前，挑选一个好哨子，首先体会与掌握含哨、吹气、吐哨等技巧，并练习短哨音和长哨音的吹法及吹气力度。

（一）口哨技能教案设计

预习有关口哨技能的方法，以队列队形为训练内容，经小组集体分析、讨论后，分别进行教案设计。

（二）口哨技能实战训练

以小组为单位，学员进行"教师"角色扮演，其他同学为"授课对象"，轮流实战演练。

（三）口哨技能反馈

每一位同学演练结束后，以小组为单位，先自我分析、后小组集体分析、讨论和评议，最后教师点评，提出优缺点和改进意见。

（四）修改与完善口哨教案设计

针对实战演练出现的问题，重新修改与完善教案设计，为下一次实战演练做好准备。

二、口哨技能的评价

根据口哨技能的基本要求和评价表内容见表7-1，练习者既可通过观看录像自评，也可由教师或训练小组人员进行评价。

表7-1 口令技能微格训练评价表

授课教师_____ 教学内容_____ 日期_____

请您仔细观察授课教师的教学行为和学生的反应，然后填写评价表，在恰当等级打"√"。

项目	评价内容	权重	赋分值			
			优	良	中	差
1	哨音响亮、节奏分明	0.20				
2	预动间歇、变化自然	0.15				
3	时机得当、运用合理	0.20				
4	长短配合、强弱适中	0.20				
5	哨音优美、节奏感强	0.15				
6	保持清洁、使用卫生	0.10				

评价员签名：_____

思考题

1. 什么是口令技能？其功能有哪些？
2. 教学中口令应用的基本要求是什么？
3. 评价口令技能的标准有哪些？
4. 选取某一教材某一部分，编写一份10分钟的教案进行微课训练。

第八章 导入技能

实训目标

1. 了解导入技能的含义、功能及构成要素；
2. 理解导入技能的类型及运用方法；
3. 能够在微课教学实践中较好地运用导入技能。

导入技能是指教师在课堂教学中处理导入这一教学环节时，利用各种教学媒体、创设学习情境、故事情节导入等方式的技能。目的在于激发学生对学习的兴趣，启迪学生思维，集中学生注意力，调动学生在课堂中参与程度，使其主动学习新知识，利用一些条件引导学生把注意力放在课堂上，提高课堂学习效率。

第一节 导入技能概述

本文主要讲解导入技能的内容，以一种新颖话题把课堂学习内容进行导入，这种导入方式可采用语言导入、故事导入、演示导入、条件诱导导入等，此导入在教师新授教学内容之前，从而引起学生的学习兴趣，同时能够使他们的注意力集中，调动学生的学习积极性，通过导入法的方式进行讲解可以避免课堂乏味。

一、导入技能的含义

导入技能是指教师在新的教学活动开始前，运用简练的语言激发学生学习兴趣、唤起学生学习动机，使学生快速进入学习状态的一类教学行为方式。导入技能是教学技能的重要组成部分，对于教学有着重要的作用。精心设计的导入语言可为课堂教学的成功奠定良好的基础。

二、导入技能的功能

导入是课堂教学中的重要一环，"良好的开端是成功的一半"。精彩的导入，能集中学生的注意力，激发学生学习兴趣，明确学习目的，从而实现教师的教学意图。因此，导入技能是教师课堂教学必备的教学技能。

（一）集中注意力、激发兴趣

教育心理学研究表明：如果从学习开始阶段就没有引起学生的注意力，那么在教学过程中再集中他们的注意力就不太容易了。体育教师如果能够结合学生的实际情况、教学内容的特点，运用适合的导入方法就能够引起学生对所学教学内容的关注，抓住学生的注意力并使它集中到将要进行的学习活动中去。每一位体育教师都熟悉田径比赛中短距离跑发令员的口令："各就位，预备，跑！"这简短六个字，可使学生将注意力高度集中到将要进行的工作中。

兴趣是入门的老师。激发学生的学习兴趣及积极参与的欲望是导入的又一功能。唤起学生学习兴趣是使学生积极学习的重要条件，学习的积极性，首先来源于兴趣。兴趣是学生参加体育活动的直接动机，也是学生主动参与练习的内在动力。浓厚的学习兴趣能引起学生强烈的求知欲望。

（二）启发思维、明确目标、产生学习动机

启发学生积极思维，增强学生学习的主动性和积极性是成功教学的基本保证。启发教学是教学过程本身的需要，也是开发学生智力的最基本的方法。体育教师在教学中也要树立学生是学习活动的主体的教学思想。在体育课的导入过程中，教师用生动形象的语言向学生讲述启发性的问题，或通过实物演示、动作示范来

展示一个问题，并要求学生通过本次课的学习来找到解决问题的正确方法，这样就能吸引学生的注意力，启发学生主动的积极思维。

（三）明确课题，体现教学意图

在体育课堂教学中，利用导入的方法将学生的注意力吸引到一个特定的教学任务和学习程序上来。教师通过导入说明，使学生明确本次课程将要学习什么内容，需要达到什么目标，基本的教学程序以及该教学内容对身体素质、身体机能的影响和作用，使学生对为什么学、怎么学，以及努力方向有一个清晰的学习心理定式。

三、导入技能构成要素

一般情况下，不同的学科应采用不同的导入技能，典型的导入技能由以下四要素构成（图8-1）。

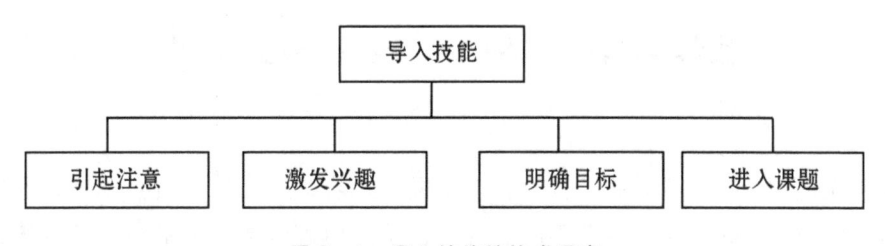

图8-1　导入技能的构成要素

（一）引起注意、激发兴趣

导入的设计首先要考虑如何把学生的注意力吸引到课堂教学中来，使一切与教学活动无关的，甚至是阻碍教学的心理活动得以迅速地抑制。在体育教学中，通过导入引起学生的无意注意方法有生动幽默的语言、抑扬顿挫的语调、富有表情的体态语、醒目的标题、精致的挂图、感人的故事、离奇的趣闻、巧妙的提问等。教师通过上述手段就能很好地引起学生的无意注意。随着教师导入的进一步深入，就可导致学生的有意注意的发生并持久地保持下去，从而达到通过导入引起学生对教学活动的兴趣。有了兴趣，学生才能把心理活动指向或集中于学习的对象上。学生只有对学的知识感兴趣，才能专注并乐此不疲。

(二) 明确目标、进入课题

明确学习目标是调动学生学习主动性、引起学生积极的学习心理定式的重要途径，使学生在课程的开始就明确本节课的学习内容和课结束时应该达到的包括认知、情感和动作技能领域在内的学习目标。明确的学习目标还包括为什么学、学了有什么用。导入的设计要充分了解并利用学生原有的知识和能力，要以其所知，喻其不知。无论教师采用什么导入方式，都应有效地使学生的情感迅速转入教学目标所需的境地，注意力集中在课堂上要解决的理论知识和动作技能的重点和难点上，保证在整个教学过程中，师生双方的注意力始终集中在一条线上。好的导入应在设计时始终以本次课程的内容和教学目标为依据，紧紧抓住教材的特点，结合学生的智力水平、知识储备等具体情况来进行。

第二节 导入技能的类型

教无定法，针对不同的教育对象，不同的内容，导入方法也会不同，即使统一教学内容，不同的教师也有不同的导入方法。体育课堂教学中导入的具体方法很多，这里主要介绍以下三种。

一、语言导入

语言导入方法有三种形式，即直接导入、提问导入、利用故事导入。

(一) 直接导入

教师上课直接讲出本次课内容，开门见山，语言简短。比如：教师上课整理好队伍后，直接讲出"本次课内容是跳远中的起跳动作学习"。这种方法简单，不拖泥带水，一般课堂时间较紧时多采用，新教师上课时多采用。

(二) 提问导入

为了激发学生学习体育动作技术的兴趣，教师经常采用提问的方法引起学生的注意，使学生的注意力较快地集中到课堂上来。

案例：

教师准备教体操中的"前滚翻"动作技术，为了让学生重视这个动作的重要性以及在其他体育运动中的应用，可采用提问的方法。"大家在哪些运动项目中见到过利用前滚翻动作技术来保护自己？"这时同学们会集中精力回想在哪些运动项目中见到过。无论想到或想不到，至少注意力集中到课堂上了，课堂导入的目的就达到了。

(三) 利用故事导入新课

根据学生的好奇心强，求知欲旺，容易被生动的故事情节所感染的特点，体育教师在教学中应抓住学生的这一心理特点，通过讲故事来以趣引思，激发学生的学习动机，提高学生的学习兴趣。教师通过讲述生动有趣的故事，还可以引起学生的情感共鸣，起到潜移默化的教育作用。

案例：

有位体育教师在给大学数学系的学生上体育课时讲了这样一个故事："挪威数学家阿贝尔（1802—1829）22岁时就在数论方面做出了卓越的贡献。可是，当柏林大学决定聘请他为数学教授，把聘书寄到他家时，他已于三天前因病去世了，终年只有27岁。"通过这一故事，使同学们加深了对身体锻炼重要性的认识。要成为一名科学家，首先要成为一名业余的运动家。在体育教学内容中蕴藏着大量的故事情节，体育教师根据教学内容，有针对性地讲述一些与教材有关的趣闻轶事来导入授课内容，就能激起学生对新课产生浓厚的兴趣，收到寓教于乐之效。

二、演示导入

演示导入方法有二种形式,即动作示范导入和直观演示导入。

(一) 动作示范导入

利用示范导入新课也是体育教师应掌握的一种导入技能。它不仅可以使学生建立正确的动作表象,还可以提高学生的学习兴趣,激发学习的积极性,有利于教学活动的顺利进行并提高教学效率。准确、熟练、优美的示范,使学生一开始学习就对将要学习的技术动作产生美感,引起学生急于模仿的心理状态,起到动员、鼓舞学生积极投入学习中去的作用。

(二) 直观演示导入

在体育课堂教学中,充分利用学生的听觉、视觉、触觉及本体感觉等各感觉器官,对外界各种刺激通过不同的感觉器官进行感知,就会对所学的知识、技术产生更加深刻的知觉或感性认识,这是取得良好教学效果的途径之一。体育教师在讲授新的教学内容之前,可组织学生观看技术动作图片、电影、电视、幻灯片等。或通过音乐、教具创设一个直观的教学环境,导入新的教学内容。这样不仅能够引起学生注意,激发学生学习兴趣,促进学生更加主动地学习,还能对所学内容加深理解,获得感性认识,建立清晰的动作表象,促进学生对所学新知识形成正确的学习心理定式。

三、条件诱导导入法

条件诱导导入方法有三种形式,即设疑导入、实验导入和游戏导入。

(一) 设疑导入

在体育教学中,有经验的教师经常在授课前根据教学内容设计一些符合学生认知水平、形式多样、富有启发性的问题,引导学生积极地观察与思考,将学生的注意力集中到将要学习的内容中去。当教师将问题呈现在学生面前时,学生大脑的兴奋性增强了,这样就可以在最短的时间内使学生进入最佳的学习状态,这也是教学取得成功的关键一步。

案例：

有位教师在篮球教学课上示范单手胸前传球。他叫两名学生出列，教师传球，另一位学生接传球，一位学生抢断教师的传球。该教师面向全体学生说："上节课我们学了双手胸前传球，假如在传球时面前有防守，我们该怎么传球呢？"同学们纷纷回答，提出许多种传球方式。教师接着说："下面我在××同学积极防守的情况下，采用一种方式传球，请大家注意观察我的传球动作，随后回答两个问题：第一，球是从防守者的什么位置传过去的？第二，为什么能够传过去，而××同学却断不到球？"教师的提问立即将学生的注意力全部吸引到教师的示范动作上来。随着教师的示范，课堂的气氛活跃了，并不时有学生对教师精彩巧妙的传球发出赞叹。示范结束，同学们兴致勃勃、争先恐后地回答了教师的两个问题。教师接着说："刚才大家看到的传球方式就是我们今天要学习的单手胸前传球。"

（二）实验导入

在体育教学中，教师不仅要向学生传授体育的知识、技术、技能，更重要的是培养学生独立观察与思考、获得知识的本领。体育教师在授课前，可根据教材内容和特点，设计一些小实验，让学生观察、思考，并根据实验结果引导学生分析、判断、归纳和总结。所得出的结论是本次课程要讲的概念或技术动作的要点和关键，从而揭示出本次课教学的重点。

案例：

在教学做前滚翻前，教师用一块长方形的物体和一个球体做滚动实验，并演示滚动时的情形，使学生明白为什么教师要求在做前滚翻时要"含胸、收腹、低头、手撑、滚动、身似球"的道理。

(三) 游戏导入

利用游戏导入新课，不仅能活跃课堂气氛，把学生的注意力和情绪转移到课程中来，针对教学内容而设计的游戏还能帮助学生对将要学习的技术动作加深理解，为下面的体育教学铺平道路。注意选择的游戏要紧扣教材，游戏要新颖、有趣味，能引起学生的兴趣并激发学习动机。游戏要有启发性，符合学生年龄、性别、心理、生理特点。

案例：

篮球人盯人防守战术教学的导入：在两组学生之间，用篮球传接球的方法，在半场范围内，做"形影相随"的游戏，游戏中突出强调"不让自己所防守的对方队员接到传来的球"。当游戏结束后，教师总结游戏，并用启发诱导的方式，给学生讲解什么是"人盯人防守"概念。

通过游戏和讲解，学生有了感性认识，为战术学习打下基础，然后导入教学内容。

第三节 导入技能的运用

导入技能对教师教学过程有着不可替代的引领作用，教师在体育课堂教学中能够灵活、巧妙地运用导入技能，这不仅是学科教学的序幕、新旧知识的连接，而且也是学生对新知识学习的基础和学生学习原动力产生的必要条件。因此，要求教师教学中把握好导入技能的运用原则与要求。

一、导入技能的运用原则

教师在体育教学中运用导入技能遵循以下原则。

（一）追求针对性和目的性，切忌漫无目标

教学导入要针对教材内容和学生实际，设计出具体、简捷、有趣，体现学生自主学习的导入方式。如果导入与教学内容脱节，盲目地为了导入而导入，甚至离题万里，这都是违背教学目的和教学宗旨的。

（二）体现直观性和启发性，切忌导而不入

导入要尽量以生活、学习中具体的实物和事例为基础，引入新知识。同时要讲究启发性，要让学生从浅显易懂的事例中发现问题，进而从问题着手，引起学生认知冲突，激发其积极思维和产生寻求解决问题的强烈愿望。

（三）强调参与性和全体性原则，切忌演独角戏

课程标准十分强调每一位学生的全面发展，导入设计的目标和内容都要面向全体学生。教师应根据学生的认知水平，确定导入的目标和内容，导入的形式要有利于全体学生的参与和实践，让学生对接下来的新知识学习充满信心。

二、导入技能的注意事项

教师在体育教学中运用导入技能时应注意以下事项。

（一）切合实际，以学生为本

新课程标准注重把学生的情感列为课程目标之一，然而不同程度、不同性格学生的需要存在着差异，这就要求教师在进行课堂导入时要让不同层次的学生都有用武之地。不能为了导入而导入，脱离学生的实际情况。

（二）把握导入教学时间

导入仅是一个"引子"，而不是内容铺开的讲授，故导入时间不宜过长，一般以 3~4 分钟为宜。导入语要力求简短明了，切忌冗长拖沓。我们要时时刻刻提醒自己：课堂导入方式的目的只是为了想方设法让学生快速集中注意力，激起他们强烈的求知欲，绝不是为了作秀和摆花架子。

（三）避免乏味性

课堂教学是师生的双向活动，教师在导入中要考虑如何调动学生积极参与，教师只管自己唱独角戏而不顾学生的听讲情绪，导入就失去意义。教师与学生应多进行交流，交流包括眼神、面部表情、身体语言等，尤其是眼神与语言两者需配合进行。切忌学生回答问题遇到困难时，教师流露出失望的表情，哪怕是皱皱眉头，都会给学生带来负面的影响。

三、导入技能的应用策略

创设一个良好的开端是整个体育课教学过程中的一个很重要的环节，也是教学步骤、教学方法中不可缺少、需要加以研究的一项重要内容。导入的方法有很多，教师应选择恰当的导入方法，设计课程的导言，使教师的"开场白"能够将学生的注意力吸引到一个特定的学习任务或学习程序上去。要达到这种效果，就应努力做到以下几点要求。

（一）导入要明确目的、紧扣教材

导入方法的选择和设计要从课堂教学的目标出发，要有明确的目的性，使之为实现教学目标服务。所设计的导入一定要具体、简洁，尽可能用少量的语言说明学习的内容、意义和要求。通过不同的导入方法，使学生明确本次课程的学习内容和学习目的。同时，为了使学生确立为什么要学和应怎样学等，导入方法的选择和设计还要紧密地同教材相结合，不能脱离教学内容，应使导入充分体现新的教学内容和特点，并能将学生的思路引入将要学习的新知识的情境中去。

（二）导入要引起兴趣、激发动机

导入方法的设计应具有艺术性，应以新颖活泼的面貌出现在学生面前，增强导入的吸引力和艺术感染力，最大限度地引发学生的兴趣，提高他们的学习动力，引导和促进学生接受新教材，主动学习新教材，创造轻松愉快、生动活泼的学习气氛。但也要防止华而不实，单纯追求新异刺激，脱离教学内容的错误倾向。

(三) 导入要集中注意力、启发思维

导入方法的设计应对学生将要学习的教学内容具有启发性。要通过导入拓宽学生的思路，引起认知冲突，促进学生的注意力高度集中到将要学习、将要解决的问题中去，激发学生产生寻求解决问题的强烈愿望，发挥学生的思维能力，充分体现学生学习的主体作用。

(四) 导入要形式多样、引入自然

导入的形式和方法很多，教师在应用时应根据教材和教学内容的特点，学生的认知水平、心理状态、精神面貌等灵活运用不同的导入方法，不可千篇一律。在设计导入方法时，既要做到新颖、别致、精彩、吸引人，又不能牵强附会，更不能哗众取宠，应使导入自然地与将要学习的教学内容相吻合，自然地过渡到学习中去，为整体课堂教学服务。

第四节 导入技能的训练与评价

课堂导入技能训练与评价环节有两项主要任务：一是使受训者能把备课时的设想和对课堂导入技能的理解，通过微课堂实践表现出来；二是受训者还能对自己或他人的课堂导入技能运用效果进行客观的评价。要求指导教师与受训学生共同努力，准确记录，认真做好反馈交流与客观评价工作。

一、导入技能训练的教案示例

根据微格教案设计的要求，导入技能微格教案示例见表 8-1。

表8-1　导入技能微格教案示例

训练技能：<u>导入技能</u>　授课内容：<u>双手投掷实心球</u>　授课教师：＿＿＿＿＿＿

技能训练目标	1. 能熟练运用恰当的导入类型 2. 通过实际训练，掌握导入技能				
教学目标	1.70％的学生能掌握双手投掷实心球的基本动作 2.80％的同学能熟练掌握"满弓动作"				
时间分配	教师教学行为	应用技能与要素	学生学习行为	组织教法	
1分钟 30秒	教师利用自制的弓箭做拉弓射箭的动作，第一次稍微拉开弓箭、第二次用力拉开几乎成满弓，之后问学生"这两次拉弓哪次箭射得远？为什么？"	利用直观演示导入方法	学生统一回答，"第二次射得远"	××××× 〇 ×××××	
3分钟	教师再拿出双手头上前抛实心球动作图片问，"同学们，请认真观察图中投实心球的动作， (1) 弯曲的身躯像什么？ (2) 为什么要做成这样？"	利用实验演示导入方法	学生观察图片思考后，很快会想到"弓"，也会想到"弓"拉得越开射得越远，从而理解"满弓"的作用	××××× 〇 ×××××	
4分钟 30秒	教师又问，"我们如何把实心球投得更远？"	通过两个问题的导入，点明本节课的学习内容是"双手头上前抛实心球'满弓动作'学习"	学生通过前两个问题的提示，很容易想到"人的身体形成满弓姿势"投得更远	××××× 〇 ×××××	
指导教师意见					
课后自我分析					

注：本教案为微格教学参考教案，时间按每部分内容累加计算，根据教学内容、技术特点等需要可以适当调整。

二、导入技能的评价与反馈

教师和学生可以参考表 8-2 评价指标,对导入技能的学习和训练进行评价。

表 8-2 导入技能微格训练评价表

授课教师_____教学内容_____日期_____

请仔细观察授课教师的教学行为和学生的反应,然后填写评价表,在恰当等级打"√"。

项目	评价内容	权重	赋分值	
1	导入自然,衔接恰当	0.10	优	90~100 分
2	导入目的明确,针对性强	0.20	良	75~89 分
3	导入内容和方法选取合理	0.20	中	60~74 分
4	能引起学生注意和兴趣	0.20	差	60 分以下
5	导入时间恰当,安排紧凑	0.10	注:参照权重比例计算最后分值,根据各项指标得分相加得出最终结果	
6	教态自然,语言清晰,富有感染力	0.10		
7	面向全体学生	0.10		
最终评价结果:在相应□后打√ 优□ 良□ 中□ 差□				
您的意见和建议:				

注:本表根据施小菊著《体育微格教学》改编。

思考题

1. 导入技能的含义是什么?
2. 导入技能的功能及构成要素有哪些?
3. 举例说明导入技能的类型及运用方法。
4. 导入技能的运用原则与策略是什么?
5. 选取某一教材某一部分,编写一份 10 分钟的教案进行微课训练。

第九章　提问技能

实训目标

1. 理解提问技能的含义及功能；
2. 理解提问技能的要素及类型；
3. 掌握提问技能的方法及运用策略；
4. 能够在微课教学实践中较好地运用提问技能。

新课标倡导学生采用自主、合作与探究的学习方式，要求学生在教学活动中通过自主思考、合作学习和积极探索等方式形成学生的创新意识和创新能力，促进学生的全面发展。要实现这一目标，离不开课堂教学中教师的有效提问，教师的提问技能是教师的一项重要教学技能。

第一节　提问技能概述

提问技能是教学活动中与学生交流的一种方式，同时也可以去检测学生是否在课堂上转移注意力，同学在做出回答时教师应给予一定的鼓励，从而促进学生在课堂上的参与度。本节也介绍了提问技能的构成要素，教师在体育教学中要合理运用，活跃课堂氛围，从而能够有效地完成教学目标。

一、提问技能的含义

提问技能是教师根据教学需要提出问题，以及教师对学生的回答做出反应，有利于促进学生参与学习，了解学生的学习状态，启发思维，使学生理解和掌握体育知识、技能、发展能力的一类教学行为方式。提问是教学活动中教师和学生之间常用的一种相互交流的教学方式。提问包括教师的询问，学生对教师询问的反应、回答，以及由此而来的教师对学生反应、回答相应处理等一连串事项的过程。

二、提问技能的功能

教师的提问可为学生提供一个表现自我的平台，让他们展露才华、发表见解、陈述观点，还能锻炼口头表达能力和语言组织能力。无论是学生答问还是质疑，都可培养其思维能力、口头表达能力，可以起到强化信息传输、评价学生学习情况、调控课堂教学进程、沟通交流师生感情的作用。因此，提问技能具有反馈、评价、激励、调控、强化等多项功能。

（一）教学成功的基础

提问所涉及的问题是教学内容的要点，是组织教学的开端，是教学进程中转换的"关节"，是学生学习过程的思维活动中重要的"激活"因素。教学过程就是要激发学生生疑，这样思维才能进入活跃状态。

（二）激发学习的动机

提问可以赋予学生学习的动机，使学生有目的地接触问题，提高学习、思考的主动性。学生在学习中，如果对面临的问题能够独立地找到答案，就会感到愉快和兴奋。因此，提问不仅是课堂上的一种智力调动行为，而且是启发非智力因素的一个重要手段。

（三）集中学生的注意力

提问具有定向作用，可以集中学生的注意力，使学生把注意力集中在某一特定的动作技术概念或知识要点上，使他们获得充分思考、消化这些概念、知识的机会。教师还经常运用提问来终止学生课堂上的私语，使学生的注意力始终指向教学活动。所以，提问还具有维持教学秩序，使教学得以顺利进行的功能。

（四）积极参与学习过程

提问还给学生提供了一个发表自己意见和见解的机会，往往一个问题可以为几个或十几个学生发表意见或见解创造机会，这对于鼓励学生积极参与，促进师生间、学生之间的相互交流都起着积极作用。

（五）了解学生学习情况

教师通过提问可以了解和掌握学生学习的基本情况、了解学生已有的体育知识和运动技能、了解学生对课堂上所传授的体育知识、动作技术概念是否理解及理解程度、了解学生对体育课程学习的心理状态等。提问还有利于对阻碍学生技术动作掌握的因素是什么进行诊断，查明原因以便纠正。

（六）培养分析和解决问题的能力

提问能够培养学生对所学内容从不同角度进行思考，使学生将自己掌握的科学文化知识运用到体育学习的实际中去，用科学的理论与方法解决体育运动中的实际问题，提高学生思维的灵活性和敏捷性。学生通过回答问题，加深对所学知识的印象，提高学生分析、归纳、概括的能力。

三、提问技能的构成要素

提问技能是一个科学的系统，它由以下要素构成，见图 9-1。在体育教学中，巧妙地运用这些要素能提高提问的质量，促进教学目标的达成。

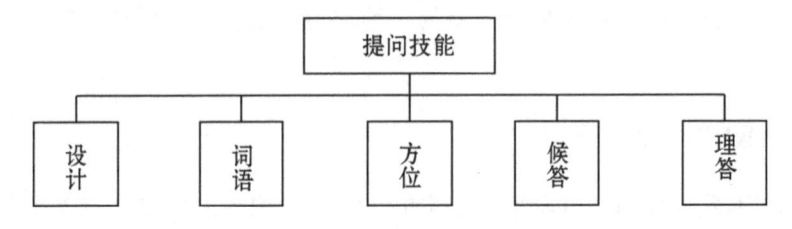

图 9-1 提问技能的构成要素

（一）提问的设计

随意的、灵机一动的提问不是好的提问。教师课上的提问应是课前根据教学内容及学生的认知水平，为实现课堂教学目标而精心选择、设计的一个连续的、由浅入深、目的明确、包含各层次问题在内的提问。各类问题的提出应遵循循序渐进的原则，认知、记忆性问题为先；推理性问题次之；创造性及评价性问题最后提出。

（二）提问的词语

提问要注意语言的品质。语言应清晰，速度应缓急适度，措辞言简意赅，专业术语的运用应符合学生的知识水平。问题的措辞必须指明思考的前提和方向。

（三）提问的方位

提问应使全体学生都能够清楚地听到，教师应选择面向全体学生的适宜位置提问。如果提问要伴随示范、图解、试验，教师应选择便于全体学生能够观察的方位。

（四）候答技巧

候答是指从教师发问或指名回答问题到学生回答完问题的这段时间。教师在提出问题后，应注视着学生，一直保持着视线的自然接触。师生双方都可以通过对方的眼神了解更多的东西。学生对教师的眼神是很敏感的，通过教师的眼神和目光的注视方向，学生即可以判断自己在回答时教师是否在认真听取；回答是否能被接受，是否能够被理解等。教师在候答过程中，眼神运用得当，还能起到激发学生、鼓励学生继续说下去的作用。教师在候答时适宜的眼神，可以表示教师对学生回答的关注和兴趣。如果学生在回答教师问题时，教师却看着毫不相干的事物，或者东张西望，目光散漫，这种眼神对学生的回答只能起到消极的作用。

学生回答问题时，教师要态度认真地倾听。所谓"倾听"学生的回答，就不仅仅是随便的听听而已，而是要真正听出学生所讲述的事实、所体验的情感、所持有的观点等。在倾听的过程中，如果学生发生语塞或表达不清时，教师还可以用"你是不是想说……"等语言的引导来鼓励学生完成回答。这样的倾听表明了教师对学生回答的关心和重视的态度，有利于促进师生间的交流。

（五）理 答

理答是指教师对学生的回答所做的最后处理。教师对学生回答进行修饰和评价有多种形式。如直接评论，即直接评价正确答案，表扬和鼓励；直接纠正错误答案，批评或指出错误。在理答中，教师一定不要只接受自己期待的答案，应允许学生有自己的观点。如果教师只是用已经定式了的"标准答案"去衡量学生的回答，会阻碍学生积极的思维活动，影响课堂活跃的氛围。

第二节 提问技能的类型

提问技能的类型分三大类，即目标分类水平的提问、开放性与闭锁性提问和其他类型的提问。

一、目标分类水平的提问

教育心理学家布鲁姆根据认知领域的六个主要层次将教师的提问划分为：知识水平的提问、理解水平的提问、应用水平的提问、分析水平的提问、综合水平的提问和评价水平的提问。下面将对这六种水平的提问逐一举例说明。

（一）知识水平的提问

该提问的目的主要是要求学生通过回忆，陈述已学过的知识、概念、动作方法、技术关键以及一个事实等，强化学生对已学知识的记忆。

案例：

篮球运动起源于哪个国家？跳远技术的四个组成部分是什么？何谓"极点"等。学生对这类提问的回答无须做过多的思考，只需要能通过回忆将已学的知识复述出来即可。因此这类提问从认知角度上看，它属于低级提问。

（二）理解水平的提问

理解水平提问的主要目的是要求学生用自己的语言，解释、比较或说明一个事实，描述技术动作的要点和过程，了解学生对学习内容的理解程度。

案例：

谁能解释排球垫球技术插、夹、提的含义？为什么关节扭伤后要立即冷敷？剧烈运动后为什么不要马上静止下来？对于这一类问题，学生在回答表述中没有固定的标准模式，只有在理解的基础上通过自己的语言，将教师所传授的知识进行重新组合，才能获得圆满的答案。因此，这类提问属于较高级的提问。

（三）应用水平的提问

应用水平的提问其主要目的是要求学生应用已学过的知识、规则和技能，在尽量少的指导下，解决新的问题。

案例：

如果有人想通过运动的方式来达到降低体重的目的，你会推荐他进行什么性质的运动？如果篮球比赛距终场还有最后10秒钟，本方虽控制球，但比分落后3分，在这种情况下你将怎样组织进攻？如果有人在炎热的运动场上晕倒，你将如何处理？学生面对这类问题，就必须应用已学过的知识，根据问题情境来寻求正确的答案，解决面临的问题。

（四）分析水平的提问

分析水平的提问属于高层次提问。该提问的主要目的是让学生通过各种依据、理由，对各种事实、现象进行解释和推论。在回答分析水平提问时，要求学生识别条件与原因或找出条件之间、原因与结果之间的关系。因为所有的高层次提问都不具有现成的答案，所以学生必须思考，寻找根据，进行较高级的思维活动。

案例：

甲在 30 米跑测验中成绩比乙好，但乙在 100 米跑测试中成绩又好于甲，在短期的训练时间里，怎样安排训练来提高甲、乙的运动成绩？为什么长时间持续进行脑力劳动会感到头晕，工作能力下降，此时参加体育活动有什么好处？

（五）综合水平的提问

综合水平的提问旨在通过学生的创造性思维，综合所学的知识、技能，创造一个新的设想或新的运动方式。综合水平的提问一般多用于体育理论课考试或理论课课堂提问。

案例：

根据你所掌握的体育知识，谈谈体育活动与学习的关系？假如运动前不做准备活动或准备活动不充分，将对人体产生什么不良后果？如果在排球比赛中，对方身材高大，占据了网上优势，但移动不灵活，你如何确定进攻战术？这些问题对于激发学生独立思考，发挥他们的想象力和创造力都起着积极的作用。

（六）评价水平的提问

评价水平的提问的主要目的是要求学生对一些观点、看法、动作技能，联系自己学过的知识、运动感受，有根据地进行判断和评价。在回答评价水平的提问时，学生不仅要对所涉及的问题进行判断和评价，而且要充分说明判断和评价的依据及理由，清晰地表达自己的见解。

案例：

你认为进行发展肌肉的力量练习会使人发胖吗？为什么？你喜欢体育课吗？为什么？你觉得××同学的观点对吗？为什么？

二、开放性与闭锁性提问

在课堂教学中，教学提问的方式决定了学生回答的内容。因此，教师为了达到提问的最终意图就要选择特定的提问方式。提问的基本方式分为两种，即开放性提问和闭锁性提问。

（一）开放性提问

开放性提问属于高级认知性提问。这种提问不限于一种回答，需要学生通过思考找出问题的答案。开放性提问经常以包括"什么""怎样""为什么""能"等词语在内的语句发问，让学生对有关问题给予较为详细的反应。而不是仅仅以"是""不是""对""不对""好""不好"等几个简单的词语来回答。这样的问题是引起学生回答的一种方式，使学生能够更多地讲出对有关问题的想法、认识和情绪等。

案例：

（1）以包括"什么"词语在内的问题，可以帮助教师找出某些与问题有关的特定的事实材料。如"当做股四头肌静力牵张练习时，髋关节屈，股四头肌会有什么反应？"

（2）与"为什么"有关的提问，其任务通常是要找出学生对某一学习任务所持的看法、做法和情绪等的原因。如"为什么生命在于运动？"与"为什么"有关的提问可能会得到多种较为具体的解释与回答。

开放性提问给学生的回答以较大的自由度，虽然开放性提问可能会得到不同的答复，但通过这类提问，教师可以对学生的认识、理解、掌握的程度获得进一步的了解，以便以此为依据来决定教师的教学策略。使用开放性提问时要注意发问前要建立良好的师生关系，提问时要注意语气、语调，以免显得过于咄咄逼人。

（二）闭锁性提问

闭锁性提问属于低级认知性提问。这种提问的回答多数只限于一种，即单纯的肯定或否定。学生只需要按照自己的记忆和判断回答即可，不需更加深入的思考和表述。教师采用闭锁性提问能很快得到某些特定的信息，免去了其他许多不必要的回答。这类问题的特征就是可以用"是""不是""有""没有""对""不对""知道""不知道"等简短的词语给予回答。

案例：

"野马分鬃动作之间有没有停顿？""非传染性疾病的发生是否与不良的生活方式有关？""'喝凉水也会发胖'这句话对不对？""知不知道100米竞赛起跑是几个口令？"

这类提问在课堂交流中具有收集信息、澄清事实、缩短回答时间，使交流集中在某些特定问题上等功效。教师应用闭锁性提问一定要适度，不要在课堂教学中过多地使用。

三、其他类型的提问

除了上述两类提问以外，还有根据问答的对象变化将提问分为：教师自问自答、教师问学生答、教师指定学生答、学生问教师答等。还有学者按课堂教学顺序和环节将提问划分为：新课导入式提问、讲述过程中的提问、内容总结式提问。按提问的目的及要求将提问划分为：引发性提问、巩固性提问。提问的分类形式有很多，侧重点也有所差异。

在体育教学实践中，无论采用哪种类型的提问，只要教师问得灵活、恰当解答、准确无误，就可以有效地启发学生的思维，有利于知识的掌握和巩固。在我国体育教学中，教师对提问在教学过程中的地位和作用的认识还不到位，即便课上有提问，也都倾向于提一些认知水平的问题。因为认知水平提问中的内容是熟悉的，信息是知晓的，教师好提，学生易答。在体育教学中运用其他水平的提问较少，不利于发展学生的智力因素，培养学生分析问题和解决问题的能力，对学生创造性思维的发展不能起到积极的促进作用。因此体育教师要不断提高提问技能，进一步提高课堂提问的数量和质量，以求达到提问在教学过程中的最佳效果。体育教师在教学过程中，应充分运用提问技能来促进师生间的相互交流、启发学生积极思考、激发学生积极投入到教学内容中去。

第三节 提问技能的运用

提问技能是教学活动中与学生交流的一种方式，同时也可以去检测学生是否在课堂中转移注意力。同学在做出回答时教师应给予一定的鼓励，从而促进学生在课堂中的参与度。教师在体育教学中要把握好提问技能的原则、技巧和策略。

一、设计提问的基本原则

在体育教学中，提问实际上是一个非常复杂的问题。教师应在课前根据教学目标、教学内容，设计和组织课中要提的问题，明确提问的方式和目的。知道提问的重要性固然很重要，但如果不去精心地设计提问，对学生就没有什么意义了。

（一）提问的应有价值

对问题应该精心选择，将与教学内容意义不大的提问尽量控制在最小限度内，以免浪费时间。

（二）提问的内容应符合学生的年龄特点和知识水平

在学生已有知识和经验能够理解的范围之内，使学生感到能够回答并产生愿意思考的积极态度。

（三）提问时所应用的语言应该精练、易懂

专业术语的运用应符合学生的知识水平，同时应注意抽象和具体的程度。

（四）把握好问题的难易程度

要考虑多种水平的提问，低水平的提问和高水平的提问相结合，一般问题和重点问题相结合。在确定所提的问题后，应能够预想到学生可能的回答以及教师

的处理方法。

（五）提问时提示语言的应用

在一些较难的问题中应包含一定的提示，以便启发和引导学生进行回答。

按照授课的顺序和内容有计划地把提问及对学生的回答处理纳入教案中，把握好提问的时机。

二、提问的技巧

提问涉及教师的询问，学生对教师询问的反应、回答和教师对学生的反应、回答的处理这样一个完整的过程。教师在这一过程的各种活动中采用的技巧和策略对师生间的交流是否能正常地进行起着很重要的作用。提问有一定的技巧，而这些技巧通过训练是可以掌握的。提问技巧运用得好坏，对师生间的相互交流能否正常进行起着重要的作用。在向学生提出问题时应考虑和运用下列技巧。

（一）集中注意力

教师的提问是要求学生做应答。因此，在提问前必须集中学生的注意力。教师可通过适当延长提问前的时间，甚至保持一定时间的沉默，来唤起和集中学生的注意力。教师还可通过手势、音调、音量的变化等来吸引学生的注意力。

（二）创造和谐的课堂气氛

学生的心理因素和教学气氛对学生回答教师提问的态度起着重要的作用。为了创造一个轻松和谐的教学气氛，使学生保持良好的兴奋状态，教师应采取与学生一起思考的表情或探究的口气提问，而不是采用强制回答的语气和态度来提问。例如，教师可采用"这是为什么呢？""谁能告诉我们答案呢？"

（三）不要重复提问

一般在提出问题后不要再重复已提的问题。因为在重复问题时，往往词语上会发生微小的变化，导致与开始所提的问题意思不能保持完全一致，容易使学生的思考中断或引起思维混乱。

(四) 不要自问自答

如果教师自问自答的目的不是为了承前启后或是作为引言来开始新的授课内容的话，教师最好不要自问自答。代替学生回答，不利于培养学生独立思考问题的意识和解决问题的能力，也就失去了提问的意义。

(五) 提问后要保持沉默

教师提问后应习惯于保持一定时间的沉默，有意识地给学生留出思考和组织语言回答问题的时间。

有意识地指定学生对提问进行回答。这种定向的提问必须是建立在教师仔细观察学生的基础上做出的决定，而并非随意指定任何学生。

三、候答的策略

候答是指学生从回答问题开始到结束的一段时间。教师运用候答策略得当，有利于鼓励学生充分发表自己的见解与观点，同时也是教师为下一步处理学生回答收集信息的过程。

教师必须认真听取学生的回答，并通过表情和眼神鼓励学生继续说下去。教师在听取学生回答时也可采用不同的策略。仔细地听，掌握学生回答的要点；边听边整理，将学生回答的内容进行分类；有目的地听，寻求特定的答案内容；探求地听，获得学生回答的言外之意。

一般不要重复学生的回答，如果学生的回答清楚了，再重复就毫无意义，也会妨碍其他学生的思考。有时为了使其他学生听清楚或加深其他学生对回答的印象，有意识地重复也起作用。

对学生的回答进行适当的提示和补充，特别是当学生回答不完全或出现语塞时会较为理想。

第四节 提问技能的训练与评价

本节主要介绍提问技能教案示例和评价反馈,通过这两种技能,可以更好地反馈出课堂中存在的问题,便于在今后进一步完善课程设计。

一、提问技能微格训练教案示例

根据微格教案设计的要求,提问技能微格教案示例见表9-1。

表9-1 提问技能微格教案示例

训练技能:提问技能　授课内容:运用空间进攻与防守　授课教师:_____

技能训练目标	1. 理解掌握空间进攻与防守技术 2. 适时提问,强调空间进攻与防守技术重点			
教学目标	1. 理解提问的原则和运用要求 2. 能熟练选用恰当的提问类型 3. 通过实际训练掌握提问技能			
时间分配	教师教学行为	应用技能与要素	学生学习行为	组织教法
2分钟	1. 球类游戏(两人一组比赛) 规则:学生两人一组,以任何方式使球落在对方界内得1分 2. 教师提问:你会以什么方式使球落在对方界内?怎么做才可以? 3. 教师评价:大家做得很好,现在要求大家必须使用直手抛球,若球落在对方界内算得分;而防守一方必须在腰以下接对方来球	学生回答并练习:"踢、头顶、连续打"等 学生练习	应用水平提问	××××× ××××× ○

续表

时间分配	教师教学行为	应用技能与要素	学生学习行为	组织教法
3分钟30秒	1. 提问：怎样抛球更容易得分？ 2. 提问：怎样才算空位？除了空位外，还有其他方法吗？	1. 学生回答：空位 2. 学生练习并思考	分析水平提问	××××× ○ ×××××
5分钟	1. 提问：现在场地的形状改成窄形，其他规则如前，你们如何抛球才可以制胜？ 2. 提问：将球抛往哪里才算空位？是前还是后？ 3. 提问：除了空位，还有什么方法？ 4. 提问：怎样才算快？	1. 回答：空位 2. 回答：视对手位置而定 3. 回答：抛球要快 4. 回答：接后即抛，使对手疲于奔命 学生以"空位"及"快"练习	台阶提问	××××× ○ ×××××
6分钟30秒	1. 提问：现在场地的形状左右距离增加，前后距离缩短，其他规则同前，怎样做才可以制胜？ 2. 提问：如果球不着地，对方可以得分吗？怎么做才可以令对方的球不着地？ 3. 提问：什么是有效的跑位？跑位前哪里是有利位置？	1. 回答："空位"及"快"，应以"空位"及"快"的战略在阔短形场地比赛 2. 回答：不能得分。如果要使对方球不在我们场地着地，我们必须通过"跑位"把球打回 3. 回答：跑到一个位置可以接到对方的来球才是最有效的跑位，短及阔的场地中央是有利位置 学生练习	应用水平提问 综合水平提问 （于练习中提问）	
7分钟30秒	提问：防守的要诀是什么？	回答：反应快及跑位前站在场地中间 学生练习	理解水平提问	
指导教师意见				
课后自我分析				

注：引自廖玉光著《球类教学领会教学法》。

本教案为微格教学参考教案，时间按每部分内容累加计算，根据教学内容、技术特点等需要可以适当调整。

二、提问技能的评价与反馈

教师和学生可以参考以下评价指标，见表9-2，对导入技能的学习和训练进行评价。

表9-2 提问技能微格训练评价表

授课教师_____教学内容_____日期_____

请仔细观察授课教师的教学行为和学生的反应，然后填写评价表，在恰当等级打"√"。

项目	评价内容	权重	赋分值	
1	提问目的明确，问题内容与难度符合教学目标和学生的认知水平	0.10	优	90~100分
2	问题表达准确、清晰，运用不同水平的问题启发学生思考	0.20	良	75~89分
3	提问时机恰当，停顿掌握得当	0.20	中	60~74分
4	有必要、恰当的探查与提示，引导学生思考、解答	0.20	差	60分以下
5	面向全体学生，使不同水平学生都能参与教学	0.10	注：参照权重比例计算最后分值，根据各项指标得分相加得出最终结果	
6	对学生回答做出适时、恰当的反应，教师及时进行评价	0.10		
7	小结解决问题的思路和方法，给出明确的答案或结论	0.10		
最终评价结果：在相应□后打√　优□　良□　中□　差□				
您的意见和建议：				

注：本表根据施小菊著《体育微格教学》改编。

思考题

1. 提问技能的含义及功能是什么？
2. 举例说明提问技能的要素及类型有哪些？
3. 提问技能的常用方法及运用策略是什么？
4. 选取某一教材某一部分，编写一份 10 分钟的教案进行微课训练。

第十章 讲解技能

实训目标

1. 了解讲解技能的含义及功能；
2. 初步理解讲解技能的要素及类型；
3. 初步掌握讲解技能运用的基本要求；
4. 能够在微课教学实践中较好地运用动作示范技能。

对一名体育教师课堂教学最基本的要求是"三会"，即会讲解、会示范、会组织。讲解是教师向学生传授体育知识、技术、技能的主要方法之一。如果一个教师在教学中概念讲不清，动作要领说不明，重点难点抓不住的话，会大大降低他的教学效果与质量，甚至难以达成课堂目标。

讲解技能是教师运用语言的一门艺术，它不是天生就有的，而是后天反复学习——实践——反思而逐步形成的。因此，教师特别是青年教师要重视后天教学讲解技能的训练与培养。

第一节 讲解技能的概述

讲解技能是体育教师的基本功。讲解可以使学生了解体育课的目的、任务、教学目标、动作名称、练习方法及要领，帮助学生明确学习目的、掌握学习内容与方法，培养学生终身锻炼身体的意识。在体育教学中，很多体育知识、技术动作原理需要通过教师的讲解，学生才能更好地理解它和牢固地掌握它。因此，讲解可以说是体育教师的核心教学技能之一。

一、讲解技能的概念

讲解技能是教师运用语言辅以各种教学媒体，向学生传授体育知识、技术和技能，引发学生思考促进学生的智力和体能发展的教学行为方式。讲解的实质是通过语言对知识的剖析和揭示，剖析其组成要素和过程程序，揭示其内在联系，从而使学生把握其实质和规律。

讲解是课堂教学中运用最多的一种教学技能，随着现代教育技术手段越来越多地进入课堂，讲解技能运用于课堂教学更加广泛。讲解以"教师讲，学生听"为基本特色，充分发挥教师的主导作用，传递知识系统、集中，使学生在短时间内获得较大的知识量。

口语表达是讲解的一个条件，但不等于讲解，讲解技能在于组织结构和表达程序，为实现教学目标而采用特定的、较高层次的语言手段。

讲解的优点是省时、省力。由于教师的精心组织，信息传输的密度比较高，就某些知识而言，减少了学生的盲目性。

讲解的主要缺点：一是学生处于被动地位，不能解决师生互动交流问题，影响学生创造性品格的发展；二是学生只听不练，学生无直接感知体验，学生的记忆效率不高。

在教学中，实现教学目标往往是多个技能的综合运用，讲解技能要与其他教学技能相配合，综合应用，才能构成完整的课堂教学的有机整体。

二、讲解技能的功能

通过生动形象的语言与不同形式的讲解，可以将已知与未知的知识联系起来，充分体现教学过程内在的逻辑性、系统性、科学性和启发性。讲解是体育教学中运用最主要的一种方法，也是发挥教师在课堂上主导作用的重要途径。

(一) 传授知识，解难释疑

讲解技能运用的首要目的是传授知识。通过教师的讲解，把知识准确、清晰地呈现在学生面前，引导学生在原有知识结构的基础上，了解、理解并进一步掌握新知识。讲解的作用就在于使学生理解新知识。

教师在讲解的过程中不失时机地强调重点、科学引导，能给学生留以深刻的印象，继而清晰、牢固地掌握重点与难点。教师精练生动的讲解，往往能使学生茅塞顿开。

(二) 引导学生，启发思维

通过讲解，引导学生进行体育知识、技术及练习方法的思考。讲解不能是为了讲解而讲解的灌输式教学，讲解要重视引导思维、发展思维、开发智力目标的实现。当然要实现上述目标，教师在设计讲解时要深钻教材，把握知识的重点、难点，同时要分析把握学生的学习现状和课堂心态，努力使课堂讲解的内容符合学生求知渴望，在已知和未知之间为学生架起思维的桥梁。

(三) 激发学生学习兴趣和学习动机

讲解技能是教师应具备的重要的教学技能之一，有经验的教师是十分重视讲解的。他们将熟练的语言技能与其他技能有机结合起来，把对知识、技术动作的理解和演示，对错误动作的观察发现与诊断矫正方法等融入生动和有效的讲解之中，能唤起学生对所学知识和教师动作的浓厚兴趣，激发他们学习的主动性，并逐渐形成志趣。

(四) 传道育人，培养品质

德育目标与讲解内容是水乳交融的，给学生的影响是潜移默化、润物无声的。讲解中，教师结合教学内容通过讲解传达思想情感，并对学生进行思想教育和综合人文素养教育，可以激发学生对真、善、美的追求，培养他们良好的道德品质和行为规范、高尚的审美情趣、正确的思维方法，帮助他们养成良好个性品质和学习习惯，保持健康的心理，塑造健全的人格。

三、讲解技能的构成要素

讲解的构成要素是一些典型的课堂教学行为，这些典型的教学行为是在理论的指导下，经过实践证明对实现教学功能是有效的和不可缺少的。讲解技能是由清晰的结构、规范的语言、典型的例证、科学的连接、恰当的强调和及时的反馈等要素构成，见图 10-1。

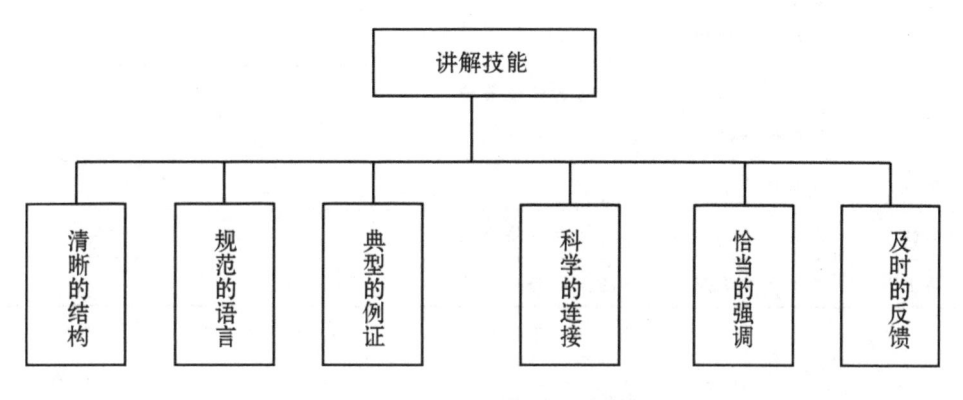

图 10-1　讲解技能的构成要素

讲解效果的好坏受以上诸要素的影响。因此，教师必须正确认识理解和掌握讲解技能要素变化的方法和规律，针对学生的实际情况，正确合理、灵活熟练地运用这些要素，才能提高教师讲解的水平。

（一）清晰的结构

讲解的结构应包括讲解的内容选择、设计、讲解顺序的编排和讲解重点的确定，形成清晰的框架，以便讲解的内容层次分明，条理清楚，重点突出，引起学生的兴趣和思考。在体育教学中，教师常安排学生做一些发展体能的练习，提高学生的体质健康水平。为了提高学生对体能概念的理解与认识，丰富学生锻炼身体的知识，掌握发展体能的方法，提高学生锻炼的主动性和自觉性，教师要经常讲授这方面的理论知识，如何确定讲解结构呢？下面以体适能为例，谈谈如何设计讲解框架。

案例：

讲解体适能的内容设计

一、选择讲解的内容

第一层	体能的概念 健康体能的概念 竞技体能的概念
第二层	健康体能与竞技体能各自的构成要素 健康体能与竞技体能的区别与联系
第三层	健康体能锻炼的基本原则
第四层	发展健康体能各构成要素的方法手段
第五层	健康体能锻炼应注意的事项与安全措施

二、讲解内容的顺序和重点

（1）什么是身体健康？其与体适能是什么关系？导入体适能。

（2）解释概念：①什么是体适能？它有哪两种分类？②健康体适能及其构成要素？③竞技体适能及其构成要素？

（3）区别与联系：①健康体适能与竞技体适能的区别与联系？②不同年龄的普通人群和不同水平运动员对发展健康体适能与竞技体适能的比例如何安排？

（4）健康体适能锻炼的基本原则：①什么是经常性原则？②什么是渐进性原则？③什么是负荷适宜性原则？④什么是安全实效原则？⑤什么是个体差异性原则？⑥什么是全面协调性原则？

（5）锻炼方法：①运动量度、运动强度、运动时间、运动频率如何安排？②运动项目如何选择？③发展健康体适能各个构成要素的方法手段？

（6）注意事项：①练习前如何进行必要的准备活动？②练习后如何教学必要的放松活动？③利用器械练习时，事先了解进行器械练习的操作方法及必要保护帮助的安全措施？

（二）规范的语言

语言是信息的载体，教师的讲解技能离不开语言，必须依附语言这个媒体使师生彼此交流信息、传递情感和掌握动作要领，达到讲解的目的。规范的语言要求讲解紧凑、连贯，语言准确、明白，语音与语速适合讲解内容和情感的需要。

讲解紧凑、连贯：一是讲解没有吞吞吐吐和"嗯""啊"等游移、拖沓的现象；二是没有语意分散、跳跃的现象。

讲解语言准确、明白：语言中的句子结构完整、普通话发音正确、用词准确。

语调与语速适中：讲解有节奏，语调、语速要适中，停顿不宜太长，重复不能太多。

案例：

在新授课中，教授一个技术动作时，教师常常采用分解慢速示范，同时配合慢语速讲解动作要点。以便学生把看和听紧密结合起来，有思考和理解的时间，可以取得较好的视听效果。

（三）典型的例证

举例说明是进行学习迁移的重要手段，例证能将熟悉的经验与新知识联系起来，是启发理解的有效方法。在讲解技能的运用过程中，教师常常采用实验、仪器测试的数据来说明一些规律、原理和概念；用生活实例和教训来说明一些道理和常识；用英雄的事例来教育学生。因此，构成讲解技能的使用例证要素是非常重要的。

案例：

为了加强学生的安全意识，防止意外受伤，并引起学生的高度注意和重视，教师常列举一些发生在身边的事情，作为例证来教育大家。如天津市一所著名中学，在一节体育课中，学生分成两部分，一部分学生进行铅球测验，另一部分学生进行排球练习。练习中，排球突然飞向铅球区，一位学生赶过去捡球，不料被掷出的铅球砸中脑部。所幸抢救及时，该学生脱离了危险，且没有留下后遗症。这样的教学事故使学生记忆深刻，更有说服力。

为使例证有效地发挥其教学功能，注意以下几个问题：
（1）举例内容恰当，能正确反应教学内容中的概念和原理；
（2）举例要通俗、形象直观，适合学生的认知水平；
（3）举例数量以获得新知识为原则，注重例证与原理之间的关系分析；
（4）动作概念的例证，宜以正面举例为主，慎重采用反面例证，以免产生负面效应。

（四）科学的连接

讲解结构的系列化关键问题和相应的阶段性目标之间不是彼此孤立关系，它们不仅有时间顺序而且还有逻辑意义的联系。在讲解的过程中形成连接，就是把前后讲解的知识、问题和动作要领紧密地联系起来，形成连贯完整的知识系统。

案例：

在健身跑教学时，教师应按以下顺序安排内容：首先，了解有氧运动的概念、意义和价值；其次，了解有氧运动锻炼的基本原则和安全注意事项；再次，在讲解的基础上进行比较典型的有氧运动实践，如1500米健身走、1500米跑、6分钟跑、9分钟跑等。最后，讲解心肺循环系统的评价方法及脉搏监控在评价中的作用。

这样，教师就把有氧运动的概念、意义、价值、锻炼原则、注意事项、运动实践及评价方法联系起来，使学生对有氧运动形成较完整的知识系统。教师的讲解前后呼应，不脱节，环环相扣，形成有机的连接。

（五）恰当的强调

强调是成功讲解中的一个核心成分。强调将重要的关键信息从背景信息中突出出来，减少次要因素的干扰，有利于学生形成正确的认知结构。在教学中，强调技术环节、动作重点、难点、易产生的错误动作、完成动作的标准、教学要求及注意的问题等，以引起学生的注意和重视，这是教师经常采用的讲解要素。

案例：

如田径的背越式跳高包括助跑、起跳、腾空过杆和落地四个技术环节。而助跑和起跳相结合技术是背越式跳高技术的关键环节，必须掌握好。所以教师在讲解时必须加以强调。

如在篮球进攻技术中，单手胸前传球技术的动作重点是传球瞬间在快速伸小臂的同时，手腕后屈，稍内翻，急促用力前扣；食、中、无名指用力拨球。体操技巧中肩肘倒立的动作重点是举腿升髋，教师要经常反复大声地强调，以便引起学生注意，帮助学生掌握好重点动作。

（六）及时的反馈

"获得反馈"就是指在整个教学过程中，教和学双方都能准确及时地获得对方的反馈评价信息。来自学生方面的反馈信息，可以使教师掌握学生对所学知识的兴趣、态度以及理解程度，及时调整教学部署、优化教学效果，更好地发挥教师的主导作用；教对学的反馈信息可以使学生强化正确、改正错误、明确差距、端正方向，更好地发挥主体作用。"教学相长"是反馈的结果，教和学双方互相反馈，互相推动，互相促进。课堂上各种因素的作用，所备的课、教师的预想，不可能完全符合实际。教师通过课堂上及时的反馈，可以及时对自己教学进行修正。

在体育教学活动的过程中，体育教师讲解的实施是讲解设计和内容的展现过程，也是教师主观意图的实现。一节课讲解得好坏不是只看教师讲授了多少信息，而是看学生接收到了多少信息，这就是主观与客观、讲解与效果的统一问题。因此，体育教师在课堂上应始终保持反馈信息传输的畅通，这样才能保证讲解的效率，提高讲解的质量和效果。

第二节　讲解技能的类型

教师讲解的最终目的是使学生能够接受、理解所学知识、技能。学生对教师的讲解是否能够接受及理解的程度除了受学生的能力、技巧、知识水平的制约外，在很大程度上还受教师选择的讲解方法的影响。讲解的方法或类型是多种多样的，每种讲解方法都具有它的特点。都具有不同的思维方式、语言组织和内在的特点。教师能通过运用某种讲解方法的特殊作用，作为向学生施加某种思想及动作技术概念的媒介。也可以成为了解探索并最终使学生掌握所学技术动作的渠道。

讲解技能，根据我国中学生教学的实际情况可分为描述式、说明式、推理式、问题中心式和行为中心式。

一、描述式讲解

描述式讲解指对形象、具体的客观事物及其变化过程进行科学的表述。描述式讲解可以使学生获得丰富的感性材料，因而有利于学生的感知和对事物的理解，促进学生形象思维的发展，有利于观察能力、思维能力的培养。

案例：

在篮球基本技术教学中教师对移动步法侧滑步动作的描述：两膝弯曲，两脚开立稍宽于肩。两手十指张开，手肘弯曲在体前。向左侧滑步时，右脚用力蹬地，左脚稍离地，向左滑步，右脚跟进。

在武术步法教学中教师对插步动作的描述：两脚左右开立，右脚提起，经左脚后侧横插一步，前脚掌着地，两腿屈膝，右腿蹬直，重心偏于左腿，两眼向左前方平视。

二、说明式讲解

说明式讲解是教师为了让学生较好地理解和掌握课堂知识，对有关材料做必要的补充、介绍和说明性讲解。在运用时要充分考虑学生的接受能力，只对情况做必要的介绍，对事情的来龙去脉做简洁的说明，要做到适度、适量，不宜做冲淡教学内容的发挥。

案例 1：

在田径教学中，教师向学生解释运动术语"步频"的说明性讲解：在走或跑的过程中，两腿在单位时间内交替行动的次数，是决定跑的速度的重要因素之一，其疏密主要取决于后蹬、腾空与前蹬缓冲时间的长短。

案例 2：

短距离跑属于无氧代谢的周期性运动项目，其最大的特点是用最短的时间发挥最高速度，完成一定（较短）距离的运动。在正式比赛中，主要包括 60 米、100 米、200 米、400 米；这些项目主要采用蹲踞式起跑。短距离跑的成绩主要取决于起跑的反应速度、起跑后的加速跑能力和最后冲线的能力。经常进行短距离跑的练习，对内脏器官、神经和肌肉系统的协调性以及提高机体在无氧条件下的工作能力都有明显的促进作用。

三、推理式讲解

推理式讲解是教师用周密严谨的逻辑推理方式，启发引导学生概括内容、推导结论或帮助学生分析某个技术动作的正确性的讲解方式。这种讲解作用于学生的抽象思维和理性思维，能较好地培养和训练学生的概括能力、综合能力、逻辑思维能力和分析论证的能力。它具有严谨的逻辑性、清晰的层次性和推理论证的透彻性。

案例：

教师在运用推理式讲解说明"后转身动作"的技术概念时，首先要使学生懂得"翻正反射"这一抽象概念。当人体头部的位置发生扭转时，会反射性地引起全身肌肉张力的重新调整，上体先翻正，然后腰骶部也跟着转过来。如果学生不知道翻正反射的概念，那么推理的大前提就不存在，教师就无法运用推理去讲解并得出后转身动作的技术概念。因此，教师在运用推理时，一定要考虑学生是否已经掌握作为大前提的抽象概念。其次，要使学生把从电视或其他传媒中观察到的人体转体的动作（跳水运动员的转体动作）、教师或学生的后转身示范动作与翻正反射概念联系起来。获得概念和观察所得的事实后，教师就可以进行从抽象概念到形成结论的推理实践。如对后转身动作的推理讲解如下。

大前提：人体具有翻正反射的机制。

小前提：后转身动作要求身体完全翻转。

结论：做后转身动作时，头必须领先转动。

四、问题中心式讲解

以解答问题为中心的讲解，是在教学中常用于对学生进行能力训练、方法探索、答案求证的讲解类型，它也属于高级类型的讲解。

问题中心式讲解的一般模式为"引出问题—明确目标—选择方法—解决问题—得出结果"。问题引出可以从各种事实材料中导出；明确标准就是明确解决问题的具体要求；选择方法就是对各种方法、策略进行分析比较，制定出最佳解题方法；解决问题要从证据、例证并运用逻辑思维方法来进行论证，最后得出结果。问题中心式讲解适用于重点、难点、智慧技能和认知策略的教学，通常配合提问、讨论等其他教学技能。

案例：

某教师在给初中一年级的学生教授篮球三步上篮动作时，先做了两个正确的动作示范，轻松准确地将球送进了篮筐，赢得了同学们一阵掌声。接下来教师并没有做进一步的讲解，而是问谁能够出列说一说三步上篮的动作要点，××同学说"一大、二小、三前冲";另一位同学则说"一大、二小、三高跳"。此时,教师表扬了两位同学敢于积极发言,并提醒同学们:下面我各做一次刚才两位同学所说的动作,请大家注意观察。于是教师先做了"一大、二小、三前冲"的三步上篮动作;教师提示再看下一个动作,又做了一个明显的"一大、二小、三高跳"的动作。大家比较一下,哪个动作正确,更有利于投篮?大部分学生说后一种,也有人说前一种,这时教师才开始进行更加详细的讲解,并分析比较了两种动作的区别,最后明确地告诉学生三步上篮的动作要领是"一大、二小、三高跳"。学生们这时才恍然大悟,纷纷跃跃欲试,饶有兴致地亲自体会起动作来。

五、行为中心式讲解

以训练学生的实际操作技能为中心的讲解,应用于教师结合示范和指导学生实际操作中。主要有:对操作原理的说明;结合示范的讲解,包括指示观察要点、分析示范操作、指导操作要领等;指导学生练习的讲解,包括纠正错误操作、向学生提供反馈信息、指导学生掌握动作之间的联系和协调等。

案例:

在某市的一所名校的公开课上,一位体育教师上初二的短跑课,准备活动后,教师开始教学生学习"蹲踞式"起跑动作,而蹲踞式起跑首先应该学习起跑器安装的方法。学生根据教师的讲解进行起跑器的安装,在学生安装起跑器的同时教师进行讲解,以锻炼学生的实际操作能力。

第三节 讲解技能的运用

教师掌握讲解技能之后,随之而来的就是如何根据教学目标、任务和内容的特点,并针对学生的实际情况,合理、灵活地运用讲解技能,真正实现讲解的功能与价值，提高课堂教学质量。

一、运用讲解技能的基本要求

课堂教学离不开讲解，教师讲解的过程，既是知识外化的过程，又是学生接受和理解知识的过程。学生对事物本质的认识程度，理解水平及实际应用如何，在很大程度上取决于教师对课堂教学讲解技能的运用。

（一）充分准备

成功的讲解来自教师课前的认真准备，认真备课是教师获得良好讲解效果的基础，教师课前要吃透教材，讲解内容要精选提炼，讲解的结构和层次要设计好，讲解的顺序要明确，教学的重点和难点要心里有数，力争做到循序渐进，承前启后，相互渗透，单元教学计划和教案中所设定的教学目标和任务要明确具体，配合教学内容选择适宜的讲解方式，确定关键的词语和术语，减少讲解语言的随意性。

（二）了解学生

讲解的有效性，首先要看教师对学生真实状态了解的程度，如学生的年龄、知识基础、健康状况、运动能力、兴趣爱好、是否遵守班风班纪等。教师对学生有充分的了解，讲解才会有的放矢，才具有针对性。了解学生有利于在设计讲解策略时，把讲和听、讲和想、讲和练与学生的实际情况结合起来，努力实现讲解的最佳效果。

（三）条理清晰

讲解的设计必须要有条理，如先讲什么，后讲什么；先讲再练，还是先练再讲；先提问再讲解还是先讲解再提问等。在不同的教学阶段，对不同的教学内容它们应该是不一样的。采用不同的方式可获得不同的教学目的，取得不同的教学效果。

（四）简洁精练

身体活动是体育教学的本质特征，精讲多练是体育教学的基本要求，因此，教师的讲解必须语言简洁，精练，信息传递清晰，层次分明，重点突出。烦琐的讲解容易被教师察觉，但不易改正，有必要进行有意识的训练。

（五）富于变化

讲解是传递教学信息的重要手段，但不是唯一的手段，也不是万能的手段，讲解只有与表示、动作示范、提问、身体语言等其他教学技能有机地结合，不断地变化、呼应，弥补讲解的不足，才能提高讲解的科学性、直观性、形象性、生动性和趣味性，收到理想的讲解效果。

（六）加强互动

教学过程是师生间定向的双边活动，"对牛弹琴"形象地说明了教学中师生互动的重要性。教师在讲解的过程中，要不断捕捉学生的反应，创造学生互动的学习情景和条件，最大限度地让学生参与教学过程，及时获得学生对教学的反馈信息，以便教师及时调节讲解内容、讲解方式、讲解速度，调整讲解的策略等。

（七）讲解要有其他教学技能配合

实践经验证明：没有一种教学技能是万能的，或孤立存在于教学之中的。讲解技能虽然是教学技能中的一种重要教学技能，但在教学中，教师在讲解时必须和其他技能密切配合，才能达到或超过讲解本身的教学效果。例如，在教学中教师讲解与提问相结合，可以加强教学反馈；教师讲解与示范相结合——边讲解边演示，可以提高练习效率等。教师在课堂讲解中的一个手势、一个微笑都可以起到意想不到的作用。因此，讲解要有其他教学技能的参与配合，才能达到应有的效果。

二、讲解技能的应用原则

讲解技能的构成要素是一些典型的课堂讲解教学行为，这些典型的教学行为是在理论的指导下，经过实践经验的证明概括提炼出来的。

教师在教学中，讲解技能水平的高低决定着教学质量的优劣，为了提高讲解技能的功能与价值，教师在体育教学中运用讲解技能应遵循以下原则。

（一）科学性、系统性原则

科学性原则要求教师将体育专业术语作为讲解语言的基本成分，用体育学专业术语解析体育知识。因此，体育教师一定要准确使用体育专业术语，教学语言要准确、精练，注意辩证关系，充分体现体育学科的特点、规律和本质。

系统性原则就是讲解知识要系统化，便于学生理解、记忆和应用。在讲解到一定阶段时，教师要致力于知识系统化，把零散的知识，通过归纳总结使其连贯起来，串珠成链，结绳成网，形成系统化的完整知识，这可以在一节课结束时、一个单元结束时进行。但是必须注意，在知识系统化的时候，既要照顾教学内容的全面性，更要主次分明、突出重点。

（二）精讲性、易懂性原则

精讲性原则就是要做到内容精选，语言精练，方法精当，效果精彩。精讲之"精"，不仅体现了讲解的水平，也直接关系到教学的效率。精讲并非只是数量的要求，更是质量的要求。精讲就要求讲得精彩、讲得精当、讲得明白、讲得科学，要在单位时间里达到量少而质高的水平。

易懂性原则就是要能使人明白，使人更快更好地接受。因此，讲解要努力做到目的明确、条理清楚、准确明了、生动有趣、深入浅出、通俗易懂。讲解应注重实效，紧紧地抓住教材的重点、难点和关键点，有针对性地进行，不应脱离实际，故弄玄虚，哗众取宠。

（三）针对性原则

在讲解过程中，教师的讲解对象有两方面，一方面是教学内容，另一方面是学生。教师要明确所讲解的内容都是针对学生、服务于学生的，讲解的落脚点在学生的学习上。因此，讲解要针对学生进行。为此，教师必须很好地把握两种讲解对象之间的关系。教师不能只顾教学内容，而不顾学生。教师要顾学生就必须照顾好教学内容。换言之，教师既要掌握好教学内容的逻辑顺序，又要把握好学生的发展水平，力求二者的有机结合。讲解一定要做到"心中有书，眼中有人"。如果不针对学生进行讲解，教师准备得再系统，也会脱离学生实际，不能收到良好的教学效果。针对学生原则还要求学生参与讲解。讲解主要是教师行为，但讲解不是教师满堂灌，也不是教师唱独角戏，讲解也是一种对话过程，是一种师生共同参与的过程。应该让学生参与到讲解中来。学生的这种参与既是思维上的参与，也是行动上的参与。让学生参与到讲解中来，才能真正体现教学的针对性，真正使讲解富有成效。

（四）启发性原则

讲解的主要特点是教师运用口语作为传递知识信息的媒体。讲解为教师提供了主动权和控制权，但也容易使学生处于被动接受的学习状态，产生疲劳感，影响学习效果。因此，教师应根据学生的年龄和心理特点、认知水平和已有的认知结构来组织讲解的内容，明确讲解的目标，对不同的对象采用不同的讲解方法和顺序，讲究语言艺术，激起学生强烈的求知欲望，诱导学生由此及彼、由表及里地积极思考，把学生的思维从感性认识上升到理性认识，从而加深学生对学习内容的理解。

（五）适时反馈和调控原则

讲解主要是教师讲学生听，教师在讲解过程中要注意学生的反应，要使讲解的发展过程与学生的思维、理解过程同步，要有针对性和交互性。教师应把握好课堂教学信息的反馈，及时控制和调整讲解的方法和进程，以达到讲解的良好效果。

第四节　讲解技能的训练与评价

讲解技能训练与评价环节有两项主要任务：一是使受训者能把备课时的设想和对讲解技能的理解，通过自己的实践表现出来；二是受训者还能对自己或他人的讲解技能运用效果进行客观的评价。这就要求指导教师与受训学生共同努力，准确记录，认真做好反馈交流与客观评价工作。

一、讲解技能训练教案示例

根据微格教案设计的要求,讲解技能微格教案示例见表 10-1。

表 10-1 讲解技能微格教案示例

训练技能:<u>讲解技能</u>　授课内容:<u>后滚翻</u>　授课教师:_____

技能训练目标	1. 能合理地组织讲解的结构和顺序 2. 运用简明语言,强调和提问与动作示范技能相结合				
教学目标	1. 80%的学生能明确后滚翻向后插手的动作概念和推手方法与时间 2. 70%的同学能熟练掌握后滚翻动作				
时间分配	教师教学行为	应用技能与要素	学生学习行为	组织教法	
1分钟30秒	上节学习了后滚翻动作,今天重点学习和掌握推手技术,首先要明确以下三点: (1) 什么时间做向后插手动作? (2) 向后插手的动作方法是什么? (3) 什么时间推手?	直接导入,注意讲解的结构和层次;语言清晰简明扼要	学生精力集中,聚精会神听讲,跟着教师的讲解思路思考问题	××××× ××××× ○	
4分钟	下面请两位同学出来给大家做后滚翻动作示范。在同学示范的过程中,请大家认真观察,然后回答两个问题: (1) 向后插手的时间和方法 (2) 两手推撑垫的时间,请×、×××同学出列示范	预先控制 提问技能	引起学生积极思考	××××× □□○ ×××××	

续表

时间分配	教师教学行为	应用技能与要素	学生学习行为	组织教法
6分钟	学生示范，教师边指导观察边提示：后倒、插手、撑推、翻臀	强调动作重点的讲解，示范与讲解相结合	学生认真观察和思考	××××× □□○ ×××××
7分钟	同学们看清楚了吗？什么时间向后插手？向后插手的动作方法是什么呢？谁能回答这个问题？	开放式提问	学生开始讨论	××××× □□○ ×××××
9分钟30秒	教师用期待的眼光注视学生：对！××同学回答得很好，谁还能补充？	沉默、停顿 合理运用人体语言技能，形成正反馈	××同学回答，××同学又补充回答 学生十分高兴，积极思考讨论	××××× □□○ ×××××
12分钟	从几位同学的回答中，我们可以明确两点： (1) 身体向后倒时就要插手 (2) 向后插手的方法：两臂靠耳抬肘，掌心向后插手。教师配合，两手做示范	归纳讲解与示范相结合	明确向后插手的时间和动作方法，建立正确概念	××××× □□○ ×××××
15分钟	在学生徒手练习的同时，教师巡回指导插手的动作	讲解与练习结合，注意教学步骤的连接	反复练习，建立肌肉本体感觉	××××× □□○ ×××××
16分钟	我们已明确了向后插手的动作方法，那么什么时间撑垫推手呢？谁能回答？	形成相互连接的讲解开放式提问	同学们又进入思考	××××× □□○ ×××××
16分钟30秒	教师用期待的眼光注视学生	沉默 人体语言技能	学生积极思考讨论，××同学回答问题	××××× □□○ ×××××

续表

时间分配	教师教学行为	应用技能与要素	学生学习行为	组织教法
19分钟30秒	对学生的正确回答给予肯定，通过语气提示（再想想!），教师手、臂动作暗示（身体什么部分着垫时，推撑手），引导学生对回答作补充或说明	正反馈 人体语言技能	同学们看着教师的动作提示，踊跃发言	××××× ○ ×××××
21分钟30秒	教师明确强调"肩、颈着垫撑手""团身翻臂用力推手"	重点性 讲解语言清晰、流畅	认真听讲，思考	××××× ○ ×××××
26分钟	分组练习 教师巡回指导	教学步骤的相互连接	反复练习	××××× ○ ×××××
指导教师意见				
课后自我分析				

注：（1）本教案为微格教学参考教案，时间按每部分内容累加计算，根据教学内容、技术特点等需要可以适当调整。

（2）本教案引自施小菊著《体育微格教学》。

二、讲解技能的评价与反馈

讲解技能的基本要求和评价内容见表10-2，练习者既可通过观看录像自评，也可由教师或训练小组人员进行评价。

表10-2 讲解技能微格训练评价表

授课教师_____ 教学内容_____ 日期_____

请您仔细观察授课教师的教学行为和学生的反应，然后填写评价表，在恰当等级打"√"。

评价标准	赋值 优	赋值 良	赋值 中	赋值 差	权重
1. 讲解的内容符合学生实际水平与认知规律					0.15
2. 讲解内容正确，包含了重要的科学价值					0.10
3. 讲解时能提供丰富清晰的感性认识					0.10
4. 讲解时突出重点、繁简得当、揭示本质					0.10
5. 讲解时条理清晰、逻辑性强、具有哲理					0.10
6. 讲解中注意发展学生的多种能力					0.10
7. 讲解具有启发性，能激发学生思考					0.10
8. 讲解时用词准确，语速适中，语言生动有趣					0.15
9. 讲解声音洪亮，面向全体学生，注意情感交流					0.10
最后得分					

其他评价：_____
_____
_____

评价人：_____
_____
_____

注：本表引自施小菊著《体育微格教学》。

思考题

1. 讲解技能的含义及功能是什么？
2. 讲解技能运用的基本要求及运用原则是什么？
3. 举例说明讲解技能的要素及类型有哪些？
4. 选取某一教材某一部分，编写一份10分钟的多媒体试讲理论教案进行微课训练。

第十一章 动作示范技能

实训目标

1. 理解动作示范的含义及功能；
2. 初步掌握动作示范的构成要素及类型；
3. 初步掌握动作示范运用的基本要求及运用原则；
4. 能够在微课教学实践中较好地运用动作示范技能。

体育教学技能是指在体育课堂教学过程中，体育教师为完成某种体育教学任务所采用的一系列的行为方式。作为一名体育教师，除了具备较高的运动技术水平以外，还要掌握动作示范技能。动作示范技能是以具体动作为范例，将相关动作准确、适时、适度、适宜地呈现在学生面前。通过学生的直接观察，了解技术动作的形象、结构、要领、方法以及时空关系等，使学生对技术动作获得深刻的感性认识，建立清晰的动作表象，形成正确的概念。

体育教师动作示范技能不是自动获得的，而是在体育教学实践活动中不断地学习、实践、创新、完善、发展的一个渐进提升过程。

虽然运动技术水平是动作示范技能的基础，但一位有较高运动技术水平的人，不等于他完全具备良好的动作示范技能。因此，体育教师在具有一定运动技术水平的基础上，要不断提升动作示范运用技巧，形成良好的动作示范技能，从而服务于教学实践。

第一节 动作示范技能概述

示范,词典中的解释是做出某种可供大家学习的典范。在体育教学中,教师的示范动作是供学生学习和模仿的典范。动作示范技能是体育教师在课堂教学中应用最广泛的基本技能之一,是体育教师必备的基本功,也是体育教师指导和帮助学生对所学的运动技术,建立正确概念的有效途径。这就要求体育教师的示范动作准确、方位合理、时机恰当、动作形象、运用巧妙。因为,教师高水平的动作示范艺术,对形成优质课堂情景与氛围、达成学生学习目标和教师教学任务、提高课堂教学质量与效率具有重大而积极的影响。

一、动作示范技能的概念

动作示范是指教师(或教师指定的学生)以具体的动作为范例,使学生了解所要学习的动作形象、技术结构、要领和动作方法的一种教学行为。通过体育教师的示范,让学生能直观地获取该运动技术的信息,在大脑中留下深刻印象,然后结合教师的讲解和多次的练习,学生就能较好、较快地掌握该项运动技术。

可见,动作示范技能是教师有效地把内化的、自动化的动作技术表现、呈现或展示给学生的过程、方法或技巧。是体育教师常用的、必要的、必须掌握的教学技能之一。在体育教学中,正确的动作示范展示,不仅可以使学生获得必要的直接感受,以提高掌握动作要领的效率,而且还可以提高学生的学习兴趣,激发学生学习的自觉性,有利于形成正确的动力定型。因此,教师正确、熟练、优美的示范对于取得优良的教学效果有着非常重要的作用。

二、动作示范技能的功能

动作示范技能是直观演示的一种方式,它生动、快捷、形式多样、丰富多彩,对学生加速掌握运动技术,缩短教学过程,提高教学效率与质量都具有重要意义和作用。

（一）直观感知功能

在体育教学过程中，教师把整个技术动作完整地向学生示范展示，让学生从视觉上了解动作的结构、顺序、形象以及要领和方法，从而让学生更好地进行模仿，形成正确的动作表象，从感性认识上升为理性认识，更快地掌握动作技术。

运动技能形成的规律须经过三个阶段，即粗略掌握动作阶段、改进和提高动作阶段、巩固与运用自如阶段。在粗略掌握动作阶段，学生对所要学习的动作没有感性认识，采用示范和讲解进行教学，可以使学生理解动作学习任务，建立动作表象和一般概念。教师运用多种示范（如正误对比示范），有助于强化学生对正确动作的理解，提高动作的协调性，规范动作细节，形成动力定型。

（二）生趣增效功能

培养学生的运动兴趣和爱好是新课程具体目标之一。因为学生有了良好的运动兴趣和爱好，才能形成运动的积极情感，才能乐于参与练习，体验成功的乐趣。从而真正地形成坚持锻炼的习惯，切实地为终身体育奠定基础。

在体育教学中，教师正确、轻快、优美的动作示范，可以使学生在学习中受到教师示范动作的感染，在欣赏示范动作的同时受到一种力量的鼓舞、美的熏陶。在教师正确动作示范的影响下，学生油然产生一种跃跃欲试的心理，从而提高学习动作技能的积极性。

（三）启发思维功能

为了更好地实现体育课教学中动作示范的效果，提高学生的观察能力，教师在示范前或在学生观察动作的同时，经常会采用提问、引导、启发等手段提出问题，让学生仔细观察、独立思考、积极讨论、比较概括、理解动作、做出回答，从而培养学生分析问题和解决问题的能力。例如，在篮球体前变向换手运球教学中，教师会提出这样的问题"遇到障碍如何变方向""变向后怎样快速推进"等。在教师的有效提示和启发下，学生通过对动作的仔细观察，不仅能扩大直接经验范围，丰富感性认识，加深对动作的直接感受程度，形成正确的概念和动作，而且能有效地训练学生观察、思考、分析、归纳、综合和概括的能力。

(四) 审美健美功能

正确的示范可以使学生在体验到体育动作的形体美、力度美、娴熟美的同时，获得一种满足的心理感受，并由此产生学习体育技术动作的极大兴趣。因此，在教学过程中，教师只有把美蕴藏在动作之中，才可以更好地满足学生的要求，同时，要求学生自觉保持动作美、感知美、享受美，提高学生的审美艺术水平。另外，体育教师本身健壮体格的美，日常行走、跑步矫健的美等，都能起到美育的教育功能。

(五) 化难减压功能

由于不同学生的生理和心理特点不同，中学生男女性别的差异，加之教学中动作复杂、难度加大，他们在体育教学中往往表现为不愿学习或学习困难、甚至产生恐惧心理。对此，教师以自然、轻松、优美、娴熟示范与讲解等技能协调配合，有助于减轻学生的心理负担，提升学生的自信心和战胜困难的意志品质。

三、动作示范技能的构成要素

示范技能的要素主要由目的、速度、距离、方位、时机、示范与讲解配合构成，见图 11-1。

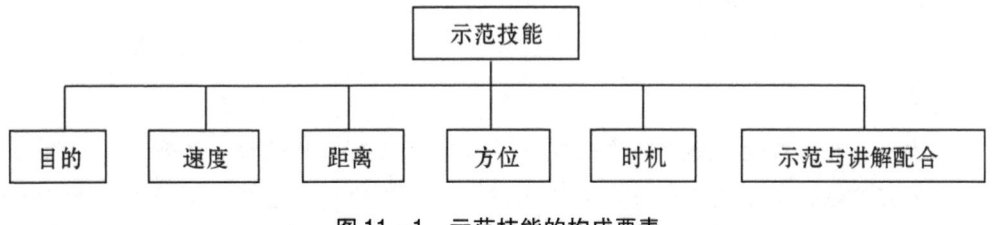

图 11-1 示范技能的构成要素

(一) 目 的

教师在进行每一个技术示范动作之前，都要有明确的目的。为什么示范，什么时候示范，先示范什么，后示范什么，怎样示范，都要做到心中有数。在教学的不同阶段，教师所采用的示范应有所不同。教师无论采用哪种示范的方法，其目的一定要明确。以建立完整的动作概念为目的时，需要运用完整示范；以掌握技术动作的某一环节为目的时，可采用分解示范；以纠正错误动作为目的时，可采用正误对比示范。

案例：

示范篮球的单手肩上投篮动作时，示范之前首先告诉学生要注意观察教师投篮时的手臂、手腕和手指动作，而在示范时，为了防止学生因观察篮球是否进筐的视觉表象对投篮动作表象的即时覆盖效应，教师应该不对着篮筐做投篮动作的侧面示范，使学生的注意力集中在教师投篮时的手臂、手腕和手指动作上。

（二）速　度

为了帮助学生建立完整而正确的动作表象，教师示范应根据学生的具体情况运用不同速度。一般情况下可使用常规的速度进行示范，但为了突出显示动作结构的某些环节时则应采用慢速示范。

学习新教材，教师应该先用正常速度示范一次完整的技术动作，使学生初步了解技术动作的完整结构，然后用慢速度分解示范，使学生了解动作的要领、要求等，建立一个完整的动作表象。

案例：

在做蹲踞式跳远的腾空动作示范时，为了延长动作的过程，起到"慢放"效果，教师可以借助体操踏跳板做起跳示范，使学生清楚地看到起跳后两臂的摆向和突停、两腿成弓步的空中动作。

（三）距　离

示范的距离主要取决于完成动作示范的活动范围大小、学生人数的多少和安全的需要等因素。一般说来，较大器械的运动项目，大幅度的动作，需要让学生观察完整动作的示范,示范距离应适当远一些,反之,则可近一些。

案例:

各种球类项目,体操项目各类动作,田径项目中的跳高、短投等动作的示范,教师应站在学生横排队形的中间,其距离要使横排的首尾和教师保持近似相等的距离,三者成三角形,最近距离应不少于一倍身高,这样学生就能看清完整动作完成的情况。示范时位置移动的距离不要长,活动范围不要大,动作速率不要快。又如途中跑、掷标枪的助跑等,教这些项目时要让学生站在教师示范位置移动路线的中间,教师与学生相距8~10米为好。

(四) 方 位

示范的方位应根据学生的队形、动作的性质、技术结构、学生观察动作的部位以及安全的要求等因素来决定。另外,教师示范还应考虑让学生避风和背对阳光。

案例:

行进间模仿操、徒手操、武术、基本体操等,教师应根据人体基本活动规律、动作结构来确定示范位置,可以在队伍的正面、侧面或斜面,有时甚至可以在后面或中间。若教学内容需要固定的场地,如单双杠、跳高、跳远、篮球、排球、乒乓球等项目,教师的示范位置既要考虑示范的方法,又要考虑学生的队形;既要考虑学生的多少,又要考虑位置的高低与方向,还要注意队列排面的宽度和深度。

(五) 时 机

教师应该根据教学的必要和学生的需要时刻进行示范。合理选择示范的时机,对于提高示范的效果有重要的影响。

案例：

学生学习滑步推铅球动作时经常出现"跳步"现象，教师发现后要及时给学生做示范，纠正错误动作，使他们建立正确的动作表象，如果等学生错误动作定型后，再去纠正就晚了，教师的示范也就失去了意义。又如，当课上学生注意力分散、精神不集中时，教师采用示范动作，可吸引学生的注意力，提高教学效果；当学生练习疲惫厌倦时，教师可以通过做示范动作调节课堂气氛，使学生的肢体得到适当休息；在体育课结束前，教师可结合示范动作进行总结评价或展示下节课所学技术动作，让学生课后预习。

（六）示范与讲解配合

示范是讲解的先导，讲解是示范的补充和说明。讲解与示范的紧密配合运用可以取得最佳的动作示范效果。示范与讲解的搭配有三种形式，"示范—讲解—示范""讲解—示范—讲解""边讲解，边示范"。

案例：

在鱼跃前滚翻动作教学时，教师首先做完整示范，接着讲解动作要领，然后再做一至两次示范，即"示范—讲解—示范"巧妙结合。又如，学生练习高单杠引体向上动作，教师用较慢的速度边示范边讲述："双手握杠同肩宽，两臂伸直体悬垂（预备姿势）；压臂拉杠憋足气，紧腰收腹体上随；屈臂悬垂颌超杠，缓慢下放臂伸直。"这样示范与讲解同步进行，动作完成讲解结束，学生看得清楚，印象深刻，效果明显，学生也模仿教师的样子，边做动作边默念技术要领，练习踊跃，气氛热烈。

第二节 动作示范技能的类型

根据示范动作的结构、目的、形式、位置及示范者的身份等情况，可将示范技能分为以下类型与方法。

一、按示范动作的结构划分

按动作示范的结构划分，可划分为完整示范和分解示范。

（一）完整示范

完整示范是指教师示范时从动作开始到动作结束不分部分和段落，完整、连续地进行示范。在新授课中，为了使学生对所学习的技术动作的结构和形式有一个清晰的运动表象，建立完整的技术概念，教师多采用完整示范。当在教授简单的技术动作时，为了能保持动作结构的完整性，形成动作技术的整体概念和动作间的联系，也常常采用完整示范。

案例：

短跑的项目途中跑教学

1. 学习富有弹性的放松跑

目的作用：体会放松、踝关节缓冲、两腿蹬摆技术。要求：①动作放松；脚前掌着地、富有弹性；②步幅不宜过大。

2. 站立式起动 30~60 米中速跑

目的作用：体会蹬腿与摆臂的协调配合技术，提高放松能力。要求：①动作放松、协调，步幅开阔；②蹬摆结合正确，上下肢配合协调。

（二）分解示范

分解示范是指教师将完整复杂的技术动作，按技术结构或身体各部分合理地分成几个环节（部分），然后按环节（部分）逐段进行示范。这种示范的优点是把动作技术的难度相对降低，便于学生掌握并突出教学重点和难点。

案例：

跳远技术由助跑、起跳、腾空、落地四个部分组成，其中助跑与起跳相结合是跳远技术的重点，在教堂中应先分解动作，再连续动作。

二、按示范者的身份划分

按示范者的身份划分，可划分为教师示范和学生示范。

（一）教师示范

教师示范是指教师根据教学的需要，按照技术动作规格和练习方法的要求完成的示范。教学中在学习新的技术动作时，为了使学生建立正确的动作表象，形成清晰的技术动作概念，一般多采用教师示范。而在学生复习巩固的教学阶段，教师示范常常与讲解配合，促使学生把自己的动作和教师示范的动作进行比较，矫正错误动作，强化正确的动作，提高练习质量。

（二）学生示范

学生示范是指为密切配合教师需要所进行的动作示范。学生示范的优点在于示范者与学习者同一水平，不仅能够为学生创造自我表现、积极参与的机会，给学习者更大的启发和激励，同时也能弥补教师因种种困难而无法示范的不足。教师在选择学生示范的时候，应注意选择那些技术动作具有某一特征的学生进行示范，另外也可选择具有典型技术错误的学生进行示范。这样可使好的技术动作和错误的技术动作做一个比较，使学生获得一个清晰而正确的运动表象。实践证明，在体育教学中，适当让学生做示范往往会取得较好的效果。

三、按示范的目的划分

按示范的目的划分，可划分为认知示范、学法示范和错误示范。

（一）认知示范

认知示范是使学生知道学什么的示范，这种动作示范的重点是给学生建立动作的整体形象，形成大致的概念。这种示范要正确、朴实，要引导学生注意整体，不要拘泥细节。

在教一些持运动器械的技术动作时，教师一般应先采用徒手模仿示范，使学生明确身体及身体的各环节的移动路线、用力顺序、动作形式及动作方法等，然后再采用持器械的示范。这样做有利于将学生的注意力集中到技术动作结构上，而不是集中到其他方面。

案例：

在篮球投篮的教学示范中，如果教师开始就持球示范，学生自然会将注意力集中到教师投篮的准确度上，看教师能投多准，而对技术动作则视而不见。

（二）学法示范

学法示范是告诉学生怎样学的示范，这种示范的重点是使学生了解动作完成的顺序、要领、关键点、难点等。进行这种示范时要引导学生注意关键的动作环节的重点部分。

学法（练）示范往往用于教材教学的复习巩固阶段，即运动技能掌握的分化与自动化阶段，示范动作明显表现出多样性。

案例：

重点技术示范（投掷项目的最后用力），连接技术环节关键动作示范（跳跃项目的倒二步动作）。

（三）错误示范

错误示范是展示学生错误动作的示范，这种示范的重点是使学生了解自己动作的错误外形特征。进行这种示范时既要突出错误的特征又不能夸张，一般可以在针对练习中出现某一种错误需要纠正时采用。为使学生了解自己动作的错误的外部特征，明确正确的动作结构，可采用正误对比示范的方法。

四、按示范的速度划分

按示范的速度划分，可划分为常速示范、慢速示范和变速示范。

（一）常速示范

常速示范，即按照运动项目技战术（或某一身体练习）的正常速度进行示范。这种示范多用于新教材教学的初始阶段，重点是给学生建立动作的整体印象，形成大致的概念。

（二）慢速示范

慢速示范，即按照运动项目技战术（或某一身体练习）的放慢速度进行的示范。这种示范多用于教学的运动技能形成的"泛化—分化"阶段，重点是给学生建立完整动作印象，形成正确的概念。

（三）变速示范

变速示范，即对运动项目技战术（或某一身体练习）的动作做出"速度—节奏"快慢变化的示范。这种示范多用于武术、健美、健美操、体育艺术表演等技能主导类项目。

案例：

在铅球项目教学中，为提高铅球最后技术环节的质量也可以用变速示范进行强化，即"动—停—动—停（蹬—撑—推—转—引—振—推—拨）"交替前进与回返示范，这种方法不仅有助于正确感知最后用力动作过程，更有助于增强肌肉正确的用力顺序，改进其整体用力效果。

五、按示范的方位划分

体育课堂中教师经常采用的示范方位一般有正面示范、背面示范、侧面示范和镜面示范等。

（一）正面示范

教师与学生相对站立所进行的示范为正面示范。正面示范有利于展示教师正面动作的要领。

案例：

球类运动的持球动作多用正面示范。如为了显示身体的左右移动、侧屈、上肢的侧平举及斜上举等，可选择正面示范。

（二）背面示范

教师背向学生站立所进行的示范。有利于展示教师背面动作或者左右移动的动作，以及方向、路线变化较为复杂的动作，以利于教师的示范和学生的模仿。

案例：

武术的套路教学。为了便于学生观察与记忆方位、线路变化较为复杂的动作，如武术、体操和艺术体操等，均可以选择背面示范。

（三）侧面示范

教师侧向学生站立所进行的示范。它有利于展示动作的侧面和按前后方向完成的动作，如跑步中摆臂动作和腿的后蹬动作。为了显示腿部的后蹬动作、身体的前后屈伸、前后摆腿与踢腿等，选择侧面示范。

（四）镜面示范

教师面向学生站立进行的与学生同方向的示范。特点是学生和教师的动作两相对应，适用于简单的教学，便于教师领做、学生模仿。例如，徒手操、广播体操教学等。

六、按示范时的队形划分

按示范时的队形划分,可划分为横队示范、纵队示范、圆队示范、方队示范和散点队形示范。

(一) 横队示范

横队示范如图 11-2 所示,是体育教学中最常采用的示范队形。横队示范时,学生左右排成横队站立进行观察,有利于教师的示范与讲解,便于学生集中注意力。运用横队示范进行教学时,教师应在面对学生的等腰三角形顶点且与对面学生距离适当的位置。例如,在进行徒手操、武术、基本体操等教学时,教师应根据学生人数的多少和场地的大小,采用四列横队进行正面、背面、侧面、镜面示范;在进行短跑的"起跑"教学时,采用双排对面站立队形如图 11-3 比较合理,能使学生的视线始终跟随教师的示范动作移动;在进行跳远、支撑跳跃等教学时,为了便于学生观察到各个环节的动作,可采用如图 11-4 所示的双排对面站立示范。

图 11-2 横队示范

图 11-3 双排对面站立示范 (1)

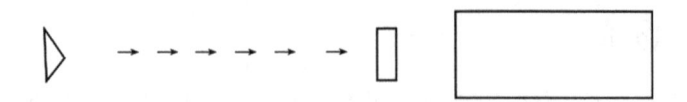

图 11-4 双排对面站立示范 (2)

(二) 纵队示范

纵队示范，在体育教学中的运用也很常见，其特点与横队示范有相同之处，但这种队形示范不利于远处的学生观察与听讲。例如，迎面接力、广播体操等的教学示范（图 11 - 5）。

(三) 圆队示范

圆队示范，在体育课中的运用相当广，其特点是让全体学生都能观察到示范者动作，便于教师组织与管理。例如，在进行原地徒手操、球类项目教学时的球性练习等教学演示时经常采用这种形式（图 11 - 6）。

图 11 - 5 纵队示范

(四) 方队示范

方队示范，在体育教学中运用也很多，其特点同圆队示范有相似之处，便于教师观察学生的情况，也能很好地调动学生的学习积极性（图 11 - 7）。

图 11 - 6 圆队示范

图 11 - 7 方队示范

(五) 散点队形示范

散点队形示范如图 11 - 8 所示。采用这种队形示范时，学生随意站立，便于观察示范、听讲、提问，能拉近师生之间的距离。

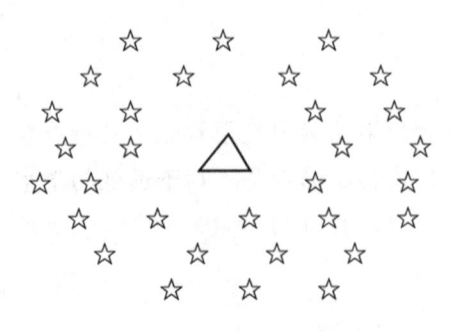

图 11-8 散点队形示范

七、按示范的人数划分

按示范的人数划分，可划分为单人示范、双人示范和多人示范。

（一）单人示范

单人示范，是一个人就某项运动技术或某项练习方法单独进行直观展示。单人示范多用于体能主导类及技能主导类表现性项目的教学示范。如在田径短跑教学中的起跑示范。

（二）双人示范

双人示范，是就某项运动技术或某项练习方法进行双人配合直观展示。双人示范多用于技能主导类的对抗或表演，以及双人或单人隔网对抗项目的教学示范。如在武术教学中的太极推手示范。

（三）多人示范

多人示范，是指多人配合就某项运动技术或某项练习方法进行直观展示。有些运动项目的动作需要多人配合才能充分展示其技战术的全过程，这种需要在学生帮助下才能完成的动作示范，也称为合作示范。

案例：

排球教学中的一垫—二传—三扣球的配合和篮球教学中的一传一切示范等。

采用合作示范，教师课前与合作者进行认真准备，对合作完成的技术动作的每一个环节都要认真地演练，以便保证在课上每一个动作环节都能给学生一个正确清晰的交代，帮助学生建立正确的运动表象。

在体育教学实践中，采用哪种动作示范方式，要根据教学内容、教学的不同阶段、学生对技术动作掌握的实际情况而定。除此之外，选择动作示范的方式还与教师在教学中所采用的教学策略与方法有关，如侧重于灌输式教学法、发现式教学法、启发式教学法。总之，动作示范方式的选择应适应学生、教学阶段、教学内容及课的实际情况。

第三节　动作示范技能的运用

动作示范在诸多体育教学方法中是最常用、最直接、最有效的方法。因此，教师的每次示范都应明确所要解决的问题。比如示范什么、怎样示范等都要根据教学任务、教学步骤以及学生可能接受的具体情况而定。示范的目的是使学生了解某种动作的形象，让学生看清动作技术的结构是什么样子，所以示范的方法应根据动作的难易和对象的水平采用正常速度、慢速、分解、重点、完整或领做示范等，完整的示范为重点示范作必要的铺垫，并使重点示范的动作更加鲜明、突出，以帮助学生较快地理解教师讲授的内容，达到预期的教学目的。

一、运用动作示范技能的基本要求

科学地运用动作示范，是确保体育教学质量的基本要素之一。因此，教师运用动作示范技能应符合以下要求。

（一）示范动作要正确

正确是动作示范的首要要求。因为动作示范的主要目的是给学生头脑中建立起所要学习的动作的表象，以了解所学动作的结构、要领。不标准的动作示范会严重影响动作概念建立的正确，造成错误动作乃至运动损伤。所以，要求教师技术动作正确、准确、熟练、轻松、优美。轻快优美的示范不仅可以消除学生的心理障碍，激发学生的学习兴趣，调动学生的学习积极性，而且对促进学生技术概念的建立和正确动作要领的掌握十分重要。特别是对小学生的动作示范往往比讲解更有效。

（二）示范目的要明确

教师在教学中每一次动作示范都要根据课程的目标、教材的特点和学生的实际情况而定，做到目的明确、重点突出。如新教材，为了让学生对所学的教材建立完整的概念，引起学生的学习兴趣和学习积极性，可先做一两次完整、准确的示范。然后在掌握改进技术阶段，根据教学需要，可以做某一技术环节的示范。同时教师每一次示范都要向学生提出明确的观察要求。如侧向原地推铅球教学示范，让学生看动作结构，还是看用力的顺序与程度，教师在示范之前必须明确告诉学生，使学生的观察点与教师示范的目的相统一，提高示范的效率。

（三）示范时机要恰当

一是示范时机恰当，就是在教学过程中经教师观察认为应该由学生示范时或学生需要教师示范时，教师能及时准确地展示示范。二是示范时机恰当还表现在不同的教学阶段与其他教学技能的顺序及配合方式上。对于新授动作的初期学习阶段应先做示范、后讲解，这样有助于学生建立正确的动作概念；对于分析教材的内容，可采用先讲解、后示范的地方，因为学生已对动作有了初步的了解和体会，在此基础上，教师有的放矢地讲解需要改进、提高的方法，然后再展示正确、完整的示范，学生就会有针对性地去观察教师的示范动作、改进自己动作的不足。

（四）示范方位要合理

教师的示范是学生学习的典范，目的是使全体学生都能看到和看清。因此，教师示范的位置、方向和距离要合理。一是教师根据教材内容的特点和示范所要突显的内容来确定合理的示范方向，以便于每个学生都能看清楚。例如，排球或篮球防守中的脚步移动，可以选择正面示范。又如，体操助跑的动作中，后蹬跑的腿和后蹬的身体姿势，可以选择侧面示范。再如，简单的广播体操、徒手操等，简单技术练习，学生容易模仿，则可采用镜面示范。二是示范的位置与距离应根据教学中所采用的队列队形、教材性质、身体练习的技术结构、学生观察的身体练习部位以及安全要求因素的选择与确定。如不受场地器材限制的徒手操、艺术体操、武术等教学内容，教师应站在与学生队形长度相等的等边三角形的顶点上，使全体学生能在教师的有效视线之内。再如，受场地器材限制的大器材、大幅度的运动项目（跳远、跳高、各种跑）的教学，需要让学生观察完整动作技术的示范，观察的距离应适当地远一点，而对动作幅度小的（单个的技巧动作，单杠、双杠等身体练习），需要学生观察重点与难点动作技术时，距离可以适当地近一点。

总之，教师应根据教学内容的不同而选择不同的示范位置和距离，使学生能看清楚动作细节，有利于学生掌握正确动作；有利于教师观察学生的学练情况，及时发现问题，解决问题。同时避免让学生迎着阳光和风向看示范动作。

（五）示范要符合学生年龄特点

学生的年龄不同，则他们的观察力、模仿能力、理解能力等心理特征也是不同的。一般来讲，小学生、初中生模仿能力较强，高中生理解能力较强，在传授新教材时，教师对于小学生和初中生可适当多做几次示范，少讲解；对高中生可适当减少示范的比重，加强对动作要领的讲解与分析，让他们通过判断、比较、综合、归纳、联想等思维形式，从理论上找出动作的重点与难点及其内在的联系，为掌握动作技术打下良好的基础。

（六）示范与讲解要有机结合

在体育课堂上，教师的示范是学生感知动作外部形象的基础，而讲解则是让学生了解动作内在规律的重要工具，两者结合运用能够缩短学生对技术动作的认识过程。

实践证明，在教学过程中，只有把讲解与示范结合起来运用，才能让学生对技术动作建立完整、正确的概念，形成正确的表象，提高练习效果。在体育教学的过程中，可根据具体情况使用重复示范，并指出动作的重点、难点；或先讲解后示范、也可边讲解边示范。

总之，在体育课堂上，讲解和示范必须密切配合，互相依存，互相补充。因此，教师在教学中，要始终贯彻"精讲多练"的原则，使学生直观感觉与思维活动有机结合起来,产生良好的效果,提高体育课教学质量。

(七) 示范与多媒体演示结合

多媒体演示法是指运用图片、教具、模型、影视及计算机等多种媒体进行演示教学。它能生动、形象与准确地帮助学生建立技术动作概念,尤其运用电影、录像或计算机等多媒体技术的各种手段,可使学生对教材内容的了解更加直观,从而激发学生学习的兴趣,提高教学效果。

二、运用示范技能的原则

正确合理的动作示范,能帮助学生迅速建立动作表象,从而更容易理解和掌握动作。为了更好地提升动作示范技能的功能,教师运用动作示范应遵循以下原则。

(一) 服务性原则

动作示范是为顺利实施教学,指导学生学习运动技能的一种教学手段。因此,运用动作示范时必须自始至终围绕着具体的教学任务、内容及要求,根据教学活动的进展情况,结合教学实践,按整体、个体的需要进行。

(二) 可行性原则

动作示范的运用,必须根据教学任务的要求、内容和进度充分照顾到学生的自身条件,即学生现有的知识、技能及各自的认知能力等因素。同时也要考虑教学环境和教学条件,所实施的示范动作必须要能引起学生注意并形成正确的学习心理定向,在可行的基础上进行。

(三) 指向性原则

动作示范的目的是让学生在学习过程中获得一个立体、直观、清晰的运动表象,建立起正确的条件反射,建立正确的动作技术概念,消除心理障碍。因此,教师的动作示范必须根据学生的心理需要并结合实际,明确指向教学内容和需要解决的动作技术问题。

（四）针对性原则

动作示范的内容、形式、方法不同，所起的作用就不同，得到的教学效果也不同。运用时要根据学生实际和教学需要，有目的有针对性地进行。

（五）实效性原则

动作示范要讲究实效性，要在示范动作规范、突出重点、确保质量的前提下，结合实际，选择好时机，使自己处于最佳的示范位置，控制好速率与节奏，确保全部学生能有效地观察。

第四节 动作示范技能的训练与评价

动作示范技能训练与评价环节有两项主要任务：一是使受训者能把备课时的设想和对动作示范技能的理解，通过自己的实践表现出来；二是受训者还能对自己或他人的动作示范技能运用效果进行客观的评价。这就要求指导教师与受训学生共同努力，准确记录，认真做好反馈交流与客观评价工作。

一、动作示范技能训练教案示例

根据微格教案设计的要求，动作示范技能（蹲踞式跳远）微格教案示例见表11-1。

表11-1 蹲踞式跳远微格教案示例

训练技能：**示范技能**　授课内容：**蹲踞式跳远**　授课教师：_____

技能训练目标	1. 通过学习让学生了解蹲踞式跳远的作用和意义 2. 使大部分学生掌握蹲踞式跳远的助跑与起跳技术 3. 培养学生勇敢、果断、积极进取的优良品质
教学目标	1. 能合理设计示范和选择示范的内容 2. 正确组织示范面、把握示范时机并能合理地结合讲解 3. 运用正确的示范方法完成教学目标

续表

时间分配	教师教学行为	应用技能与要素	学生学习行为	组织教法
1分钟	课堂常规： 1. 集合整队，检查着装 2. 师生问好 3. 宣布本课内容，提出要求 4. 安排见习生	口令技能 导入技能	学生积极主动，按教师口令要求迅速集合整队 1. 组织学生积极集合 2. 认真听取教师提出的教学内容及任务 3. 见习生按要求做适当活动	×××××× ×××××× ×××××× ×××××× △ 图1
3分钟	准备部分： 慢跑、徒手操 教师领跑、带领做徒手操	组织管理技能 示范技能	动作规范、态度认真	×××××× ×××××× ×××××× ×××××× △ 图2
8分钟	基本部分： 1. 助跑、起跳技术 (1) 讲解跳远的基本知识，导入蹲踞式跳远的学习内容 (2) 示范蹲踞式跳远完整动作 (3) 指出本节课的学习重点 (4) 示范助跑、起跳技术 (5) 详细讲解起跳技术并分解示范	讲解技能 导入技能 示范技能： 1. 示范面的选择 2. 完整示范 示范技能： 1. 明确示范的时机 2. 讲解与示范相结合	1. 积极主动练习动作 2. 多次练习不同的示范动作：完整动作、分解动作 3. 重点难点动作单独练习：起跳技术、起跳与助跑结合技术	（组织图一） 图3

228

续表

时间分配	教师教学行为	应用技能与要素	学生学习行为	组织教法
13分钟	2. 分解练习 （1）学习上一步踏跳技术 ①讲解示范上一部踏跳的技术动作 ②教师领做，组织学生集体练习 （2）学习上三步踏跳技术 ①讲解示范上三部踏跳的技术动作及如何确定三步距离踏跳垫的距离 ②学生两人一组轮流有序练习 ③学生听哨音练习 ④请优秀生出来示范	示范技能： 1. 分解动作示范 2. 教师示范领做 3. 纠错示范 讲解技能 示范技能 组织管理技能 口令技能	两人一组可互相观察动作的优缺点 优秀学生示范，激发学生学习欲望	组织如图一 × ↓ ▭ ▭ ▭ ▭ × × × × ▭ ▭ ▭ ▭ × × × × 图4
指导教师意见				
课后自我分析				

注：①本教案为微格教学参考教案，时间按每部分内容累加计算，根据教学内容、技术特点等需要可以适当调整。

②上述教案引自施小菊著《体育微格教学》。

二、示范技能的评价与反馈

根据动作示范技能的基本要求和评价表内容（见表 11-2），练习者既可通过观看录像自评，也可由教师或训练小组人员进行评价。

表 11-2 讲解技能微格训练评价表

授课教师_____ 教学内容_____ 日期_____

请您仔细观察授课教师的教学行为和学生的反应，然后填写评价表，在恰当等级打"√"。

项目	评价内容	权重	赋分值 优	良	中	差
1	示范具有明确的目的性	0.10				
2	学生明确观察的任务及重点	0.25				
3	示范动作正确、优美	0.25				
4	示范选择的方向、位置正确	0.10				
5	示范技能与其他教学技能相配合	0.15				
6	对示范结果能做清楚的讲解	0.15				

评价员签名_____

注：本表引自施小菊著《体育微格教学》。

思考题

1. 动作示范的含义及功能是什么？
2. 举例说明动作示范的构成要素及类型有哪些？
3. 动作示范运用的基本要求是什么？
4. 选取某一教材某一部分，编写一份 10 分钟的教案进行微课训练。

第十二章　保护与帮助技能

实训目标

1. 了解保护与帮助的含义及功能；
2. 理解保护与帮助的要素及类型；
3. 掌握保护与帮助的方法；
4. 能够在微课教学实践中较好地运用保护与帮助技能。

体育与健康课程是一门以身体练习为主要手段，以增进中小学生健康为主要目的的必修课程。课程本身的运动特性决定了它客观存在着一定的难度和危险性。因为，学生在课堂上多数时间是处于运动状态的，受学生身体素质、运动基础、心理素质等因素的影响，再加之教师采取的保护和帮助措施不当，往往容易产生错误动作乃至造成伤害事故。所以，为了学生身体的健康，提高教学效果，保护与帮助在体育课堂教学中就显得尤为重要。

在体育课堂教学中，要及时合理地对学生进行保护与帮助，引导学生树立正确的自我保护意识和安全意识。这不仅是每位体育教师必须掌握的教学技能，也是每位教师对学生进行预防运动伤害事故和安全知识教育的一种责任。

第一节 保护与帮助技能概述

体育教育训练中的保护与帮助，是一项较复杂的工作，富有高度的技巧性和艺术性，作为教学中的一种手段和方法，必须在工作实践中不断地体验和锻炼才能做到熟练使用。

一、保护与帮助技能的含义

保护与帮助是竞技性体操教学以及训练中经常采用的方法和手段。在体育教学中的各个部门项目中，保护与帮助都发挥着重要的作用，特别是在体操课中，由于动作具有较高的难度和技术含量，因此应用更为广泛。体操教材中关于保护与帮助的定义比较明确，并且目前已经达到高度一致，然而保护与帮助不仅仅应用于体操教学及训练与比赛中，在其他体育运动项目中的教学、训练中也有广泛的应用。延伸到整个体育教学、训练与比赛中，保护与帮助的定义为：在体育教学、训练和比赛中，为了防止意外事故的发生而采取的安全措施叫保护，它包括未发生危险时的预防措施和发生危险时的安全措施；在练习过程中，及时给予练习者助力、信号或放标志物、限制物等，使其更快地建立正确的动作概念，更好地掌握、改进和提高动作技术的措施叫帮助。

二、保护与帮助技能的功能

体育运动技术动作客观存在着一定的难度和危险性，如措施不当，管理不力，一旦发生意外事故，必定对教学和学生身心产生负面影响。教师对教学中有一些难度和有一定危险性的技术动作应有预见地采取措施，做好必要的保护与帮助，做到防患于未然。一些动作技术虽然难度不大，但当学生的力量不够，心理紧张，反应迟缓时，就会严重影响动作的质量，只有做好保护与帮助工作，才能减少学生的心理压力，使学生更有信心、更大胆地做动作，从而提高动作的质量。

（一）培养学生保护与帮助的意识，保障学生在体育活动中的人身安全与教学秩序

身体活动贯穿于整个体育课的教学活动之中，个体的生理具有较大差异性，这使得一些学生在体育活动中会遇到各种各样的困难，因此，在这个学练活动的过程中，教师或同学需要及时给予这些同学保护和帮助。作为体育教师，更要将保护与帮助的理论知识与实践操作方法教授给学生，让学生更好地掌握各种体育项目保护与帮助的方法，尤其重要的是，结伴练习的学生，对对方要有足够的责任感和保护意识，给予需要的同学以相应正确及时的保护与帮助，以保证同伴的安全。

（二）使学生加深对知识的理解和肌肉感知，掌握巩固知识、技能

在练习中，通过教师或教练及时、有效的保护与帮助，可以帮助练习者体会正确动作的肌肉感知，尽快建立正确动作概念，掌握动作技术，提高动作质量。

（三）培养自我保护意识和团队互相帮助、协调配合的集体观念

通过在教学中不断强调保护的重要性，学生可以加强自我保护的意识，养成良好的保护习惯。另外，通过学生之间的保护和帮助，有助于培养他们之间的责任感；还可以培养学生互相关心、互相帮助、互相爱护、热爱集体的优良作风；同时还能很好地增进师生之间的感情。

（四）消除心理障碍，增强信心和意志力，提高练习密度与负荷量

在面对较复杂、难度较大的动作时，学生往往产生畏惧心理，这时候，保护与帮助的正确运用，可以有效地减轻学生的心理负担，消除顾虑，增强信心，以便于尽快体会动作的正确做法，建立动作的概念，最终正确掌握动作技术，提高动作质量。

三、保护与帮助技能的要素

保护与帮助是体操、技巧、攀岩等运动项目教学中的一项重要技能。合理地运用保护与帮助技能不仅有利于动作的完成，也有利于预防伤害事故的发生。保

护与帮助技能的构成要素如图 12-1 所示。

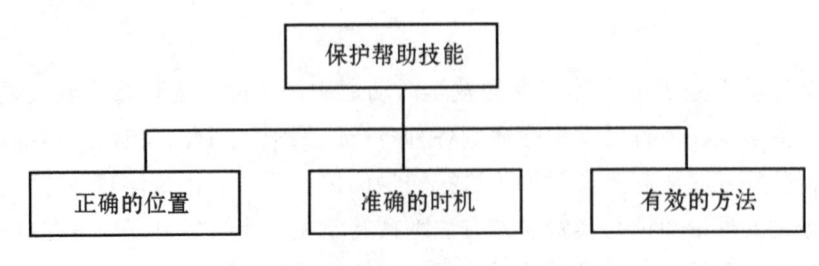

图 12-1　保护与帮助技能的构成要素

（一）正确的位置

首先，站位要正确，只有正确地选择好站立的位置，才能充分发挥保护与帮助的作用。否则，站位选择不正确，可能会妨碍练习者用力，以致不能顺利完成动作，这样不仅起不到相应作用，反而会适得其反，甚至造成伤害事故的发生。需要注意的是，不同运动项目，不同动作的站立位置也有较大差别，要细致掌握每一个学练动作的正确保护与帮助的站位方法。另外，在保护与帮助过程中，除了站位正确以外，还要注意脚下步伐移动的灵活配合。以保持保护与帮助者始终处于最佳的站位状态，给予有效的保护与帮助。

（二）准确的时机

掌握好保护与帮助的助力时机，是保护与帮助的关键，也是保护与帮助的技巧所在。总的来说，助力的时机须符合动作的技术要求。在动作技术需要的正确时间给予正确的助力尤为重要。过早或过晚的助力都会影响动作的失败，甚至造成人为伤害事故。只有掌握助力给予的准确时机，并恰到好处地运用，才能使保护与帮助的积极作用得以充分发挥。

（三）有效的方法

根据动作技术学习不同阶段采取不同的保护与帮助方法非常关键，在初学时，一般给予帮助来完成动作，随着学生动作完成质量的提高，则可采取保护的方法，直到学生能够独立完成动作并脱离保护。

第二节　保护与帮助技能的类型与方法

在体操教学训练中，几乎每时每刻都离不开保护与帮助，它是体操教学中重要的内容之一。保护与帮助的含义和作用不同，但两者之间又互相联系，相辅相成。保中有帮，帮中有保，相互作用，相互依存。

一、保护与帮助的类型

保护与帮助的方式、方法多种多样，一般来说可分为如图 12－2 所示。

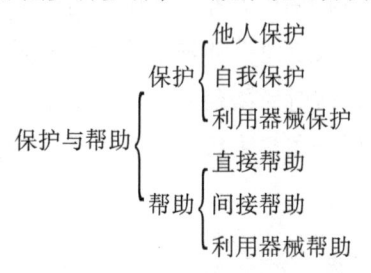

$$
\text{保护与帮助}
\begin{cases}
\text{保护} \begin{cases} \text{他人保护} \\ \text{自我保护} \\ \text{利用器械保护} \end{cases} \\
\text{帮助} \begin{cases} \text{直接帮助} \\ \text{间接帮助} \\ \text{利用器械帮助} \end{cases}
\end{cases}
$$

图 12－2　保护与帮助的类型

二、保护与帮助技能的方式和方法

为防止练习中意外事故的发生而采取必要的安全措施，并给予练习者助力、信号、放标志物或限制物等，才能更快地建立正确的动作概念，更好地掌握、改进和提高动作。

（一）保护的方式和方法

1. 他人保护

指保护者直接保护练习者的方法。

方法：抱、接、拦、挡、拨。

主要作用：减小垂直方向的冲击力；减小水平方向的冲击力；给身体以偏心

力的作用。

2. 自我保护

指练习者独立运用一定的技能来摆脱危险的方法。

方法：①顺势做各种动作；②变化身体姿势（改变动作性质）；③紧握器械；④主动跳下；⑤调整握法。

主要作用：减小冲击力；降低动作难度；增加摩擦力；中断练习；适应动作需要。

主要形式：连接各种滚动、滚翻、团身、屈腿、分腿等；减缓运动速度；避免头部朝下或碰撞；正、反握互换。

3. 利用器械保护

利用器械保护是指在学生练习期间，教师利用一些辅助器械，例如，海绵垫、海绵包等，对其予以保护，以使他们能够顺利地完成技术动作，避免学生意外伤害事故的发生。教师应在课前对所要使用的辅助器械进行认真、细致的检查，要确保所用器械能够正常使用。在学生练习之前，应把要用到的辅助器械置于合理的位置。

（二）帮助的方式和方法

1. 直接帮助

指帮助者直接助力（包括助力、阻力和扭力）于练习者，使其更快地建立正确的动作概念，更好地掌握、改进和提高动作技术的措施。

直接帮助的方法。

助力：托、推、拉、送。作用：身体向上运动；身体水平运动；伴随身体运动。

阻力：顶、挡、压。作用：制动水平运动；制动垂直运动。

扭力（力偶）：拨、搓。作用：提高翻转速度；提高转体速度。

固定——扶。作用：加固。

2. 间接帮助

间接帮助是指帮助者不直接施力于练习者，而是通过各种感觉器官间接给练习者以帮助的方法。间接帮助一般适用于学生在练习中的巩固阶段。例如，在体操跳马动作侧腾越练习中，在经过一段时间学习后，为了提高动作质量，教师可以在器械一侧放置一个实心球，使练习者向侧方腾越时尽量高摆。这样可以有效改善腾越高度不够的问题，而且可以增加练习的乐趣。不同方式的帮助有着不同的作用与要求（表12-1）。

表12-1 间接帮助的类别及运用显示表

类别	方法	主要作用	要求
触觉帮助	触摸皮肤而不用力，一般称为"扶持"	给练习者以安全感，起精神助力作用	适时过渡，避免养成依赖性
听觉帮助	用语言和声音作为信号刺激	提示用力时机、动作要领、要求、节奏等	合理掌握声响的提前量
视觉帮助	以标志物或限制物作为信号刺激	指示动作的方向、幅度、范围等	物体要清晰、醒目，位置适当

3. 利用器械帮助

在体育教学训练中，常采用的帮助器械有保护腰带、护掌、手腕保护带、海绵坑、包、垫，保护凳等。从某种意义上讲，器具和设备可以看成是人手直接保护与帮助的延长。使用器械进行帮助，其最大的优点是安全、可靠，有助于消除练习者的害怕心理，正确体会动作要领，缩短教学过程，提高教学效果。

第三节 保护与帮助技能的运用

保护是非助力的帮助，帮助是给予助力的保护，两者的含义不同，但他们的关系是非常密切的，因为保护在某种程度上带有帮助的性质，反之，帮助又是一种可靠的保护，所以在运用时不要把保护与帮助截然分开、对立。

一、保护与帮助技能的具体运用

保护者是否处于有利的位置，关系到能否起到保护与帮助的作用，因此要根据项目特点和动作类型选择好保护的位置，并以不妨碍学生完成动作为宜。

（一）根据动作技能形成规律合理运用（表12-2）

表12-2　保护与帮助在不同动作技能阶段的运用

动作阶段	粗略掌握动作	改进与提高动作	巩固与自动化
任务	初步体会动作 取得感性认识 建立正确概念	逐步消除错误 掌握动作细节 建立动力定型	提高动作质量 完善动作技术 巩固动力定型
生理特点	泛化过程	分化过程	巩固过程
主要形式	直接帮助 间接帮助	间接帮助 他人保护	他人保护 自我保护

（二）他人保护位置的选择及作用（表12-3）

表12-3　他人保护位置的选择及作用

保护的位置	主要作用
动作垂直部位前或后侧方	预防砸振、脱手
落点的侧方	预防翻转不足或过多
动作某一极点	预防脱手或方向偏离

注：因为保护是排除险情，保证安全，因而位置相对固定。

（三）直接帮助的位置

屈伸类动作——屈伸类的动作储备了肌肉的位能，折体紧是动作的关键，帮助主要是折体。

技巧项目——对技巧项目来讲,向前的动作站在前侧方,向后站在后侧方,向侧站在侧后方。

转体动作——对于转体动作,应站在转体方向的异侧。

跳马动作——对于跳马动作,增加第一腾空时,应站在跳板和马之间侧方,手托腿帮助后摆。增加第二腾空时,应站在马前,用手顶、提肩部帮助推手。

(四) 保护与帮助的时机

1. 时机的选择

(1) 了解单个动作的技术要领和规格,真正帮其所需。

(2) 了解联合动作的连接特点,及时变换位置和手法。

2. 注意事项

(1) 助力的大小应针对练习者完成动作不足的部分。

(2) 保护更要时刻注意练习者的情况,一旦发生异常要及时插手保证安全。

(五) 做好保护与帮助的过渡

保护与帮助的应用与过渡要结合动作技术形成的各个阶段来把握,不同阶段,练习者对动作掌握的程度不同,其教学任务不同,因此对保护与帮助的运用也不同,尽管教学对象千差万别,在具体运用中不尽相同,但它是有一定规律的,在粗略掌握动作阶段,一般以帮助为主;在改进与提高动作阶段,保护与帮助交替运用;在巩固与运用自如阶段,以保护为主,最后脱保,独立完成动作。另外,保护与帮助的过渡还要考虑到练习者自身的具体情况。

(六) 创造新的保护与帮助的方法

除了现有和常用的保护与帮助的方法,体育教学、教练员以及体育科研工作人员应有意识地创造新型的保护与帮助方法,包括保护与帮助器械等,来提高保护与帮助的效果,促进正确动作技术的快速掌握。

二、保护与帮助技能的原则和要求

体育项目动作繁多、类型不同、难度各异，进行保护与帮助时，要抓住时机，保护部位要合适，否则会影响动作的完成效果。

（一）要有高度的责任感

在保护与帮助中应耐心细致、精力集中，有任劳任怨的态度；在关键时刻有舍己救人的精神，能全力以赴地确保练习者的安全。

（二）要熟悉动作技术，掌握正确的保护与帮助方法

体操中的不同的项目、不同类型的动作，都有着各自的技术特点，但也有它的一定规律。首先要掌握技术的一般规律，同时又要熟悉每个动作技术的特点，才能明确完成动作的关键及完成动作时可能发生危险的情况。这样就能正确地运用保护与帮助。

（三）要了解练习者的情况，区别对待

首先要了解练习者对动作技术掌握的情况；其次要了解练习者的性别、年龄、性格、体质、体力、身体素质、心理素质和思想状态等情况，在运用保护与帮助时区别对待。对那些体力差、技术水平低、注意力不易集中或情绪急躁的练习者要加强保护与帮助。特别是对女生和胆子小的，要在加强助力性帮助的同时，解除她们的思想顾虑，激发和培养她们克服困难的决心和勇气，增强完成动作的信心。

总之，保护与帮助是一项较为复杂的工作，它具有一定的技巧性。作为保护与帮助者，需要有敏锐的观察，积极的思维，正确的分析和及时判断力；并应以无比的热情，从精神上、助力上给予练习者恰到好处的保护与帮助。

第四节　保护与帮助技能的训练与评价

保护与帮助技能的训练与评价环节有两项主要任务：一是使受训者能把备课时的设想和对保护与帮助技能的理解，通过自己的实践表现出来；二是受训者还能对自己或他人的保护与帮助技能运用效果进行客观的评价。这就要求指导教师与受训学生共同努力，准确记录，认真做好反馈交流与客观评价工作。

一、保护与帮助技能训练的教案示例

根据微格教案设计的要求，保护与帮助技能微格教案示例见表12-4。

表12-4　保护与帮助技能微格教案示例

训练技能：<u>讲解技能</u>　授课内容：<u>鱼跃前滚翻</u>　授课教师：_____

技能训练目标	1. 了解鱼跃前滚翻的动作技术结构 2. 运用简要讲解，强调动作技术重点与动作示范技能相结合，提高动作技能		
教学目标	1. 80%的学生能明确鱼跃前滚翻"跃"的高度和远度和蹬地的力量关系 2. 70%的同学能熟练掌握鱼跃前滚翻动作 3. 所有同学均能掌握鱼跃前滚翻动作的保护与帮助技能，并熟练使用		
时间分配	教师教学行为	应用技能与要素	学生学习行为	组织教法
40秒	在已掌握前滚翻动作的基础上进行鱼跃前滚翻新授教学，教师进行示范动作，要求学生重点学习和掌握蹬地跃起和团身缓冲技术　重点强调：蹬地有力、撑地稳定、团身要紧、站起跟上	深入理解完整动作与分解动作要领，重点讲解简明扼要	集中注意力听教师讲解，观察教师示范动作，理解鱼跃前滚翻动作的基本要领	××××× ××××× ○

续表

时间分配	教师教学行为	应用技能与要素	学生学习行为	组织教法
2分钟40秒	教师根据学生练习远撑前滚翻动作情况，指定学生进行动作示范，其余学生进行观察比较，并分别提出自己与示范同学动作的区别及需要纠正和改进的地方	1. 重点体会腿用力蹬地后积极上摆、全程紧腰动作 2. 选择时机，在学生练习中使用语言刺激对学生进行帮助	学生进行远撑前滚翻动作练习，根据练习结果和同学示范情况，引导学生积极思考，运用规范讲解表述动作要领，根据练习感觉自动纠正错误动作	××××× □□○ ×××××
4分钟40秒	从高处（30~40厘米）向下做前滚翻，教师进行巡视指导并强调动作要领（撑地—屈肘—滚翻）	使用海绵垫帮助练习，促进学生理解并熟练掌握快速滚翻要领	学生边学边练，积极思考滚翻衔接，为完整动作打下基础	同上
6分钟	跃过低障碍物的前滚翻练习，强调空中紧腰、髋关节大于90°的"鱼跃"动作，腿部保持水平（在帮助下完成）。待动作熟练后，可加助跑的鱼跃前滚翻	两人一组，保护与帮助者站在练习者起跳点的侧方，当练习者跃起腾空时，顺势托起大腿前送	学生认真进行练习，明确鱼跃前滚翻动作要领，帮助者站位合理、助力适中、部位准确	同上
7分钟	1. 竞赛练习：检测学习效果 2. 保护与帮助延伸：根据本节课学习的鱼跃前滚翻的保护与帮助方法，能拓展其他动作练习的保护与帮助办法，并指出注意事项	总结本节课学习内容，再次强调保护与帮助使用过程中的重点和难点	学生基本掌握规定动作，学会使用保护与帮助办法进行对练习者的保护和帮助	同上
指导教师意见				
课后自我分析				

注：本教案为微格教学参考教案，时间按每部分内容累加计算，根据教学内容、技术特点等需要可以适当调整。

二、保护与帮助技能训练的评价与反馈

根据保护与帮助技能微格训练评价表见表 12-5，练习者既可通过观看录像自评，也可由教师或训练小组人员进行评价。

表 12-5　保护与帮助技能微格训练评价表

授课教师_____　　教学内容_____　　日期_____

请您仔细观察授课教师的教学行为和学生的反应，然后填写评价表，在恰当等级打"√"。

评价标准	优	良	中	差	权重
1. 保护与帮助遵循因人而异、区别对待的原则					0.15
2. 根据技术的难易程度使用保护与帮助的效果					0.10
3. 保护与帮助的站位合理					0.10
4. 动作要领提示到位、时机准确					0.10
5. 保护与帮助手法运用准确、助力大小适中					0.10
6. 保护与帮助的部位正确					0.10
7. 实施保护与帮助时精力集中、责任心强					0.10
8. 学生对保护与帮助的理解能力提高，能根据学习结果，延伸其他技术动作保护与帮助的使用方法					0.25
最后得分					

其他评价：_____

_____

评价人：_____

_____

思考题

1. 什么是保护与帮助？其功能有哪些？
2. 保护与帮助的要素包括哪些？
3. 保护与帮助有哪些类型和方法？
4. 选取某一教材某一部分，编写一份10分钟的教案进行微课训练。

第十三章　诊断矫正技能

实训目标

1. 了解诊断矫正技能的含义及功能；
2. 理解诊断矫正技能的要素及类型；
3. 掌握诊断矫正技能运用的基本要求及运用原则；
4. 能够在微课教学实践中较好地运用诊断矫正技能。

诊断矫正技能是体育教学区别于其他学科教师的特殊技能，是体育教师专业化水平的一个重要指标。它包含两个方面的内容，其一是观察诊断技能，其二是矫正错误动作技能。这两个方面的技能是相互关联的，前者是基础和关键，没有准确的判断，就是再好的"药"也不能治愈"病人"；而后者是"处方"，是保证，诊断准确但没有良好的矫正方法与手段也是徒劳的。这两个相辅相成的技能要发展至熟练的程度，则需要一个长期的教学实践过程。这对体育教师提出了更高的要求，要求教师在教学中不断修炼，提升诊断矫正技能的水平。

第一节　诊断矫正技能概述

学生在学习运动技术过程中，出现各种不同的错误动作是不可避免的，其产生的原因也是多种多样的。有的可能与身体素质有关，也可能与要领不清有关，还可能与练习方法有关，但关键是我们能否及时发现它、确诊它，能否采取措施，对症下药，"药到病除"。这是检验一位教师诊断矫正技能水平的试金石。有经验的教师对学生的错误动作观察敏锐、发现及时、诊断准确、矫正方法正确，学生运动技能的形成较快；有的教师对于学生出现的各种问题听之任之，无所适从，这样就造成学生"学而不会"的现象。

诊断矫正技能是体育教师在运动技术教学中最常用、最基本的行为方式之一。它不仅是教师教学实践反思的一面镜子，也是体育课堂观察与诊断教学改革的前沿。因此，研究诊断矫正技能不仅能提升课堂教学的效果，而且也能更好地提升教师的专业技能。

一、诊断矫正技能的含义

诊断，是指体育教师在教学中，对学生技术动作掌握情况所进行的观察、分析和判断。矫正，是指体育教师对教学中学生出现的错误动作采取有效的方法与措施，及时准确地指导与矫正。诊断矫正技能由以下三个部分构成。

（一）发现问题

教师要根据项目特点善意观察学生易犯的错误行为，因为敏锐的观察是诊断与矫正错误的基础，观察的准确性影响着分析判断的准确性。

（二）分析问题

对观察发现的错误行为，要透过现象看本质，只有诊断出问题产生的根源，才能为选择矫正方法提供解决问题的依据。

（三）矫正问题

错误行为产生的原因不同，矫正方法、手段不尽相同。两名学生表现同一种错误动作，但错误行为产生的原因不一定相同。同一个方法对于不同的学生，其效果也各有不同，因此，选择合适的方法是矫正错误动作的关键所在，方法不到位，难以达到实效。

诊断矫正技能作为体育教师的一项职业技能而言，它是指体育教师在教学过程中，通过敏锐的观察、准确的分析和判断，及时发现学生学练运动技术的错误，并选择适宜的教学方法与手段，促进和加强学生尽快掌握正确技术的一种教学行为方式。

二、诊断矫正技能的功能

诊断矫正技能在体育教学中最显著的作用是能影响课堂教学活动过程与教学效果的有效性。诊断矫正技能在体育运动技术教学中具有以下功能。

（一）避免形成错误动作定型，加速建立正确的动作概念

教师对学生在教学练习过程中产生的错误动作或多余动作，要及时发现、准确诊断、有效矫正，使学生不断接受正确信息，避免形成错误动作定型，经过反复练习，学生对正确的动作表象逐渐清晰，动力定型逐步稳定，最终掌握正确的动作要领。

（二）满足学生需求，增强学习信心，提高动作质量的功能

学生在完不成或出现严重错误动作时，往往会产生畏惧、信心不足或需要帮助与指导等的心理倾向。教师在教学中，敏锐观察学生身体的语言，准确判断学生错误动作根源，认真倾听其心理需求，并通过讲解、示范、矫正等一系列教学策略的调整指导，不仅可以有效地促进和强化学生尽快掌握正确的动作技能，避免错误动作的定型，提高教学质量，而且学生通过自己的努力，克服困难改正错误，完成了动作目标，能使学生得到成功的心理体验，增强学习信心。

（三）减少课堂伤害事故的发生

体育教学中时常发生伤害事故，伤害事故发生的原因是多方面的，除组织管理不当外，错误的动作往往最容易导致伤害事故的发生。学生在学习动作的泛化阶段，容易出现错误动作，如果不能得到及时的矫正，很容易出现伤害事故。预防和控制伤害事故的发生是每位教师的重要职责，教师如果能够及时矫正学生的错误动作，就能有效地减少由此引发的伤害事故。

三、诊断矫正技能的构成要素

诊断矫正技能的要素主要包括观察发现错误动作的现象、分析判断错误动作的成因、选择矫正错误动作的方法三个要素（图 13-1）。

```
                    诊断矫正技能
        ┌───────────────┼───────────────┐
  观察发现错误动作的现象  分析判断错误动作的成因  选择矫正错误动作的方法
```

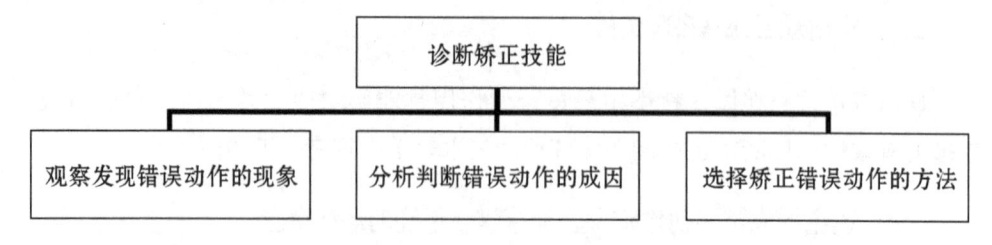

图 13-1　诊断矫正技能的构成要素

（一）观察发现错误动作的现象

1. 合理站位

教师在课堂上的站立位置，决定着他视野开阔和眼界深远的程度，站位合理，观察才能有效。因此，教师选择的站位距离和地点是否合理、有效是决定其正确观察、诊断学生错误动作效果的第一要素。

案例：

站立式听信号起跑教学的教师站位

（1）站位地点：站在练习起跑学生的后面，站在练习起跑学生正前方，站在练习起跑学生的垂直面。

（2）站位距离：站位后面的适宜距离 2～5 米，站位正前方的适宜距离约 30 米，站位垂直面的适宜距离 10～30 米。

2. 清晰的观察视角

观察视角是指教师根据观察的目的，从一定的方向观察学生动作与姿势的角度。合理正确的站位是教师获取学生在学练中产生各种错误动作信息的前提和基础，而及时、准确的观察则是诊断、矫正学生错误动作的有力保证。

案例：

站立式听信号起跑教学，教师的合理站位

观察视角：

（1）选择站在起跑学生后面可以发现学生在起跑瞬间加速时是否沿着一条直线，双臂是否保持与肩同宽而前后强有力摆动，双手交替向后摆动时是否有甩手、后踢腿跑，后蹬是否充分到位等。

（2）选择站在起跑学生的正前方可以发现大腿向前方摆动时是否发生内收外展，双臂向前摆动是否有抬肘现象。

（3）选择站在练习起跑学生的垂直面可以观察到起跑瞬间重心前移是否充分，整个身体是否压缩成弹簧，左右腿弯曲度是否合理，双腿蹬离地面是否主动，双腿蹬摆交替是否协调有力，双手交替摆动是否快速，身体随着起跑距离改变是否做到慢慢抬起。

案例：

起跑加速跑和 30 米跑的正确合理站位

观察视角：这个阶段主要观察学生在完成听信号起跑环节进入起跑加速过程中是否做到一些技术细节。例如，是否做到支撑腿前移蹬伸展、摆动腿前摆抬送、髋关节前送幅度、腾空时机是否适宜，前脚掌落地是否积极主动刨地。

3. 发现错误动作的时机

当教师经历了站位视角和观察视角这两个重要阶段，可以说，已经初步积累了许多信息，基于此，就为下个分析错误阶段创造了条件。事实上，发现错误这个阶段还涉及另外一个重要因素，那就是发现错误的时机视角。

（1）在教学准备阶段发现学生错误动作。

教学准备阶段的实施是整个教学诸环节的前奏曲，它由一般性准备和专门性准备两部分组成。一般性准备活动的目的是通过一些常规性教学引导行为来激醒学生迅速进入课堂，而专门性准备活动则能起到借助于教学主题来热身和巩固技能的重要作用。同时，也是教师寻找学生错误动作的良好时机。

案例：

某篮球（水平四）公开课呈现：在经过了一般常规性教学准备后，就安排男女生分别围绕各自半场场地线来进行专门性热身运球活动，往往这个时候，学生会有一些错误运球动作出现，可是，教师即便是"巧站位"了、"妙观察"了，但也有碍于"面子"而熟视无睹或根本就忽视学生错误动作的可能。

值得肯定的是，该教师把教学的所有流程都紧扣运球这个主题来设计教学环节，但不知当时出于什么原因而放弃了最佳矫正时机。当时女生出现3个人拍打着球运球、有2个人时高时低运着球、有4个人乱运球；男生运球技能普遍优于女生，但也出现3个人边翻着手腕边运着球，还有2个人时不时脱球、捡球和再运球；综观整体，约有三分之二的学生不能正确做到在运球过程中，始终让手中的篮球向前滚动。

（2）在教学基本部分中寻觅学生错误动作。

教学基本部分是一节课的"核"，其他都是皮和肉。核大则肉多皮长，核小则皮短肉少。因此，寻觅教的错误和学的错误都得对核进行细致观察。

案例：

常态课教学基本部分片段呈现：支撑跳跃——山羊（水平四）

组织学生练习助跑、踏板。此时出错动作：极少数学生表现为双脚同时踏板、左脚踏板或右脚踏板，还有人根本踏不上板；绝大多数学生能踏上板却落点不一。

在教学（1）的基础上，接支撑、收腹和提臀。此时出错动作：双手支撑山羊背上的落点或靠前或靠后，个别女生出现双手支撑山羊背上的手形呈五指支撑，绝大多数学生不能把收腹、提臀做到位，少数学生收腹、提臀动作不明显。

在教学（2）的基础上，接加分腿。此时出错动作：绝大多数女生在支撑、收腹、提臀加分腿这些完整性技术动作时出现相互脱节、不连贯、衔接不流畅、动作一致性差；少数女生分腿幅度太小、双脚尖绷不紧；部分女生双腿向后分腿；绝大多数男生腿分不开、腿伸不直或脚尖绷不紧。

在教学（3）的基础上，接分腿坐羊，跳下落地。此时出错动作：这个环节主要集中表现出整个技术动作不流畅、不连贯、不协调、诸技术串联衔接性不一致。

● 完整助跑、踏板、支撑、收腹、提臀、分腿、推手、腾空、落地练习。此时出错动作：少数女生发生坐羊过、臀部摩擦羊过；个别学生因不敢跳而跳不过去；每班有1～3个男生坐羊过；有部分男生在腾空落地时前冲倒下；个别男生跨羊过。

（3）在辅助性教学过程中寻觅学生错误动作。

辅助性教学内容安排能起到对主教学内容补充、延伸、铺垫和拓展作用，它是整个教学流程中不可或缺的重要部分，鉴于此，也存在着发生错误动作的时候。

案例：

譬如，支撑跳跃——山羊，它的辅助性教学内容通常安排一些加强学生上肢手臂力量训练的项目，如俯卧撑、立卧撑、推小车等。此时出错动作：以俯卧撑为例，可能出现有的学生顶着臀做，双膝跪着做，塌着腰做，绷不直身体做，双臂弯曲不到90°做等。

（二）分析判断错误动作的成因

分析错误动作产生的原因是矫正错误技能的重要因素，它以观察为基础。在教学中，教师如果想要掌握诊断矫正技能，除了自己要具备过硬的专业知识技能外，还需要了解错误动作产生的原因，针对学生所犯错误，灵活运用矫正方法。我们经常看到，一个错误动作的产生往往掺杂着几种错误因素，起决定作用的因素有时会被其他因素所掩盖，这时要注意区别主要技术环节与一般技术环节，主要动作环节是动作的关键，而关键环节上的错误因素往往是形成错误的主要因素。为了更好地掌握并运用诊断矫正动作这一技能，我们首先分析错误动作产生的原因，一般教学方面的原因有教师和学生两方面。

1. 教师方面的原因

（1）教学设计引起的错误动作。

教师制定的教学目标过高，对教材理解不透、不深，教材的内容安排和教法的选择不符合学生的接受能力，也没能充分考虑到动作技能的干扰和迁移规律等，都会导致错误动作的产生。如急行跳远与支撑跳跃就不宜安排在同一节课，否则会相互干扰产生错误动作。

（2）教法不正确引起的错误动作。

教师教授某一个动作，会采取不同的教学方法，而不同的教学方法对同一动作会产生不同的作用与效果，如果教师选取了不当教法，将会导致学生在学习动作技能时出现错误。教师讲解与示范不正确，传授了错误的知识概念和错误动作，或在教学中抓不住重点、难点，造成学生理解上的错误，这些因素都会导致学生在练习中出现错误动作。

（3）组织教学不当。

教师对场地、器材布置中安全措施考虑不周到，不够合理，不符合教学内容的要求或不符合学生年龄阶段特点的要求；器械安装不牢固，器械太重，安全措施不到位，或没有相应的保护措施等，都容易造成学生紧张，从而产生错误动作。

2. 学生方面的原因

（1）身体素质差导致的错误动作。

学生在学习新动作时，肌肉运动感觉不完善，表现得不敏锐、不定型，导致大脑中枢神经系统分析活动的缺陷。学生不能准确地分辨出身体各部分的位置和动作，导致知觉系统与运动系统在时间、空间上配合的不协调，因此就不能准确地控制自己的肌肉，容易做出不合要领以致错误的动作。

（2）心理畏惧、紧张等原因导致的错误动作。

所学动作难度大，运动量大而产生畏惧、怕累等情绪，或者由于学生对所学内容缺乏明确的目的性，练习时积极性不高，态度不认真，由于这些心理上的障碍，从而引起对抗肌的紧张，产生相互抑制，容易出现错误动作或多余动作。还有的学生过分紧张或兴奋，有的学生上课时注意力分散，不能认真学习等，都会导致错误动作。

案例：

教师过于夸大技术动作的复杂性及危险性以及教师示范动作失误、场地器材检查不细，从而产生伤害事故时，会使有的学生心理紧张和恐惧。在这种情况下，即便概念清楚，身体素质较好，也容易因害怕产生伤害事故，或在练习中产生错误动作。有的学生在练习时，为了避免滑、绊、碰、摔而存有戒心，技术动作不能正确完成；有的学生是已经掌握了的动作，在遭受了伤害痛苦之后也可能突然做不出正确的动作；还有的学生即便是最简单的技术动作，只要看到同学在练习时出现了伤害事故，也随之会出现错误动作等。

3. 教学环境与条件差的影响

教学秩序差，周围有杂乱的声音，器材设备不足，场地不好，风大，气温太高或太低等，都会对教学产生不利的影响。

（三）选择矫正错误动作的方法

学生在学习动作技能时，经常会出现一些错误动作，教师必须及时采取有效的方法矫正错误，如果形成动作定式，再进行矫正就很困难。错误动作是一种表面现象，在不同的学生中，即使是同一现象的错误动作，其原因也可能是不同的，同一原因，其现象也可能是不同的。因此，对错误动作，一定要正确分析原因，针对具体原因采取矫正措施。

1. 概念不清或错误的矫正

在教学中，教师对概念不清楚的学生，要讲清动作要领，采用各种方法来提示动作步骤和方法，启发学生，使学生概念清楚，知道怎样做，伴以教师正确而清楚的示范，再进行正误动作的对比，学生经过一定次数的练习后，就能掌握正确的技术动作。当学生出现错误时，教师要引导学生学会观察（观察自己和观察同伴），力求学生能找到自己和同伴的错误之处，从而进行自我矫正和相互矫正。教师采用语言诱导、正误对比、合作矫正等方法，在矫正因概念不清而产生错误动作时效果很好。

2. 运动体能不足的矫正

对因运动体能较差产生错误的学生，在某一项目的有限课时中，学生的运动体能提高是有限的，所以矫正效果较缓慢。对待这类学生，我们可以通过增减难度法来区别对待。在不改变动作结构的情况下，降低器械的难度或要求，如在跑的项目中降低跑速；跨栏项目中降低栏架的高度，缩短栏间距离；跳高时降低横杆的高度等，通过多次强化练习就能够很好地掌握基本技术，再适当地逐步提高难度，努力达到教学要求。

3. 心理紧张、胆怯的矫正

对有紧张心理和胆怯心理的学生，一要尽量消除其心理负担，创建愉悦的教学课堂氛围；二要严格课堂纪律，做好安全保护措施，仔细检查场地器材；三要讲解准确，示范正确，避免失误。例如，在教学中适时安排体能好、胆大勇敢、运动技术基础较好的学生进行示范，使一些存有畏难情绪的学生为同伴的勇敢行为、成功示范所激励和感染，提升信心与意志。再如，对有较强恐惧心理的学生，上课时应针对具体情况，可以降低练习的难度，加强保护措施，或改变练习的地点或方向，或做些专门练习或分解的动作，并对他们进行亲切而耐心的诱导，肯定和鼓励小的进步，及时消除心理障碍。

总之，矫正错误动作总的要求是：一要加强教育，预防和消除学习目的不明确、怕苦怕累、胆怯心理等；二要提高讲解、示范的质量，使学生明确动作概念、要求、要领和完成的方法等；三要发展运动体能，提高身体机能，加强基本技术教学；四要加强备课，提高课程的组织和教法水平等。以预防和消除错误动作，提高动作质量。

第二节　诊断矫正技能的类型

根据诊断矫正技能在实际体育教学中运用的特点，我们将其分为语言强化、直观演示、诱导迁移、反思、改变条件和区别对待六类。

一、语言强化矫正类

语言强化矫正是指当学生遗忘动作或对动作要领不清楚而出现错误时，教师可采用各类语言提示讲解动作名称、动作要领来启发与引导学生，从而加深学生对动作的理解，帮助其完成正确的动作方法。语言强化矫正类有以下几种形式。

（一）讲解强化概念矫正

当学生在学习过程中因概念不清晰或接受能力等原因而出现错误动作时，教师要耐心细致地加以示范和讲解，在示范的基础上讲清动作要领，剖析动作过程，强化正确的动作概念。

案例：

体操课上在学习手倒立时，学生往往会出现肩角大，腰不直或是塌腰动作，这时，教师要强化动作要领，并说出"立柱顶千斤"的概念化力学原理，也就是肩要直、腰要直，这样的动作不但好看符合技术要求而且很省力。这样通过概念强化，以便学生理解、记忆并掌握正确的动作要领。

（二）语言提示引导矫正

在动作学习的初期，学生常在练习中出现遗忘或不太清楚动作方法的现象，此时教师可以采用语言提示动作名称、动作要点来引导学生，帮助学生顺利完成动作，及时矫正错误。

案例：

在学习初级长拳"马步冲拳"这一动作时，学生常常错误地做成"马步架拳"，做马步时，臀部易向上翘起，教师此时可以提示"左拳附于腰间""臀部内收"等。及时的语言提示对于学生学习、领悟动作能起到绝佳的效果。

（三）口诀强化矫正

口诀是指把运动项目的技术要领和方法经过综合提炼、取其重点、关键以及易错部分，加工整理而成的言简意赅的语言。口诀运用于矫正之中，较准确地认定错误动作在整套动作中的位置，能强化记忆，有利于矫正错误动作。

案例：

在小学的体操课上学习前滚翻时，可以把动作要领编成口诀，便于学生记忆，如前滚翻动作的口诀"一蹲二撑三低头四团身滚动像圆球"。又如在学习前手翻动作时，为了防止学生屈臂低头错误动作的出现，我们把动作要领和用力顺序简单地用三个字表达，那就是"蹬、摆、顶"，也就是蹬地、摆腿、顶肩。这就是最简单的最容易记的前手翻动作要领。

二、直观演示矫正类

指教师在学生出现错误动作的时候，通过教师示范展示各种实物、直观教具、多媒体等手段，让学生通过观察建立正确动作的表象，并帮助学生矫正错误动作的方法。

（一）"正误"动作示范对比矫正

学生因不理解动作性质和作用而出现错误时，教师通过正误动作示范对比的方法，弄清正误动作的不同之处，了解正确与错误动作间的联系，促使学生及时矫正。

案例：

背越式跳高时的矫正

在背越式跳高学习中，腾空过杆阶段学生容易出现坐臀过杆，侧身过杆等错误动作。此时教师可以采用重点示范错误动作，指出学生在过杆时应注意的问题，帮助学生认识自己的错误，再通过正确与错误动作对比分析，就会达到矫正错误的目的。

案例：

学习前手翻动作时的矫正

错误动作：在学习前手翻动作时，由于学生对动作技术的理解有偏差，急于使身体翻转过来，往往是屈臂、低头，这样旋转的半径缩短了，当然旋转的速度也快了，结果造成臀部和双腿着地，不但站立不起来而且摔得臀部和腿部很疼，甚至会造成学生厌学。

矫正方法：结合滚筒让练习者在教师的帮助下做慢速前手翻动作，并讲解力学原理，让学生明白，蹬地腿、摆动腿和向前下顶肩的作用力与反作用力所形成的合力能使身体向前上方腾起的力学原理。这个蹬腿、摆腿和顶肩动作需要直臂抬头，从而使身体重心自然升高。特别是蹬腿的方向与顶肩的方向是一个相向的力，两个力可以加大旋转的力。这样重心高了，旋转速度加大了，前手翻就很容易站起来。

（二）教具演示矫正

教师在教学中组织学生观看图片、录像等进行直观教学，利用具体直接的形象刺激，有助于学生对动作产生清晰的认识，建立正确的动作概念。有条件的学校可以在教学中录制学生本人的错误动作，并及时组织学生点评分析错误动作。

三、诱导迁移矫正类

教师根据迁移理论知识，运用一些诱导性练习，结合正确与错误动作的对比，帮助学生逐渐地矫正错误动作。

（一）心理诱导矫正

学生因学习目标不明确、怕苦、畏难等而产生的错误动作，教师要有针对性地加强思想教育，不断提高学生的自主性，采用一些诱导性的练习内容，帮助学生改进。

案例：

体操课上在做纵马分腿腾跃时，有些学生认为纵马的长度太长，担心跳不过去，从而产生害怕心理，尽管教师多次讲解动作要领，但学生总是不敢跳，主要是心理原因所致。对此教师就要有意识地给学生一个心理诱导，让学生看一看平衡木的长度，然后再看看纵马的长度，在心理上这样一比，很显然纵马的长度很有限，感觉短多了，这样完成动作的信心就有了，这样的心理诱导在教学中是很有效果的。

（二）正迁移诱导矫正

起正迁移作用的动作技术之间，具有积极的诱导和相互帮助的效应。当学生出现错误动作时，教师将学生诱导到具有正迁移特点并掌握得较好的动作技术上来，以便有效地矫正错误动作。

案例：

在跳山羊动作的学习中，为了使学生掌握第一腾空的动作技术，往往先让学生学习或体会在纵马上做前滚翻动作，前滚翻动作不但需要第一腾空，而且需要在腾空时做提腰后摆腿动作，如果前滚翻做熟练了，第一腾空的感觉就有了，之后在学习第一腾空的分腿腾跃动作时就比较简单了，这就是正迁移在教学中的巧妙运用。

（三）条件诱导矫正

学生通过对所设标志物和人体在空间的方向、位置关系的判断，按照动作技术的要求来控制身体动作，及时地矫正错误动作。

案例：

投掷动作学习中的错误动作：出手角度低

矫正方法：在投掷动作学习中，为了让学生能掌握好投掷物出手时的角度，可在投掷区前面设一定高度的标志物（橡皮筋、竹竿等），要求投掷物出手后从标志物上方越过，经过反复练习即可矫正出手角度低的问题。

案例：

单杠的骑撑前回环，骑撑腿不敢远够

矫正方法：帮助同学站在练习者的正前方，将手作为标志物置于练习者骑撑腿脚尖稍远（约10厘米）处，练习者向前用力跨腿，尽力触及起标志物作用的手，以此加大练习者向远处跨腿的动作。

四、反思矫正类

当学生出现错误动作时，教师要引导学生学会观察（观察自己和同伴），力求学生在学习动作后能进行反思并发现自己与同伴的错误动作，从而进行自我矫正以及帮助同伴矫正。

（一）自我矫正

教师引导学生主动参与交流，对错误动作提出质疑，让学生自己矫正错误。这样让学生第一时间认识自己的错误，帮助学生对体育形成良好的认识，并为教师提供学生掌握体育知识与技能程度的信息。

案例：

自我矫正

教学的过程实际是矫正的过程，课堂上教师会及时发现问题，解决问题，特别是在新手课上，教师会对常见错误进行集体矫正或讲解错误动作产生的原因，这时就需要学生和练习者反思自己做的动作是否存在教师所讲的错误，之后按照教师所讲的方法实现自我矫正。

（二）同伴矫正

学生通过讨论、争论、评议和质疑等过程，能形成互帮互助、共同提高的良好氛围，不断地发现错误与改正错误，并能以同伴的错误提醒自己，进行自身反思。

案例：

游　泳

在游泳学习中，在陆地上仔细观察水中同伴的错误动作，告诉同伴并帮助同伴矫正，这样能起到一举两得、事半功倍的效果。

案例：

体操保护与帮助

同伴矫正在体操课上作用非常突出，保护与帮助是体操课教学的一大特点。同伴在做动作时，往往特别需要同伴的帮助。保护与帮助是同伴之间近距离甚至是通过身体的接触来实现的，同伴的帮助在体操课上的作用尤为突出。

五、改变条件矫正类

在不改变动作结构的情况下，让学生在降低器械高度，保护与帮助等学习环境、练习条件中体会完整动作，以矫正错误动作。

（一）降低动作难度矫正

在学习难度较大的复杂动作时，教师针对学生容易出现的错误，通过改变拆分或简化动作的某些要素（如速度、力量、方向、幅度和路线等），将学生注意力集中在需要矫正的问题上。

案例：

前手翻

在体操课上学习前手翻时，虽然有了快速摆手倒立推跳的一些能力，但如果让学生直接在垫子上做前手翻动作，对学生和练习者来说有点难度，也有一定的危险性。如果借助辅助器械滚筒的话，难度就会大大降低。也就是只要你能摆手倒立，将腰部向前放在滚筒上，你就可以不用费力地在滚筒上翻转过去，这样就大大地降低了动作的难度。

（二）减少外部难度矫正

器械高度、投掷物体积与重量等虽属外部条件，但这些都是学生在学习中引起心理障碍的因素。教学中可适当地采取措施（如用橡皮筋代替栏架，降低高度等）以矫正错误动作。反过来讲，我们也可以适当增加外部难度。

案例：

降低山羊和纵马的高度

错误动作：在跳山羊和纵马时，由于山羊和纵马的高度较高，容易使练习者产生害怕心理因而出现错误动作。

矫正方法：降低器械的高度，以减轻学生的害怕心理，同样有矫正错误动作的功能。

（三）保护与帮助矫正

由于学生怕危险而做不好动作时，教师可采用一些保护与帮助的方法来消除他们的心理障碍，让学生能很放心地体会动作要领，逐步矫正错误动作。反之，我们可以设置一些条件，促使学生在这样的环境中不得不改正错误动作。

案例：

双杠肩倒立

错误动作：双杠杠面距离地面较高，在做肩倒立时，头部向下，练习者容易产生害怕和恐惧心理，所以在做肩倒立时髋关节不敢伸直，身体容易失去重心，出现向前摔倒砸杠的现象。

矫正方法：人力保护，保护者站在保护凳上，置于练习者的前侧方，当练习者提腰展髋时帮助其稳住身体重心，防止向前摔倒。或者利用双杠倒立保护架，保护架比人力保护还要安全，因为它不会说笑打闹，专心致志。

（四）外力帮助求正

学生在练习时，往往意识不到动作的错误，教师可给予帮助，使学生通过触觉和肌肉的本体感觉直接体会动作要领，辨别动作的时空关系对身体的影响，从而形成完整正确的动作概念。这对初学者和肢体位置感较差的学生是一种有效的矫正方法。

案例：

排球垫球

错误动作：排球垫球时学生臀部后坐垫击。

矫正方法：教师可以站在学生的身后，当学生垫击时用手轻轻推其腰部，让学生理解和体会身体重心前移的击球动作。

六、区别对待矫正类

教师要根据学生的年龄、性别、出现错误动作的性质与特点（共性的、个别的、单一的、多个的错误等），采用区别对待的矫正方法。

（一）集体矫正

在教学中，属于共性的错误，教师采用集体矫正的方法，以节约学生的练习时间和教师矫正错误的时间。

（二）个别矫正

首先，属于个别的、特殊的错误，不是学生共有的错误，教师应有针对性地进行矫正，以节约其他学生练习时间。其次，根据学生的生理、心理特点，既要保护学生自尊，又要启发引导学生分析错误动作，适时地矫正。在面对几个错误动作同时出现时，为防止学生混淆，要逐个指出并矫正。

第三节　诊断矫正技能的运用

教师在教学中要合理运用诊断矫正技能，在诊断矫正学生的错误动作时要选择恰当的方法，针对学生所犯错误进行合理的诊断矫正。这不仅能使学生正确高效地巩固所学动作，也能给其他同学提供正确参照。在教学中应该注意以下几个问题。

一、运用诊断矫正技能的基本要求

根据运动技能形成的规律，教学阶段的不同错误动作产生的形态有所不同。为使错误动作少产生或不产生，教师要做到：预防措施到位，发现问题及时，判断问题准确，矫正方法正确。

（一）预防

1. 讲得清楚

教师在传授技术动作的最初阶段，必须把每个动作的概念、原理以及动作之间的内在联系与规律用准确形象的语言向学生讲解清楚，使之知其然，而且知其所以然。在理解和掌握动作要领的过程中，要有科学的依据。为此，除了要求教师从理论上吃透教材，熟悉和掌握教材性质、特点、难点，了解学生生理、心理特征外，还要认真备课，注意讲解艺术。

2. 做得正确

每当教授一个新技术动作时，教师的示范除要求准确、优美、娴熟、连贯外，还应注意表现不同项目的特点和精神风貌，做到形神兼备，有声有色，富于情趣，使学生在知觉意向上产生连锁反应，即欣赏—羡慕—向往—思考—实践，进而在头脑中留下比较深刻和清晰的正确动作痕迹，以便于学生仿效。

3. 教得规范

掌握正确的姿势、规格和合理的动作需要一个过程，教学中往往是在教师逐步规范动作的过程中，使他们分辨出正确动作和错误动作的肌肉感觉，学会各种动作。因此，教师应了解学生的基础和接受能力，根据所授技术的难易程度和规范结构特点，以及以往教师的教学经验，预先考虑会出现的问题，在讲解、示范时给学生指出来，以防止某些错误动作的出现。

4. 练得严格

俗话说："严师出高徒。"正确的规范动作是在多次重复、严格要求练习的过程中不断强化而建立的一种条件反射。因此，在教学训练的全过程中，教师要精心安排好学生练习的时间、密度、强度等，让他们按技术动作的规范要求反复多次练习，这样随着正确动作重复次数的增多，时间的延长，正确的动作定型就会逐渐建立，错误的动作就可逐步得到纠正。

（二）观察

一般说来，课堂观察需要达到以下四个要求。

1. 自然而同步

观察自然，指的是教师的观察要做到不做作、不刻意、不别扭、不夸张，让学生感到没有压力，很好接受。观察同步，指的是观察要与教学活动同时进行，以便随时发现和处理出现的问题和情况，不为观察而观察，不为观察而浪费时间。

2. 迅速而准确

观察迅速，指的是教师在课堂上要能够快速地而不是慢慢地捕捉教学过程诸要素以及教学环境的变化，并能够采取适当的措施，及时把学生的注意力和思维引向教学的中心。观察准确，指的是教师对被观察对象的观察要符合实际，不出错误。

3. 细致而深入

观察细致，是指教师能够观察到被观察对象的细微的变化，如学生语言、行为、服饰、态度等方面的细微变化等。观察深入，是指教师能够透过事物表面的现象看到事物的内在本质。

4. 全面而客观

观察全面，是指教师能够观察到被观察对象的各个方面。观察客观，则指教师没有先入为主的意识，而是实事求是。

（三）诊断矫正

1. 询问倾听，仔细诊断

由于体育教学的特殊性，学生的技术动作具有外显性、直观性，因此，体育教师要学会仔细观察，了解每一个学生在动作过程中的每一个细节；其次，体育教师还可以通过询问的方式与学生进行一些交流，了解学生的实际情况，这些交流信息有助于教师倾听与诊断问题；同时还可以结合技术测量法、要素分析法等进行综合诊断，以提高运动技术诊断的准确性、有效性。

2. 透过现象、把握本质

学生出现错误动作的原因有很多，可能是没有看清教师正确的示范动作，在大脑里没有建立较为清晰的运动表象；可能对动作理解不到位，导致重点不清晰；也可能是运动体能不好、动作难度太大等。但这些原因不一定适合于每一个人，这就需要体育教师进行综合分析，透过现象、把握本质，抓住主要矛盾，把握原因的重点，这样才能击中要害，找到根源，以便"对症下药"。

案例：

前滚翻教学

学生在前滚翻动作时出现了"侧倒"的现象，原因是多方面的：一是双脚蹬地力量小，提不起臀部，所产生的反作用力不足以推动身体前滚；二是双脚蹬地后身体重心移至双臂时，手臂软弱无力，无瞬间撑直过程，导致上体低头含胸时没有足够的时间和空间，只能使头顶触垫而导致侧倒。因此，能否抓住问题产生的关键，这在一定程度上体现了一个教师的水平，有的教师只是发现了问题，却始终找不到错误动作的根源；而有的教师就能一针见血，快速诊断。

3. 针对阶段，捕捉时机

把握运动技能形成的规律及各个阶段的特点，捕捉矫正的时机。在运动学习的初级阶段，学生主要的任务是体验运动的感觉，此时由于学生对运动技术的了解不够，理解不深而出现的错误动作、多余动作必定很多。因此，发现错误动作要及时，讲解示范要精准，对学生的动作要求不宜过高，可采用集中矫正与个别指导相结合的方式进行；而在运动技能掌握、提高阶段，学生神经系统与肌肉系统开始协调起来，出现的错误开始减少了，这时教师对学生的要求逐渐提高，特别是运动技术的关键环节与重点环节，要求学生做好、做对、做准确；到了运动技能巩固阶段，重点应是关注运动技术的细节，提高运动技术的质量。

二、诊断矫正技能应处理好矫正顺序

在一定程度上而言，教师在课堂上，应能及时抓住矫正学生错误动作的时机，进行针对性和实效性指导，直至最终形成正确的技术动作定型。当然，抓住了矫正时机，还少不了另外一个重要的矫正顺序问题。

（一）集体矫正和个体矫正

集体矫正的前提是绝大多数学生发生错误动作时，教师统一集中再次示范、讲解来进一步加强学生理解、记忆动作。这种集体矫正法无须顾及每一个学生的自尊心、自信心问题。我们在面对绝大多数学生发生错误动作时可以直截了当地这样做。但是，有另外一种特殊情况非常值得教师重视，那就是当面对少数人发生错误时，不能简简单单、毫无顾忌地在集体面前来矫正他们的错误，否则容易产生师生心理上的冲突。如果是个别学生的错误，可采取教师悄悄地辅导或课后个别辅导的方法。无论采用哪种方法，教师都要耐心、真心、用心，使学生感到教师的坚持心、责任心，增加学生改正错误动作的信心和勇气。

（二）主要错误矫正和次要错误矫正

从动作技能形成规律来看，泛化阶段和分化阶段都易产生错误动作，同时这个阶段也是矫正错误动作的最好时机。无论是哪个阶段的错误动作，都存在着一个规律性问题，就是核心错误和次核心错误。因此，矫正错误要抓核心错误，如果教师在发现错误环节里，没有及时性、准确性地分析出学生所犯的是核心错误还是次核心错误，往往会使得该错误越来越复杂，同时也会让学生更加无所适从，甚至逐步失去改正错误动作的信心和勇气。例如，学生在学练5kg侧向推铅球时，就存在着如何矫正核心错误和次核心错误的问题，根据教学经验积累，我们可以很好地区分出出手角度是主要矫正错误，而出手力度、速度和正确的发力顺序是次核心错误。

（三）心理矫正和身体矫正

凡是危险度大、技术动作难度高、学生自身运动体能和技能储备不足、学练目的性不明确、积极性不太高和态度不端正、学练密度太密集、运动负荷不适宜、学练动作技能的迁移、身心障碍因素等都是直接或间接造成学生发生错误动作的关键诱因。因此，教师要主动地在教学中降低学生学练要求、学练期望值、学练成功评价指标等，同时加强对学生保护手段的丰富化和提供帮助方法的常效化，从而让学生在身体和心理上感受到教师的矫正是值得信赖的和安全可靠的。

(四) 分解性矫正和完整性矫正

分解性矫正指教师通过主动性、针对性和及时性对学生采取启发、引导、激发、激励、鼓舞和唤醒等循循善诱式的教学方法让他们渐学、渐练、渐会、渐懂和渐透地理解技术动作结构，同时又运用步步分、环环连和层层固的教学策略来达成一般性分解教学目标。完整性矫正是教师在分解性矫正中主动避免一些习惯性意识动作的跟随性而采取的一致性、连贯性和衔接性的呈现动作形式。

三、诊断矫正技能的运用原则

根据诊断矫正技能的功能特点，教师在体育教学运用中应遵循以下原则。

（一）区别对待原则

当性格、能力和气质都不同的学生出现在同一节教室和同一个课堂时，教师首先要做的就是区别对待每一个学生。当学生出现错误动作时，有的教师可能当着众生面脱口矫正。教师无意识下采取直截了当、简单生硬和赤裸裸的毫无顾忌的方法去矫正，往往会引起师生的尴尬。如果教师能做到不指名、不道姓、不目视和不用批评性言语当着众生面矫正或悄悄地把某生叫到一边来矫正或在课后矫正，那就是很艺术的矫正原则。

（二）事实性原则

矫正学生错误动作要以发现错误的事实为行动力，以师生共同分析错误和解决错误为遵循力，但必须做到以真实性、合理性、科学性为评判力。同时在矫正学生错误时不故意、不恶意、不嘲讽和不借学生错误动作而让学生当众出丑，教师要做到就错论错，根据学生错误性质，指出发生错误的源头、提出分析错误和解决错误的指导性意见，切忌毫不顾忌学生的自尊心而在众目睽睽下矫正。尽管有时采取集体矫正，确实能让少数学生认识到自己的错误，但其内心绝对不舒服，由此易产生逆反心理而达不到纠错目的。

（三）公平公正原则

普通教师和优秀教师之间的最大区别在于教育、教学和管理中是否忽视、轻视和歧视每一个学生。优秀教师通行做法就是对所有学生一视同仁，而失去公平公正的教育和管理原则的话，就做不到德高为师、身正为范了。与此同时，公平公正原则同样也要求我们对学生的错误动作加以有效分析，无论面对什么样的学生都要因错析误和因误矫正。

（四）"五适"原则

要使发现错误、分析错误和矫正错误富有针对性和实效性，教师就应妥当地遵循适时机、适场合、适方法、适学生和适宜度原则。当错误动作出现时，教师必须立即做出反应，采取措施。因动作错误的学生一般都会对自己的错误动作有所感知和察觉，出现准备接受教师矫正的心理暗示，据此教师要抓住这个契机，适时地加以矫正，往往能让学生及时建构正确动作，否则学生会有漠不关心、视而不见和将错就错的心理显现。同时在错误动作出现时，教师分析错误动作和矫正错误动作还要注意运用适宜的矫正强度、方法、场合和使用不同气质、性格和能力的学生来解错。另外，还要关注一般性错误动作、特殊性错误动作（如排球双手向上垫球时，个别学生手臂夹不到一起）和专门性错误动作（如学生在跳高和跳远学练环节中始终做不好起跳腾空技术动作）。

（五）冷静、理性和智慧原则

学生在课堂上一切正误动作都建立在是否能够及时听讲解、看示范、行模仿、互交流、相体验等有效地善学、善练和善思基础之上。因此对学生不正确的技术动作实施矫正时，首先应该引导学生自我认识错误动作和帮助学生分析产生错误动作的原因，坚持冷静分析错误动作、理性梳理错误动作和智慧矫正错误动作，从而让学生心悦诚服改正错误动作。

（六）威信原则

所谓："亲其师而信其道；其身正，有令则行。"这些教育经典言语无不说明教师的个人威信在教育中的重要作用，教师威信树立主要依靠自身教学艺术和个人的人格魅力。在教学中，一旦发现学生动作错误，教师就应尽快和学生一起分析错误、矫正和解决错误，因此教师走到学生中间去矫正，一定能收到很好的矫正效果，并能迅速促进学生良好学练行为的养成。其实大多数动作错误的学生，当时内心都会自责和不安，生怕教师当众点名，这时候，他们特别需要教师的理解和谅解。所以，这就要求体育教师在运用矫正方式方法上要十分注意场合，良好的威信加合理的场合等于高质量、高效率的矫正结果。

第四节 诊断矫正技能的训练与评价

诊断矫正技能的训练与评价环节有两项主要任务：一是使受训者能把备课时的设想和对诊断矫正技能的理解，通过自己的实践表现出来；二是受训者还能对自己或他人的诊断矫正技能运用效果进行客观的评价。这就要求指导教师与受训学生共同努力，准确记录，认真做好反馈交流与客观评价工作。

一、诊断矫正技能微格训练的教案示例

根据微格教案设计的要求，诊断矫正技能微格教案示例见表13-1。

表13-1 诊断矫正技能微格教案示例

训练技能：<u>诊断矫正技能</u>　授课内容：<u>蹲踞式起跑</u>　授课教师：_____

技能训练目标	1. 掌握诊断矫正技能的类型和运用要求 2. 能熟练运用诊断矫正技能矫正错误 3. 通过实际训练，掌握诊断矫正技能
教学目标	1. 使学生初步学习蹲踞式起跑技术，建立快速跑的概念 2. 能正确陈述蹲踞式起跑和起跑后加速跑技术的动作概念 3. 在练习中锻炼下肢力量，提高运动体能

续表

时间分配	教师教学行为	应用技能与要素	学生学习行为	组织教法
3分钟	1. 教师组织学生练习起跑 2. 教师在学生练习中观察动作并指出错误动作：抢跑	观察诊断要素： （1）适当调整听到"预备"口令时的身体姿势 （2）加强手指、臂和肩部的力量 （3）练习起跑时，不断调整（延长或缩短）从"预备"到鸣枪的动作的同时，养成听枪声的习惯	训练教师的诊断能力，能在学生做出错误动作的瞬间完成诊断	××××× ××××× ○
8分钟	1. 指出错误动作：蹬离起跑器时，前、后腿无力 2. 教师分析原因并能帮助学生针对错误进行改正	分析错误动作产生的原因： （1）调整"预备"姿势，使两腿的膝关节角度适当减少，使"预备"姿势处于最佳用力状态 （2）反复练习蹬离起跑器的起动动作，如完成胶带起跑的辅助练习和双人的辅助练习，体会蹬离起跑器时的蹬、摆配合 （3）反复练习后腿蹬离起跑器时的屈膝摆动动作	能够分析错误动作产生的原因并针对错误选择合理的矫正方法	××××× ○ ×××××
12分钟	1. 分析并矫正起跑后的错误动作 2. 起跑后加速跑时，上体抬起过早	选择矫正方法： （1）讲清起跑后加速跑的正确动作要领 （2）加强腿部力量练习，提高支撑能力 （3）用器材限制起跑后加速时的上体过早抬起 （4）调整起跑器与起跑线之间的距离	能够针对错误动作的产生原因进行矫正	××××× ○ ×××××
指导教师意见				
课后自我分析				

注：本教案引自施小菊著《体育微格教学》。

本教案为微格教学参考教案，时间按每部分内容累加计算，根据教学内容、技术特点等需要可以适当调整。

二、诊断矫正技能微格训练的评价与反馈

根据诊断矫正技能的基本要求和评价表内容（表13-2），练习者既可通过观看录像自评，也可由教师或训练小组人员进行评价。

表13-2 诊断矫正技能的评价标准

授课教师_____ 教学内容_____ 日期_____

请您仔细观察授课教师的教学行为和学生的反应，然后填写评价表，在恰当等级处打"√"。

项目	评价内容	权重	赋分值			
			优	良	中	差
1	诊断及时准确	0.15				
2	分析错误准确	0.15				
3	矫正主次分明	0.10				
4	正确动作示范	0.15				
5	矫正方法合理	0.15				
6	组织练习得当	0.15				
7	学生反馈情况	0.15				

您还有什么意见或建议：

注：本表根据施小菊著《体育微格教学》改编。

思考题

1. 诊断矫正技能的含义及功能是什么？
2. 举例说明诊断矫正技能的要素及类型有哪些？
3. 诊断矫正技能运用的基本要求是什么？
4. 选取某一教材某一部分，编写一份10分钟的教案进行微课训练。

第十四章 组织调控技能

实训目标

1. 了解组织调控技能的含义及功能;
2. 理解组织调控技能的要素及类型;
3. 掌握组织调控技能的方法与要求;
4. 能够在微课教学实践中较好地运用组织调控技能。

课堂教学是我国教学的基本组织形式。课堂教学是实施教学的主阵地,提高教学质量,关键是加强课堂教学的科学组织和管理。

组织调控是教师在课堂上组织教学的形式,科学利用场地和器材进行多样化的组织形式,能使课堂内容更具有吸引力,在保证学生安全的基础上提高学习效率。

第一节 组织调控技能概述

本节内容重点讲述组织调控技能。教师根据器材、场地等因素来制定相关学习内容,调节学生的情绪、提高注意力,同时教师要较好地掌握课堂时间,并做好应急措施。

一、组织调控技能的含义

组织调控技能是指体育教师根据教材内容和学生实际,合理组织学生练习,科学安排场地器材,建立和谐的教学环境,帮助学生达到预定课堂教学目标的教学行为方式。体育课的组织工作是教师根据教学内容、学生特点和作业条件等为实现课程任务所采取的各种组织措施。体育课的组织是一项十分复杂而细致的工作,它是否严谨、合理,会直接影响体育课教学效果。为创造和谐学习氛围,引起学生注意,激发学生兴趣和动机,培养学生遵守纪律的习惯,就要加强对体育课组织工作的研究,这对于顺利实现课程的教学目标具有重要的作用。教师应认真学习、掌握好体育课组织工作的特点与方法,并具备这方面的能力。

二、组织调控技能的功能

体育课大都在室外进行,外界干扰大。体育课堂组织是否合理、科学,气氛是否轻松活跃,会直接影响体育课的教学效果。因此,课堂组织调控技能就显得非常重要了。根据体育教学的特点,课堂组织调控技能的功能可以概括如下。

(一)维持学生的注意

青少年儿童特别是少年儿童,有意注意逐渐发展,无意注意仍起主要作用,情绪易兴奋,注意力不稳定。正确地组织教学,严格地要求学生,建立正常的课堂纪律,既能有效地组织学生的学习,也有利于意志薄弱的学生借助外因的影响集中有意注意,有着唤起和维持学生注意力的重要作用。

(二)引起学习的兴趣

学生的学习兴趣和学习愿望,总是在一定的情境中发生的。离开了一定的情境,他们的兴趣和愿望就会成为无源之水、无本之木。在教学中,教师根据教材特点和学生的年龄特点,采用不同的教学组织形式,能够有效地调动学生学习的积极性,使他们情趣盎然地参与到教学中来。

（三）建立良好的行为

良好的课堂秩序，要靠师生的共同努力才能建立。有时中学生的行为并不一定符合学校或社会对他们的要求，这时就需要教师在讲清道理的同时，用规章制度所确立的标准来指导他们、约束他们，使他们逐渐懂得什么是好的行为，为什么要有好的行为，以形成自觉的纪律、养成良好的习惯。帮助学生履行规章制度，实现自我管理。养成良好的行为习惯，是教师在课堂上对学生进行思想教育的重要内容，也是课堂组织的重要功能。

（四）创造和谐的气氛

课堂气氛是整个班级在课堂上情绪和情感状态的表现。有效的课堂组织十分有利于师生之间、同学之间的关系融洽和谐，有利于创造出良好的教学氛围。而从教育的角度来看，良好的课堂气氛，是一种具有感染性的催人向上的教育情境，能使学生受到感化和熏陶，产生感情上的共鸣；从教学的角度来看，良好的课堂气氛，则会使学生的大脑皮层处于兴奋状态，易于全身心投入学习，更好地接受知识，并且能够使所学知识掌握牢固，记忆长久。

（五）保障安全与提高学习效率

课堂组织调控技能是维持体育课堂教学有序进行的重要保障，也是提高课堂效率所采取的各种保证措施与手段顺利实施的前提。同时严密组织，合理调度有利于场地布局和器材使用的最优化，有利于增加练习密度和适宜的生理负荷，有利于减少无效的队伍的调动，节省教学时间，有利于预防意外伤害事件的发生，确保学生人身安全，提高学习效率。

组织调控是上好一堂课的先决条件，而组织调控又是一项多侧面、多层次、多因素相关的活动，也是一项创造性很强的艺术活动，只有掌握课堂教学的基本规律及学生的心理、生理发展的特点，注重兴趣的激发与引导，运用生动多变的组织教学方法，不断总结实践，才能更好地驾驭课堂，让学生始终精力充沛，活泼愉快地学习，达到理想的课堂组织教学效果。因此，组织调控技能是体育教师教学必不可少的技能。

三、组织调控技能的构成要素

体育教学是通过一定的课堂组织形式实现的。怎样实现教学目标,发展学生的体能,在课堂组织形式上有效地利用时间、空间,有效地利用场地器械,这都是课堂组织教学要讲解的问题(图14-1)。

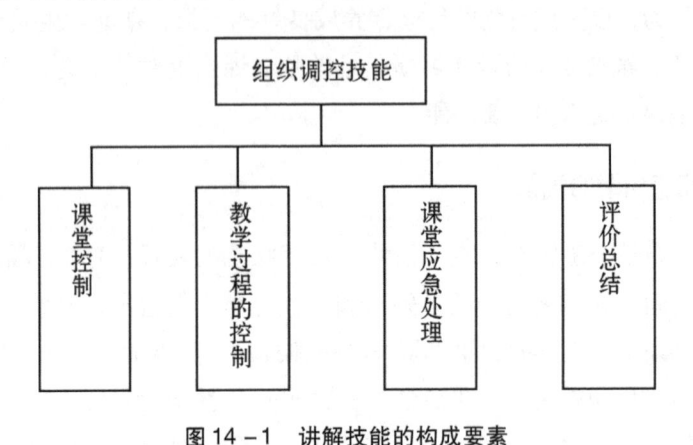

```
            组织调控技能
    ┌─────────┼─────────┬─────────┐
  课堂控制  教学过程    课堂应急   评价总结
            的控制      处理
```

图14-1 讲解技能的构成要素

(一) 课堂控制

有效的课堂控制是保证一节课顺利完成的必要条件,也是教学安全的重要保障。课堂控制主要指时间的控制、教学节奏的把握、课堂教学内容的控制。时间的控制是指在45分钟内各部分的时间是否合理:导入部分、准备活动部分、基本部分、结束部分等各环节的时间分配是否合理。教学节奏的把握主要指一节课的练习负荷和练习密度的控制,什么时候负荷最大,什么时候较小,应根据课堂教学内容、学生特点等因素综合考虑。教学节奏的快慢,主要指教学内容的详略等。课堂教学内容的控制主要是为了课堂教学内容能有效完成,学生能更好地达到上体育课的目标。

(二) 教学过程的控制

教学过程的控制主要指在整个教学过程中,教师对练习的分组安排、教学方法的应用是否得当以及教师在教学过程中示范情况、对学生指导情况、预防与纠正的能力等。

(三) 课堂应急处理

体育教学中经常发生各种不可预测的事故，因此，体育教师应当有各种意外的心理预案，一旦遇到就知道该怎样处理。对偶发事件要做出分析报告，思考是什么原因造成的。是动作技能错误还是学生注意力不集中？是教师教的过程中教法不合理还是保护与帮助手段不到位？分析造成的原因以防止以后再发生类似的事故。

(四) 评价总结

评价总结不是在课堂的最后才有，而是在整个课堂教学环节中都体现，如学生技术动作做得很漂亮或很完整，要及时给予表扬和鼓励。这样有利于增强学生学习的积极性，使其体验到成功的乐趣。对做得不好的要指出改进的方法和提高的手段。

第二节 组织调控技能的类型

组织调控技能的类型包括基本常规（课前、课中、课后）、负荷调控技能、课堂环境营造技能、体育课堂管理技能，通过掌握这些技能能更好地去设计课堂内容，使学生得到有效的锻炼，养成良好的运动习惯。

一、基本常规

体育课教学基本常规是指为了保证体育教学的正常进行，师生必须遵守的基本要求。其具有强制性、灵活性、一贯性和教育性，主要包括以下三类。

(一) 课前常规

课前教师主要指：熟悉示范动作要领和教学程序，提前到达教学场地布置与检查场地器材，了解课前学生的身体、思想及学习情绪等情况。学生课前应以饱满的精力，高涨的情绪，做好上课的准备，着运动服装，提前到达教学场地，协助教师布置场地器材。

（二）课中常规

上课铃响后，学生准时在教师指定的教学地点集合，体育干部整队检查人数，报告教师上课、请假、见习生的人数。学生服装要符合上课的要求，学生要服从教师的统一指挥，遵守纪律，积极参与教学过程，认真完成学习任务。教师听取上课报告后，检查出勤情况，检查学生服装；宣布教学目标、内容与要求；安置见习生；教师要以身作则，言传身教，教书育人；严格要求学生，了解学生思想动态，调控教学过程及学生的生理心理负荷；及时纠正学生的错误和改进教学，对本次课进行小结，布置课外作业。

（三）课后常规

师生应及时收拾好教具器材。教师应继续了解和掌握学生对课堂的反馈信息，做好课后小结与分析；了解学生课下练习情况。学生应按教师布置的课外作业，认真复习练习，以巩固课中学习的内容，保证身体得到合理活动。

二、负荷调控技能

在体育课的教学过程中，体育教师应通过细心观察，从学生的各种表现的反馈信息中，去发现问题，寻找问题的原因，并通过一定的方法和手段，来调节和控制学生的运动负荷，以达到适宜的运动量，最终实现锻炼身体的教学目标。运动负荷的安排要符合人体机能的活动规律，遵循逐步上升—相对稳定—逐渐下降的原则进行活动。保持适宜的身心负荷，避免过度疲劳和意外运动损伤，保持注意力，有效完成重点教学目标。

三、课堂环境营造技能

体育课教学首先要帮助学生确定合理可行的学习目标，帮助每个学生制定并实现既定目标。有了目标，学生就知道应该将他们的时间和精力投入哪里，以便提高成功的可能性。教师应注意提高学生自我认识的能力。根据学生的实际能力，调整学习目标；了解学生的身心准备；构建充满鼓励、支持学生体育学习的身心环境；给学生充足的学习和练习时间；帮助学生设定具体、合理的体育学习目标；当学生身心发展达到一定程度时，帮助他们再进一步；为学生准备各种情景训练，以使他们在遇到意料之外的情况时能应对自如；让学生懂得"失败乃成功之母"的道理。

四、体育课堂管理技能

课堂管理技能主要指合理的规章制度。规章制度可以维护体育教学的和谐关系，也可以保障体育器材的正确使用，规章制度为每个人提供了体育教学日常的行为规范。好的规章制度必须是合理的，它要考虑到学生的年龄和能力，要能被学生理解和接受。在体育课中安全制度的制定非常重要，规章制度不能模棱两可，而应该清楚地告诉学生应该做什么。例如，"所有学生必须参加体育课程的学习，上课不许请假"。体育课的规章制度必须是可操作的，如规定"学生必须穿运动服""无论什么季节，不许戴帽子上课"等。

第三节　组织调控技能的运用

本节介绍组织调控技能，其基本要求是建立课堂常规、严格执行课堂常规、慎用与巧用批评与惩罚、合理使用指导与指令、善于集中学生的注意力，在一定程度上使学生遵守课堂纪律。同时，课下要常与学生沟通，这样能够得到课程的有关反馈，从而不断完善教学设计。

一、体育课堂组织调控技能的基本要求

教师在体育课堂教学中，运用组织调控技能应遵循以下基本要求。

（一）建立课堂常规

为了提高体育教学的有效性，在体育教学过程中，从一开始体育教师就应给学生建立明确的规范和学习常规。体育教学规范应简单明了，符合学生和学校的实际，并具有教育性。

（二）严格执行课堂常规

体育教师要始终如一地贯彻执行已经订立的规章和制度。体育教师不能意气用事，而应根据常规采取行动。

（三）慎用与巧用批评与惩罚

体育教师在对学生的不良行为运用惩罚手段时一定要使学生知道，教师惩罚的是事而不是人。教师应能够迅速地制止学生在体育课堂中出现的不良行为，能够及时准确地发现学生在课堂上出现问题的原因，并能将这些问题解决在萌芽状态。

（四）合理使用指导与指令

在体育教学过程中体育教师能够简单明确地给学生以指导与指令，使学生能够清楚地知道应该做什么，不应该做什么。体育教师能够清晰准确地为学生提供体育学习的具体目标、内容、方法等方面的信息。使学生对学习什么，如何学习等有一个清楚的认识。

（五）善于集中学生的注意力

体育教师要能够将学生的注意力集中在相关的学习内容上，在体育活动的转换过程中，体育教师应能够及时准确地发出信息，使学生能够更好地明确体育教师的意图，跟上教学的安排。

二、体育课堂调控技能应用中注意的问题

为充分发挥组织调控技能的功能，教师在体育课堂教学运用时，要注意下列问题。

（一）合理设计体育教学过程

体育教师能够正确地设计与安排体育教学的方法、组织形式、场地器材，提高学生练习的密度，尽量减少学生等待练习的时间，使每一位学生有更多的时间用于学习与练习。

（二）充分利用体态语言暗示学生，辅助教学

教师可事先与学生约好，教师做什么动作代表什么意思，如在要求学生停下来时，教师可右手握拳举起；要求学生集体回答问题时，教师可双手伸开；要求学生举手回答问题时，教师可举起手；教师手指向某一学生时，即暗示该生遵守纪律……为了确保教师的体态语言能落到实处，真正起到组织教学的作用，还要发挥合作学习小组组长的作用，小组长的主要职责是注意看教师的体态语言，并提醒自己小组的成员都能看到教师体态语言，尽快做出反应，同时记录自己小组成员的表现情况，向教师汇报。教师定期观察各小组间的比赛，对表现好的小组和个人提出表扬和奖励，对表现差的小组和个人提出批评，并适当给予惩罚。长此以往，将大大缩减教师组织教学的时间和力度。

（三）教学常规组织语言规范化、精细化

常规教学组织语言必不可少，这样的语言学生容易理解，容易记忆，容易操作。而且教师应针对学生的表现情况给予适当奖惩，以督促学生更好地做下去。教师可根据教学内容，具体的教学情境，适当使用幽默或激励性的教学语言，调节一下课堂气氛，增强学生的学习兴趣。体育教师应为学生创造愉快的学习情境，促使学生克服困难，体验成功，鼓励学生不断进步。

（四）创新课堂授课技巧

有效地利用、开发教材，创造性地使用教材。教学内容要有科学性、趣味性、逻辑性。丰富、有趣、新颖的教学内容能有效集中学生的注意力，提高学生的学习兴趣，教学内容的科学性、逻辑性是指教学内容由浅入深，由表及里，由具体到抽象，一步一步地启发学生的思维，使学生在思考中集中注意力。教学中要努

力创设各种情境，可适当扩展教材情境，把课堂各环节串联在一起，将有利于教学三维目标的实现，从而激发学生的求知欲望和学习积极性，促其主动探究，感受学习的乐趣。另外，还应将教材适当创新，使其更符合本地本班的教学实际。

（五）注重课堂互动，培养教学默契

教师要深入了解学生特点，弄清学生的兴奋点，抓住兴奋点吸引学生，组织学生。构成师生之间、生生之间活跃的、互动的教学默契。在课堂讨论中完全同意别人的观点时就鼓掌，竖起大拇指；有精彩之处就指出来；有不同意见或相反的观点要提出来，并说出理由和依据；没听清楚的，可要求对方再说一遍，或请听清的人重复一遍；没听懂的可询问，要求对方解释一下；当然如果想集思广益，可暂不评价。在这种潜移默化的引导、训练下，学生不但能积极大胆发言，而且倾听意识会逐渐增强，并能在听的同时，对别人的发言给予恰当有效的反馈。

（六）及时而恰当的反馈

体育教师除应及时为学生提供学习成绩的有关反馈外，还应及时为学生提供影响学习成绩与效果的细节反馈，使学生理解影响他们学习成绩的具体要素。

作为在室外进行的体育课，受教材、时间、空间、场地、器材、环境、气候、学生动态等诸多因素的影响，有着许多不确定的因素，有的是可测的，有的是不可测的。因此，运用不同的方式方法调节、处理教学中问题的技巧就显得尤为重要。新课程强调以学生的发展为中心，重视学生的主体作用，教师的主导作用应更具技巧性，而课堂调控艺术是教师主导作用的重要体现。在新课程理念指导下，合理运用调控手段对提高体育课堂教学效能，体现教师的教学技巧等具有积极的意义。

第四节　组织调控技能的训练与评价

课堂导入技能的训练与评价环节有两项主要任务：一是使受训者能把备课时的设想和对课堂导入技能的理解，通过微课堂实践表现出来；二是受训者还能对

自己或他人的课堂导入技能运用效果进行客观的评价。要求指导教师与受训学生共同努力,准确记录,认真做好反馈交流与客观评价工作。

一、组织调控技能的训练

组织调控技能的训练主要有三个方面,即学生注意力的集中与兴趣的激发;教师良好教学心态的保持和课堂情境与气氛的调控。

(一) 集中注意力与激发兴趣

在体育教学的准备阶段,由于外部因素和学生的兴趣与个性的影响,学生的注意力比较泛化,要把这些心理统一到教学的既定目标上来,其心理准备是重要的前提。

一般有以下几种练习方法:
(1) 集中注意力的练习;
(2) 趣味游戏;
(3) 视听材料(图板、照片、课件);
(4) 创设情境;
(5) 准备活动有新意、有趣味。

心理学家认为:"兴趣引起活动,使个性积极化"。在教学的总体设计上应充分考虑学生的兴趣,尽量做到导入与准备活动有吸引力,教学内容与方法有想象力。根据学生身心特点,重视游戏活动、情景设置、课堂创新等引导学生的兴趣,激发学生的学习情绪,让学生的注意力步入正确的教学方向。

(二) 教师要保持良好的教学心态

教师心态的表露会感染学生的情绪,直接影响课堂教学的效果。因此,教师必须学会对自己的心态进行调控。

1. 仪　表

运动服干净整洁、发型整齐利索、口令洪亮、动作准确。

2. 工作热情,积极性高

课堂上教师的心态是否健康对学生的影响较大,积极良好的心态能让我们思维

敏捷，反应迅速，充满热情，这对一堂课的掌控至关重要。（用心教学、关爱学生）

3. 语　言

语言要准确、生动、形象。首先，语言必须准确、要有科学性，绝不能出现知识性、概念性的错误；其次，掌握好时机，善于鼓励表扬；最后，必须讲究语言的生动、形象，这样才能引起学生的兴趣，增强感染力，使学生在轻松愉快中学到知识。

语言要富有幽默感，不能把幽默理解为取笑逗乐。正确的做法是：幽默而不轻佻，诙谐而不油滑。幽默是智慧的象征，幽默是情绪的调节器。恰当地运用幽默，可以使紧张的气氛变得轻松起来，也可以使教师自己的愤怒、不安等不良情绪得以缓解。幽默的教师永远是受学生喜欢的良师益友，而因为喜欢教师而喜欢其学科的例子数不胜数。对抗的课堂气氛实际上是一种失控的课堂气氛，学生在课堂上各行其是、随便插嘴、故意捣乱，教师失去了对课堂的驾驭和控制，常不得不中止教学去维持秩序。体育教师在课堂中的适度幽默表现为对学生不良行为的宽容。如在课的开始，整队时学生注意力不集中，教师用幽默的语言吸引或一句玩笑就解决了问题，可能比"过激的言辞"收获的效果更好。

案例：

在肩肘倒立的练习中，学生总是立不直，教师的一句"你这是比萨斜塔"，学生既会心一笑又明白了教师的意图，既不伤害学生的自尊又可使其心领神会。

4. 做到简明扼要，清晰准确

要讲究语言的轻重缓急，语调的抑扬顿挫，激发学生情绪，以引起学生的思考、联想、回忆，使学生在语言的感染下，兴趣盎然，跃跃欲试。

案例：

如在教原地推铅球时，讲清楚"蹬—转—顶—推—拨"整个动作环节要领。

结合动作示范，使学生较快理解动作要领，从而启发学生的思维，使之加深记忆，激发学生的学习兴趣，提高课堂效率。

教师要学会自我调节，控制各种消极心理，以极大的热情投入每一堂课，这样才能把握全局，操控自如。教师要以期待的眼神、温和的语言、饱满的热情来感化学生。

（三）调控课堂气氛

体育课以身体活动为主要练习手段，以健康为主要目标。能否实现这个目标，与学生是否活泼、积极参与以及其情绪密切相关。教师营造积极、和谐、宽松的课堂气氛与合理调控是完成教学任务的重要手段之一。

1. 创设情景，主动参与

教师在教学中有意识地创设故事情节、角色扮演、游戏等，引导学生积极参与、主动学习，自觉锻炼，体验成功，会使教学效果大大提升。创设情境对渲染课堂气氛，激发学生的情感具有积极作用，也是课堂调控的手段之一。"教学艺术的本质不在于传授，而在于激励、唤醒和鼓舞"。课堂上教师要将学生看成具有独立人格和个性发展的主体，"蹲下"身子，用儿童的眼光欣赏学生的"闪光点"，并注意使用激励性的语言传递自己对学生的爱，使学生体验到自己被发现、被尊重、被欣赏的快乐，从而进一步促使学生保持积极舒畅的学习心境。课堂上学生学习兴趣浓厚，参与愿望强烈，课堂气氛就会活跃。

在进行技能学习、身体素质练习等比较枯燥的内容教学时，学生的学习积极性一般不高，以致课堂气氛沉闷，效果不佳。教学中一个小小的游戏，一个情境的穿插，就能把学生的学习情绪调动起来。因此，在教学过程中，教师的主导作用非常重要，既要有充分准备，也要注意观察课堂情况，随机应变地创设情境，插入游戏，把学生的学习情感导向最佳状态，以起到较好的调控作用。

2. 教无定法，贵在得法

在体育教学中，由于环境、条件、教材、学生个体差异等因素的影响，运用同样的教学方法，可能产生不同的效果和课堂氛围。体育教学本身就是一个生动活泼、充满快乐因素的教育活动。选择新颖、灵活的教法，使学生感到学习能得到精神的满足，使课堂上出现想、练、比多层次的结构，达到"育体"与"育心"相结合的目的。

案例：

在教授前滚翻时，教师用"三靠一低头，滚起来像个球"的形象生动的讲解，使学生的情趣得以维持巩固。

3. 收放有度

体育课空间大、交流相对自由，这对于学生个性的发展具有积极教育作用。鼓励学生的运动热情，享受运动带给他们的快乐，让学生展示自我、表现自我。同时也要有良好的课堂常规，活而不乱，松而不散，收放有度。

（四）调控教学节奏

课堂教学的节奏，一般指课堂教学进程中的速度及其规律性的变化。

1. 快慢适中

速度过快，会导致学生身体不支，动作变形，学习积极性受到打击，课堂节奏前紧后松；速度太慢会使学生注意力转移，纪律松散，失去兴趣，课堂节奏前松后紧，时间不够。在教学中，应根据教学内容、学习状态等调整教学节奏。

案例：

进行新教材的学习、难点重点环节学习时，应放慢速度，让学生体会动作，掌握要领，给予消化的时间；在复习课和身体素质练习中，应适当加快练习速度，保持兴奋度，以保证练习的质与量。另外，在练习过程中，还应随时监测与观察学生的生理与心理状态，这也是我们进行速度调控的依据。

2. 动静搭配

动：身体练习、参与活动。

静：听讲、观察、思考。

如果一堂课一直处于动态之中，学生就会兴奋过度，就可能导致课堂失控；反之，课堂一直处于静态之中，课堂气氛就可能受到抑制，就偏离了体育教学的本质。因此，在体育教学过程中，要合理运用"动静"交替的节奏来调控课堂。

案例：

适合于"静"态的环境：教学的起始，教师对动作要领、方法的解析与示范、达成目标与要求、练习的价值、对学生心理的激励。

适合于"动"态的环境：学生在教师的指导下练习、感知、体验并参与各种练习的过程。

静中有动，动中有静，静而不死，动而不乱，动静结合，活而有序。

3. 起伏有致

运动负荷的高低起伏：应根据人体生理机能活动变化的规律设计教学，在安排课程的运动负荷时，由小到大，由大到小波浪式地进行。注意学生的情感体验，在课中运用趣味性、竞争性活动与激励等，营造出生动活泼的课堂气氛，同时通过幽默、示范、展示、讨论交流、思考等，让情绪得到舒缓和放松。跌宕起伏的课堂教学节奏使课堂教学活动富有韵味，能让学生充分享受体育运动的美，也有利于师生情感与思想的沟通，使课堂充满生机。

二、组织调控技能的评价

组织调控是体育教学很重要的一个环节，是体育教师在教学中灵活掌握的一项技能，更是教师体育教学艺术的集中表现。如何评价体育教师的教学水平，课堂组织调控是重要考察内容。（表 14 – 1）

表 14 – 1　课堂组织管理技能微格训练评价表

授课教师_____教学内容_____日期_____

请仔细观察授课教师的教学行为和学生的反应，然后填写评价表，在恰当等级打"√"。

项目	评价内容	权重	赋分值	
1	基本课堂教学常规运用合理	0.20	优	90~100 分
2	教学时间、教学节奏把握合理	0.20	良	75~89 分
3	教学内容分配合理，练习负荷合理	0.20	中	60~74 分

续表

项目	评价内容	权重	赋分值	
4	场地器械布置合理，队伍调动合理	0.20	差	60分以下
5	学生自我锻炼能力较好	0.10	注：参照权重比例计算最后分值，根据各项指标得分相加得出最终结果	
6	课堂教学艺术能力较好	0.10		
最终评价结果：在相应□后打√　优□　良□　中□　差□				
您的意见和建议：				

思考题

1. 组织调控技能的含义及功能是什么？
2. 举例说明组织调控技能的要素及类型有哪些？
3. 组织调控技能的常用方法与要求是什么？
4. 选取某一教材某一部分，编写一份10分钟的教案进行微课训练。

第十五章　结课技能

实训目标

1. 了解结课技能的含义及功能；
2. 理解结课技能的要素及类型；
3. 掌握结课技能的基本方法与要求；
4. 能够在微课教学实践中较好地运用结课技能。

体育课堂教学的基本结构一般由四部分组成，即开始部分、准备部分、基本部分和结束部分。一堂课的教学效果与质量，取决于教学技能的合理高效运用，而结课技能是教学技能的重要组成部分。在某种条件下结课技能既是一个教学内容结束或一节课教学目标的达成，又是一个新教学内容的开始或下一节课新教学目标的提出。结课技能运用的合理与否直接影响课堂教学效果。

第一节　结课技能概述

结课技能是教师在一个教学内容或一节课的教学任务结束时，对课堂中重复强调的内容进行总结，将新内容、新技能纳入原有的认知结构，使学生形成完整的知识结构。结课时的放松环节极其重要，可以使学生身体得到充分放松，释放压力缓解疲劳；课后总结是为今后更好开展课程做好过渡的一类教学行为。

一、体育课的结课技能的含义

体育课的结课技能是指课程结束时，使学生消除疲劳、恢复身心功能，进一步领会所学知识、技能，形成正确的评价，养成良好的行为习惯等所采取的一系列教学行为方式。教师要精心设计，合理安排课堂教学的结束部分，确保课堂教学善始善终。

二、结课技能的功能

在课堂教学中，结课技能主要具有以下功能。

（一）巩固强化知识

课堂结束是一种"及时回忆"。知识的再次重复、深化，会加深记忆。依据教育心理学家的研究，课堂及时回忆要比六小时后回忆效率高出四倍。课堂回忆可以将知识信息从原来的瞬时性记忆转化为短时记忆或长时记忆，起到复习巩固的作用。

（二）总结概括知识

结课的首要任务是总结概况，是对教学过程中教学内容和教学思路的再一次提纲挈领的概括和归纳。

（三）使知识条理化、系统化

通过恰当的结课，可以帮助学生做一番简要的回忆和整理，厘清知识脉络，便于学生把握教学重点，使学生能从复杂的教学内容中简化储存信息。

（四）实现教学过渡

知识往往是前后连贯的，既有纵向的联系，又有横向的关系。好的结课能把前后学习的知识有序地结合起来。

（五）及时反馈教学信息

教师设计一些练习、操作、问题等活动，可以从中及时了解学生学习掌握的情况，以便改进教学。

（六）消除疲劳，恢复机体

通过一节课的练习活动，学生的身体和心理都承受了一定的负荷，这种负荷并不随着运动的停止而消失，而是运动停止后机体为了偿还运动时欠下的氧债，各器官系统仍处于一个较高的活动水平，需要一定的时间才能逐渐恢复到原来的状态。因此，教师结课时仍需通过有计划、有针对性的练习，促使学生从身心紧张状态中逐渐放松下来，缓解机体疲劳，有效恢复到机体正常水平。

三、结课技能的构成要素

在体育教学中，结课技能的构成要素有四方面，即整理活动、概括要点、总结评价、布置作业与收拾器材，见图15-1。

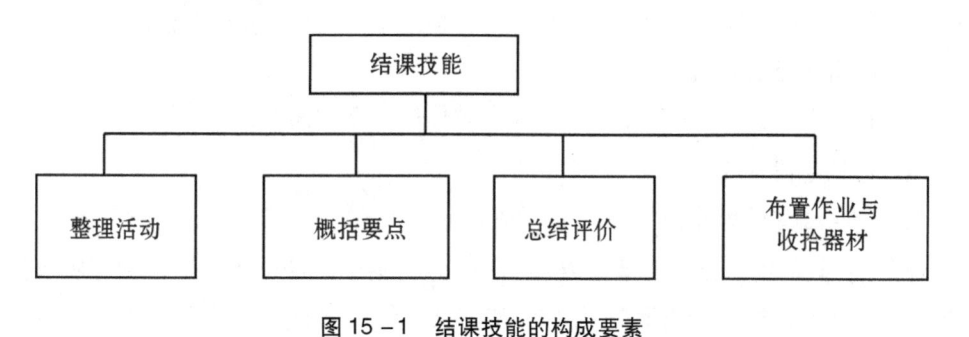

```
                    结课技能
        ┌──────────┬──────────┬──────────┐
    整理活动    概括要点    总结评价   布置作业与
                                      收拾器材
```

图15-1　结课技能的构成要素

（一）整理活动

由于课堂上学生承受了一定的生理和心理负荷，因此结课时教师应根据教学内容、身体各部位所承受的生理负荷和心理负荷，有目的、有意识、有针对性地选择一些放松性练习，如游戏、放松操等，使学生身心尽快得到恢复。一般情况下在5分钟左右能恢复到安静时的心率即可。体育课常用的整理活动有以下几种。

1. 身体练习手段放松

（1）呼吸调整法。

在发展学生速度或耐力素质时，因为学生的机体承受到的负荷较大，所以结课整理放松环节应调整呼吸、促进学生心肺功能尽快恢复正常。原地站立配合深呼吸，做一些缓慢伸展四肢的动作，达到放松身体的目的；也可以让学生闭眼，嘴微张，抛开杂念，缓慢做呼吸动作的同时让身体自然放松。

（2）走或慢跑。

走或慢跑，可以调整呼吸，促进肢体血液回流，缓解运动后体内缺氧、脑部缺血等现象，快速消除运动疲劳。

（3）简单韵律操。

通过韵律操或简单舞蹈能有效降低运动后的肌肉紧张，对消除肌肉疲劳有极大促进作用，对促进机体快速恢复有很大益处。

（4）游戏放松。

运动负荷较大时，教师可以通过组织一些趣味性的游戏来调节学生的疲劳状态，让学生的紧张情绪得到放松。如采用一些舞蹈、瑜伽动作的模仿学练活动，配合音乐做一些简单、柔软、舒展性练习，帮助学生调整紧张的心情。

（5）相互轻拍抖动。

学生自己通过相互的轻拍、抖动能有效促进肌肉和韧带快速放松。

2. 心理手段放松

（1）调整呼吸节奏。

学生在教师语言提示下排除杂念，将注意力集中在调整呼吸上，使呼吸放慢、拉长，这样疲劳和紧张得到适当的调整。具体练习方法：①吸气—憋气—呼气；②自然呼吸；③注意身体爽快感觉；④默念鼓励自己的暗示语；⑤听呼吸声音；⑥吸气—憋气—呼气（重复多次）；⑦体会放松。

（2）意念放松法。

通过学生自我意识引导和自我心理调节，使兴奋情绪安静下来，使紧张的机体放松下来，达到心静身舒的目的。教师可以提示"我的肌肉放松了""我感到放松了"等语言。

3. 其他类放松手段

（1）按摩放松法。

当授课内容是发展力量素质的练习时，学生的肌肉因受到较大而持续的刺激会产生酸痛、乏力的疲劳感觉，这时可以采用一些按摩手法进行放松活动。如采用按、揉、捏、敲、抖、拍打等按摩手法，对身体的大小肌群进行按摩，促进肌肉的血液循环，增加供氧和代谢，从而改善和调节中枢神经系统的机能消除疲劳。也可以自我按摩与合作互助按摩相结合进行。另外，还可以组织学生结合心理自我暗示和接受式暗示进行放松，如在心里默默告诉自己："颈放松……肩放松……手放松……"或是在教师语言的暗示下进行一系列的肢体动作放松活动。

（2）幽默放松法。

下课时教师采用幽默语言，转移学生注意力，及时消除因运动而导致的神经紧张，恢复正常的肌肉活动。教师也可以通过幽默诙谐的语言、动作、表情进行逗趣，让学生在欢声笑语中放松紧张的神经和肌肉。

（3）音乐放松。

也可采用平静、舒缓、柔和、婉转、流畅的乐曲使学生精神和机体尽快放松。

（二）概括要点

体育课下课时，教师要对本节课的内容进行概括性梳理和回顾，以强化学生记忆，巩固所学知识，提高学习效率。如学生推铅球动作，为了更好地帮助学生理解记忆技术动作，可对动作技术进行归纳总结，总结成"蹬、转、撑、送、挺、推、拨"的动作要领，这样便于学生记忆、理解并巩固所学知识。再比如，篮球三步上篮的脚步技术采用"一大、二小、三高跳"口诀就非常形象生动，学生记忆必定深刻。

（三）总结评价

教师要对本节课学生学习动作技术的情况进行简短、准确的点评，并指出存在的问题和改进的方法手段，这有利于学生正确地理解和掌握学习内容。教师用准确精练的语言对课堂教学内容进行归纳概括，突出重难点，加深学生对知识技能的理解和运用，起到突出主题，升华知识的作用，也可以运用关键词的形式对技能进行归纳，便于学生记忆、巩固和运用。

(四) 布置作业与收拾器材

体育作业是教学计划中的一个重要组成部分，是教师布置给学生课外完成的内容。布置作业能有效地调动学生积极参与课外体育锻炼，提高体育学习兴趣，增进身心健康，同时也能使学生在体育课上所学的知识技能在课外活动中得到复习和巩固，也为以后进一步的学习奠定基础。因此，教师在认真研究教材教法的同时，也要精心选择、设计课外作业，做到有的放矢、结合实际、讲究实效。

用简短的语言指导学生收拾器械，培养学生遵守课堂常规的良好习惯。并布置课后作业，改进技术动作的方法，注意学生的个体差异，不同的学生要有不同的练习内容。最后应宣布下节课内容，给学生以期待。

第二节 结课技能的类型

无论采用什么样的方法结课，教师都应该对上课学生的学习情况和学习表现做出点评，做得好的给予肯定表扬，不好的给予帮助和指导，不遵守课堂纪律的给予批评。看似简短的语言，实际对以后的课堂教学影响很大，这也是培养学生遵守课堂纪律的重要手段。根据体育课的特点，一般常见的结课形式有以下几种。

一、归纳总结式结课

这种方法常用于对本节课的总结，也可能是一个单元的总结。侧重于对知识点的归纳、概况、总结，特别强调重点和难点部分，以帮助学生加深对知识点的理解和掌握。体育教学中有很多技术动作结构复杂，可以采用顺口溜或口诀的方法，帮助学生概括技术特点，这样学生掌握起来就容易，就会更好地理解技术特点。

二、评价式结课

课的结束部分也是深化教学效果，加强学生组织纪律观念，培养学生自觉性和集体主义观念的重要环节。体育课无论采用什么形式和教授什么内容，结束时都要对学生在课堂上的学习态度、情意表现等进行客观的评价。对掌握知识技能、学习过程、学习态度、学习意志等情况进行或肯定、或批评、或指导、或帮助的客观评价，将教书育人落到实处。对完成动作好的、表现积极的给予肯定表扬，完成动作不好的给予帮助和指导，不遵守课堂纪律的给予批评。对经常上课不遵守纪律、不按教师要求完成练习的、喜欢打闹的学生要严格批评，并提出严格的要求，以防发生意外。

三、悬念式结课

这种方式是教师在结束授课时，结合教学内容，巧妙地设置必要的悬念，给学生留下一个有待探索的未知数，激发学生学习新知识的强烈愿望，让学生对富有启发性的问题在课后主动去思考、探索，对学习新知识新技能产生强烈的愿望，使该节课的结束成为下节课的开始，为下节课的上课奠定良好的基础。通过"悬疑"，使学生产生期待感。同时巧妙地设疑，也有助于给学生留有思考的空间，启发、引导学生自己去探索，激发学生的研究兴趣，培养学生分析思考问题的能力和创造性思维能力。

第三节 结课技能的运用

一堂优质课犹如一支婉转悠扬的乐曲，"起调"扣人心弦，"终曲"余音绕梁，故结课技能与导入技能一样，是衡量教师教学艺术水平的重要标志之一。因此，在体育教学中，教师要把握好结课技能运用原则与实施要点。

一、运用结课技能的原则

为充分发挥结课技能的功能，教师在教学中应遵循以下原则。

（一）目的性原则

结课是为实现课时教学目标服务的。因此，教师必须以课时既定的教学目标为依据来确定"结束"的实施方式和方法。结课要紧扣教学目标、教学重点和知识结构，针对学生的知识掌握情况以及课堂教学情境等采取合理的方式，把所学新知识及时纳入学生已有的认知结构体系中。结课要及时简练，有利于学生记忆、检索和运用。

（二）一致性原则

注意首尾呼应，使结课和导课脉络贯通。结课实际上就是对导课设疑的总结性问答，或是导课思想内容的进一步延续和升华。如果导课精心设疑布阵，讲课和结课中却无下文，或结课又是悬念顿生，另搞一套，则会使学生思路紊乱，难以集中精力进行探索。只有前后一致，主线清晰，才是一节完美的课。

（三）多样性原则

结课的形式应多种多样，不同课型需要选择不同的结课方式。比如，对揭示概念的课可采用概括要点的结课方式；对巩固训练的课型，可采用提示要点的结课方式。对不同学龄段的学生，要根据他们心理、生理的特点选择不同的结课方式。低年级一般采用"启发谈话，回顾复述"的结课方式，高年级一般采用"抽象概括，整理归纳"的结课方式；同时，还可以安排一定的学生实际演练，如练习、口答和实际操作等。通过思维训练和实践活动，启发学生积极思维，培养学生抽象能力、概括能力和口头与书面表达能力。

（四）适时性原则

结课要严格控制时间，按时下课，既不可提前，也不可"拖堂"。由于计划不周或组织不当，课堂教学节奏过快，给结课留的时间过多时，切记为了拖延时间，教师讲些和课堂主题毫无关系的内容。学生最反感上课拖堂，下课铃一响，学生的注意力就不在课堂上了，这时如果继续讲课、结课都不会取得好效果。拖堂还会影响学生下节课的学习情绪。总之，不论是提前下课还是拖堂，都是不符合课堂教学基本常规的。

二、运用结课技能的注意事项

在实际的课堂教学中，要充分发挥结课的作用，圆满地完成课堂教学的任务，结课应按以下基本要求进行。

（一）自然贴切，水到渠成

课堂教学结束是一堂课发展的必然结果，它既反映了课堂教学内容的客观要求，又是课堂教学自身科学性的必然体现。教师在教学过程中，要严格按照课前设计的教学计划，教学过程由前而后依次进行。力求做到有目的地调整课堂教学的节奏，有意识地照顾到课堂教学的结课，使课堂教学的结束做到自然妥帖，水到渠成。

（二）语言精练，紧扣中心

课堂教学结束的语言一定要简练，紧扣本节课教学的主题，理顺知识，概括要点，形成知识网络结构，干净利落地结束全课，使之做到首尾呼应，突出重点，强化主题，让学生的认识产生一个质的飞跃。有句格言说得好："没有结束语的结尾平乏无力，可是没完没了的结尾则令人生畏。"课堂教学的结束语切忌冗长、拖泥带水，而应高度浓缩。总之，教师应该在结课前的几分钟内，以精练的语言使讲课的主题得以提炼升华，使学生对课堂所学知识有一个既清晰完整又主题鲜明的认识。

（三）注重课内和课外的有效结合

在学校教学中，课堂教学只是教学的基本形式，但不是唯一的组织形式。为了充分发挥各种教学组织形式在培养学生方面的协同作用，不能仅仅局限于课堂本身，更要注意课内与课外的协同互动，学科课程与活动课程的联系，以及本学科课程与其他学科课程的联系，以此拓宽学生的知识面。

三、运用结课技能的技巧与基本要求

在体育课堂教学中，教师运用结课技能的技巧与基本要求如下。

（一）结课要有针对性、全面性、多样性

结课采用什么形式，一定要有明确的针对性。要根据授课的内容、学生身体

练习的负荷来决定所采用的方法。全面性是指所采用的练习要能帮助学生有效地恢复身体。多样性则是根据课的任务和学生特点，合理地变化内容与方法，从而避免枯燥单一的结课方式。

(二) 归纳总结要简明扼要、突出重点且便于记忆

结课要突出重点，简明扼要，用简练的语言把课的主要内容加以归纳，给学生系统完整的印象，促使学生加深对所学知识的理解和记忆，培养其综合概括能力。

(三) 小结要紧扣主题，观点鲜明，评价方法得当

小结应与课的目标内容相呼应，对任务完成情况进行回顾，并初步评价；也可对动作技术学习的改进做出分析，或用提示、归纳的方法引起学生的回应思考。同时对于学生的课堂表现应予表扬或批评，方法要得当，以表扬激励为主，评价必须正确、客观、全面。

(四) 布置作业要结合课堂教学实际，便于课后检查

体育作业的内容是广泛的，教师在布置作业时一定要结合实际，要充分考虑学生完成作业的可行性和可操作性，同时也要关注学生的兴趣，既要便于检查，又要落实检查，这样才能让作业真正成为提高课堂教学效果的有效手段。

第四节 结课技能的训练与评价

一、结课技能微格训练的教案示例

根据微格教案设计的要求，结课技能微格教案示例见表 15 – 1。

表 15－1　结课技能微格教案示例

训练技能：<u>结课技能</u>　　授课内容：<u>篮球双手传球技术</u>　　授课教师：_____

技能训练目标	巧妙运用结课技能，合理安排结束部分内容			
教学目标	1. 利用简单身体活动练习使学生身心放松 2. 进行归纳总结，使学生加深对篮球双手传球技术动作的理解 3. 全面评价本次课，引起学生注意			
时间分配	教师教学行为	应用技能与要素	学生学习行为	组织教法
1分钟	"嘟嘟"，停止练习，把球放进球筐，成两列横队，以××同学为基准，向中看齐，成体操队形散开	口令技能 收拾器械	听到口令，迅速停止练习集合	××××××× ××××××× △
3分钟	1. 向右看齐，向前看，稍息	口令技能	教师引导下边做边放松	××××××× △ ×××××××
	2. 今天学习了双手传球技术，注意放松双手的手腕，大家跟教师一起放松	组织技能 示范技能	听口令迅速完成动作	
	3. 通过观察，大家基本上掌握了双手传接球技术，仅有个别同学仍需加强练习。大家在练习双手传球技术时，一定注意双手手腕的抖动	评价式结课	认真听讲，注意动作技术的重点难点	
	4. 今天我们学习了双手传接球技术，你们想不想学习单手传球技术呢？单手传球是篮球技术中常用的技术，希望下节课同学们不要请假、迟到	悬疑式结课	齐声回答"想学"	

续表

时间分配	教师教学行为	应用技能与要素	学生学习行为	组织教法
4分钟	希望同学们课下多利用业余时间巩固今天学习的双手传球技术并自己练习单手传球 当天值日生归还器械	布置课下练习，宣布下课	学生解散，值日生归还器械	×××××××× ×××××××× △
指导教师意见				
课后自我分析				

注：本教案为微格教学参考教案，时间按每部分内容累加计算。根据教学内容、技术特点等需要可以适当调整本教案

二、结课技能的评价

结课也是体育教学很重要的一个环节，是体育教师在教学中灵活掌握的一项技能，更是体育教师教学艺术的集中表现。评价体育教师的教学水平，其结课技能也是重要的考察内容（表15-2）。

表15-2 结课技能微格训练评价表

授课教师_____ 教学内容_____ 日期_____

请仔细观察授课教师的教学行为和学生的反应，然后填写评价表，在恰当等级打"√"。

项目	评价内容	权重	赋分值	
1	课后小结概括精练，重点突出	0.20	优	90~100分
2	结束组织活动内容合理，有利于学生放松身心	0.20	良	75~89分
3	组织方法得当，有利于学生恢复身体	0.20	中	60~74分
4	时间把握得当，不拖堂不提前下课	0.20	差	60分以下

续表

项目	评价内容	权重	赋分值
5	布置课下练习，收拾器械	0.10	注：参照权重比例计算最后分值，根据各项指标得分相加得出最终结果
6	学生反馈	0.10	
最终评价结果：在相应□后打√　　优□　　良□　　中□　　差□			
您的意见和建议：			

思考题

1. 结课技能的含义及功能是什么？
2. 举例说明结课技能的要素及类型有哪些？
3. 结课技能的基本方法与要求是什么？
4. 选取某一教材某一部分，编写一份 10 分钟的教案进行微课训练。

第十六章　体育课堂教学反思技能

实训目标

1. 了解教学反思的含义及特征；
2. 理解教学反思的意义；
3. 掌握教学反思的基本内容、方法和要求。

　　课堂教学反思的本质是教师的教育教学理念与教育教学实践之间的对话，是教师对自身教育行为的反省、思考、探究和解决教育教学具体问题的过程。也是实现学会教学与学会学习目标最终统一的教学活动过程。因此，教师教学反思对完善课堂教学设计，减少课堂教学失误，提高课堂教学质量，有十分重要的意义。

　　然而，在当今教学工作中，人们对教学反思重视不足，特别是对课后总结反思这一教学环节，甚至是一片空白。其主要原因：一是由于当代社会存在的浮躁、工具主义等共同病症，教师缺乏反思的意识；二是由于当前教学实践中课程、考试、评价等范畴的"异化"，教师缺乏反思的时间与空间，致使整合知识和反思知识的权利得不到保障。

　　美国心理学家波斯纳曾提出教师的成长公式是"经验＋反思＝成长"；我国著名心理学家林崇德也提出"优秀教师＝教学过程＋反思"的成长公式。可见，反思是教师发展的重要基础。是否具有反思的意识和能力，是区别"经验型"教师与"学者型"教师的重要指标之一。

第一节　体育课堂教学反思技能概述

教学反思对教师、学生乃至教育整体都具有重要意义。教学反思不仅是探寻适合学生学法，促进学生的学业成长与发展的过程，也是教师改进教法、提升专业素养的过程。教育史上有成就的教育学家和心理学家都非常重视教学反思。如我国古代的先哲孔子就曾经说过"学而不思则罔，思而不学则殆"。美国学者波斯纳认为，没有反思的经验是狭隘的经验，至多只能形成肤浅的知识。只有经过反思，教师的经验方能上升到一定的高度，并对后继行为产生影响。可见，反思可使存在的问题得到整改，发现的问题及时得到探究，积累的经验得以升华为理论。

一、体育课堂教学反思技能的含义

反思顾名思义就是回过头来反省、思考，自我唤醒。从本质上说，反思即反思认知，其核心是批判性反思思维。是指认知主体主动、持续、仔细地以批判性思维来对自身的认知过程的觉察、认知、评价和监控，是认知主体通过批判性反思思维来学习和发展自我意识的过程。

作为教师的反思，则主要是指对自己从事教育教学的思想、言行、方式方法等的自我意识、自我知觉和自我调整，从而最大限度地促使学习主体——学生的健康发展。与此同时，也能转变自身的教学观念，提高教师教育教学的效果。由此，教学反思的概念可释义为：是教师个人或集体，在教学计划、教学实施和教学评价中，运用反思性思维方法，采用不同方式对自己（他人）的教学决策、行为和结果进行审视、分析，并以此来调控教学行为，积累教学经验，形成改进对策，不断提升教学实践合理性和教师自身专业素质的过程；是教师在教学实践中的自主研究活动；也是教师研修活动的基本方式。

体育教学反思，从概念的属性而言应为教学反思的分支，它从属于教学反思。因此，体育教学反思既有教学反思的共性，也有其本身的特殊性，其特殊性是由体育学科专业本身的性质所决定的。体育教学反思技能可以认为，是指体育教师在体育课堂教学过程中，以自己（他人）的课堂教学活动过程为思考对象，对自己（他人）所做出的行为、决策以及由此所产生的结果，进行审视、分析、总结、评价与重构的一系列心智活动方式。其内涵不仅指反思课堂教学实施行为，也指反思课前的教学设计与课后的教学反思评价行为；不仅指教师自身教学行为的反思，也指对学生学习行为的反思；不仅指反思总结教师自身的教学行为，也指反思总结其他教师的教学行为。总的来说，体育教学反思技能对所有教学行动的回忆、思考、分析、检讨和评价，发现教学中存在的问题与不足，进而采取相应的策略，修正、改进自己（他人）教学的过程，使之进入更优化的教学状态，以取得更佳教学效果的教学行为。

体育教学反思符合辩证唯物主义"实践——认识——再实践——再认识"的认识论原理。它既是对过去体育教师教学行为的总结，又是对今后体育教师教学行为的启示。既可以是对一堂体育课"教与学"行为的反思，也可以是对体育教学中的一个片段、一种方法、一项活动的反思。

二、体育课堂教学反思技能的基本特征

课堂教学反思技能的基本特征有超越性、实践性、过程性、主体性、发展性和研究性。

（一）超越性

反思是一种手段，反思的目的在于改进。教学反思是教师立足于自我以外，对自身的实践方式进行多视角、多层次的思考，是教师自觉意识和自我反省能力的体现。反思的真谛在于教师要敢于怀疑自己，敢于突破和善于超越自我，不断地向高层次迈进。

（二）实践性

教学反思是教师在具体的教育教学活动中进行的一种行动性反思，是教师对自己的教学实践重新审视、重新理解、重新优化的理性探索过程，教师通过教学反思发现问题并采取相关的教育教学行动改变学生的思维或教学中存在的其他问题。

(三) 过程性

教学反思的过程性，一方面指具体的反思是一个过程，要经过意识期、思索期和修正期，要对当下存在的非理性行为、观念及时觉察、纠偏、矫正和完善；另一方面是指教师的整个职业成长期要经过长期不懈的自我修炼，才能成为一名专家型教师。

(四) 主体性

教师的反思过程必须是教师的自我反思，是教师主动思考教学问题、分析教学现状，充分发挥教学自主性的过程，是教师自主、自律、自发的行动。在反思的过程中，教师以批判的眼光审视自己的教学行为，发现自己的不足与失误，产生思维飞跃，公正地认识自我、改造自我。因此，教学反思具有主体性。

(五) 发展性

教学反思的目的是教师通过不断地怀疑自己、否定自己进而超越自己，更好地总结教学的成功经验和失败的教训，一步步从感性走向理性，从实践上升到理论，从经验上升到规律。而这个过程必然伴随着对反思对象的再认识和再创造。根据认识论原理，再认识和再创造的过程就是发展和创新的过程。因此，教学反思必然具有发展性。

(六) 研究性

教学反思具有较强的教学研究性质。这种研究并不等同于纯理论的教育学研究，而是主要针对自身教学中情境性、具体性、个别性的问题展开研究。而且，教学反思的成果主要表现为研究过程的体验、教学实际问题的解决、个人实践知识的增长等，而不仅仅表现为研究文本。仅就文本形态来说，也与专家学者的论文、报告有所不同，它重在描述分析案例，讲述自己的教学故事，记录自己的反思及改进教学的历程等。

三、体育课堂教学反思技能的意义

教师成为反思者，是现代教育发展的需要。也是教师专业发展的必然。教学反思是教师自我发展的重要机制,是教师专业发展的重要途径。

(一) 可以改变教师的教学理念

教学反思,有利于教师对教学从感性认识提高到理性认识。如果一个教师只满足于经验的获得,而不对经验进行深入的反思,那么他的旧有理念及不适当的行为就很难改变,其结果他的教学将可能长期维持在原有的水平而止步不前。现代教育所面临的最大挑战不是技术,不是资源,而是教育者的理念。如果一个教师的教育理念陈旧、在教育方法等方面落后的话,那么,他的工作精神越投入,对学生的伤害往往越大。为此,教师首先需要反思的就应该是自己的教育理念。理念不转变,只是对行为加以矫正,往往原有习惯化的不合理行为还会经常出现。

(二) 可以丰富教师的实践性知识

教学反思的意义在于它着眼于教师知识结构中的实践性知识的获得、拥有和改善,反对和批判传统教师培训模式中只注重对教师的一般性知识的传授,如对公共知识、专业知识(所谓本体性知识)、教育学及心理学知识(所谓条件性知识)的占有和相应学历的提高。更为重要的是实践性知识——教师在面临实现有目的行为中所具有的课堂情境知识及与之相关的知识。而这类知识的获得,因为其特有的个体性、情境性、开放性和探索性特征,要求教师通过自我实践的反思和训练才能得到和确认,他人的给予似乎是不可能的。

实践智慧是指教师对教学合理性的追求,以及对具体教学情境和教学事件的反思。教学的复杂性决定了它不是教师展现知识、演练技艺的场所,而是教师实践智慧的体现过程。实践智慧不等同于教学经验,因为它是对教学经验的理性认识;也不等同于教学理论,因为它关注的是具体化、情境化的教学实践。

(三) 可以激发教师终身学习,有利于个性化特征的形成

有利于教师提升理论水平和拓展知识面。教学反思可以进一步地激发教师终身学习的自觉冲动,不断地反思会不断地发现困惑,"教然后而知困"不断发现一个个陌生的"我",从而促使自己拜师求教、书海寻宝。学习反思的过程也是教师人生不断辉煌的过程。教学反思可以激活教师的教学智慧,探索教材内容的崭新

表达方式，构建师生互动机制及学生学习新方式。

反思是一种手段。反思后则奋进。存在问题就整改，发现问题则深思，找到经验就升华。教学反思的真谛就在于教师要敢于怀疑自己，敢于和善于突破、超越自我，不断地向高层次迈进。教师可能在灯光下静思，回顾和展望；也可能倚着窗口，遥望星空，夜不能寐。正因为教学反思具有别人不可替代的个性化特征，因而只有反思才可能形成个性化的教学模式。

（四）有助于教师积极主动地探究教学问题，成为研究者

在教学反思的过程中，教师对教学经验，特别是问题性经验做批判性分析，这样就能主动地将与行为有关的因素纳入教学过程中来，重新审视自己教学中所依据的思想，并积极寻找新思想与新策略来解决所面临的教学问题。按照教育家杜威的说法，当教师进入反思时，应该是自觉地、积极地、心甘情愿地思考自己的行动，即使不满意或非常劳累也会坚持不懈。

当代国内外教育界都提出，"教师即研究者"，英国著名的课程理论家劳伦斯·斯滕豪斯提出"教师解放"的思想，认为教师实现自身解放，摆脱"遵照执行"的被动局面，回避家长制作风和极权论，必须能够专业自主。而通向解放的一条有效路径就是"教师成为研究者"，在教学反思中，教师追求自己的职业理想。在长期的教学实践中，研究自己的教学实践以及对自己在教学实践中做出的教学行为及由此产生的结果进行反思，不断探究和解决教学问题，使教学和反思有机结合，从而使自己成为真正的研究者。教学反思中的"反思"，从本质上来说，就是教师的一种经常的、贯穿始终的对教学活动中各种现象进行检查、分析、反馈、调节，使整个教学活动、教学行为日趋优化的过程。这无疑会促进教师关注自己的教学行为，深入地开展教学研究活动。

（五）有利于增强教师的道德感，提高教师的教学水平

教学是一种道德职业。教师的道德意识水平如何，直接影响到教学行为的投入程度。教师的道德水平越高，就越会反思自己的教学行为，表现出一种执着性和责任心，它是教师自觉反思教学行为的前提。提高教师的教学反思能力，能帮助教师从冲动的或例行的行为中解放出来，以审慎的方式行动。

教师在教学实践中重视反思，善于反思，积极开展教学反思，才会提高与促进教师的全面发展。善于反思，并在此基础上努力，提高自己教学效果的教师，其自身的成长和发展的步伐就会加快。教师只有发挥反思意识，把自我的发展看成是必须和必要的，才会努力地去发展自我，建构自我，从而不断促进自我学习，并教会学生学习。最终，才能使教师全面发展，使教师形成自己的教学风格和特色。

第二节 体育课堂教学反思技能的基本内容和形式

教学反思是一个内涵相当丰富的概念。它反思的内容十分广泛，形式也多种多样。在这里我们以教师的教学行为过程为对象把课堂教学反思的基本内容概括为十项，把以教学札记为主要方式进行教学反思的基本内容概括为七项。下面分别介绍课堂教学反思技能的基本内容与形式。

一、体育课堂教学反思技能的内容

从宏观层面讲，体育教学反思要考虑教学行为本身的有效性和合理性，以及隐藏在行为背后的观念是什么。因而，体育教学反思的内容应包含教师的教学行为与教师的教学理念两个方面。

教师行为模式的形成与确立常常受一定"先在"观念（或知识）的导向支配和影响，习惯是人的第二天性，教师的观念和行为一旦结成某种结构或体系，形成习惯，便处于一种"自以为是"的"固执"状况。因此，反思教师的教学行为是教学反思的重中之重。

在实际的教学中，教师已有的一些观念（知识）深深地植根于他的经验、习惯、先例、意见或者仅仅是印象之中，而且教师通常很容易地认为理论就是一整套有组织的知识，常常把理论看作某种同真理相关的东西，是确定的、完全的和不容怀疑的，所以教师的教学理念，也是必须反思的一个重要内容。

（一）以教师教学行为过程为对象的反思

从微观层面上讲，教学反思是以教师的教学行为过程为对象的，反思的基本内容至少包含以下几个方面。

1. 反思教学态度

教师的教学态度对教学的实施及效果有很大影响。为了更好地实施教学，教师对自己的教学态度需要时常反思。反思教学态度要注意：

（1）反思自己的工作态度是否严谨、认真，这种态度对学生的学习热情有无感染；

（2）反思自己对教学资源的搜集与设计是否用心，能否调动学生积极性与主体性的发挥；

（3）反思教学过程是否在严格要求的基础上，兼顾教学民主；

（4）反思在教学过程中，对学生的探究过程以及表现出来的求知欲是否关注。

2. 反思教学目标

教学目标是影响课堂教学成败的重要因素。教师要根据整节课的教学实践及学生掌握知识的情况，检验学生通过本节课的学习，是否达到教学目标的要求。反思教学目标要注意：

（1）反思是否以总体课程目标为指导，以适应社会进步和学生发展的需要为目标，全面综合设计教学目标；

（2）反思是否将教学目标转化为学生的学习需要，让学生主动参与，发挥其主观能动性；

（3）反思是否在学生原有的知识经验基础上，以学生为本，因人施教，适时调整教学目标；

（4）反思教学目标是否符合新教材的特点；

（5）反思教学目标是否符合学生的实际情况。

3. 反思教学设计

教学设计是教学目标落实中的具体设想，是选择教学策略、完成教学任务的依据。教师要反思教学设计的制定和实施，包括一节课、一个单元、一个学期或更长远的教学设计。反思教学设计要注意：

（1）反思教学设计是否适合学生的实际，是否体现因材施教的原则；

（2）反思教学设计实施的效果；

（3）反思是否结合教学实践选择和运用新型的教学模式，使教学达到艺术水平。

4. 反思教学结构

对教学结构的反思则要注意：

（1）反思教学结构是否按照学生的身体发展水平和认知水平，划分学生认识的不同阶段；

（2）反思教学结构上对学生学习方式的取向，是否把接受式学习和探究式学习有效统一。

5. 反思教学内容

任何教学目标的实现都需要通过特定的教学内容来表达。教学内容也是教学反思中的重要一环。反思教学内容要注意：

（1）反思教学内容是否与教学目标相符；

（2）反思教学内容的科学性、思想性和趣味性是否符合学生年龄特点；

（3）反思能否按照学生的个别差异设计教学内容，促进学生个性的发展；

（4）反思能否根据教学过程中学生学习进程以及突发事件，及时调整教学内容。

6. 反思学习过程

新课程改革强调教育是"为了每一个学生的发展"这就要求教师在反思自己的教学行为的同时，观察并反思学生的学习过程，因此，反思教学过程要注意：

（1）检查、审视学生在学习过程中学到了什么，形成了怎样的能力，发现并解决了什么问题；

（2）通过反思学生的行为变化，教师是否及时调整了自己的教学节奏和教学行为。

7. 课堂组织管理

在课堂教学中难免有很多突发事件。教学反思不能忽视课堂教学的组织管理。反思组织管理要注意：

（1）反思是否运用多样化教学手段，调动学生的学习积极性；

（2）反思课堂教学管理手段是否得当，是否营造了良好的学习气氛。

8. 反思教学方法与策略

反思教学方法与策略的选用过程，也是反思理论如何联系实际的过程。对教学方法与策略的反思要注意：

（1）反思是否以系统的观点为指导，选择合适的教学方法与策略；

（2）反思是否根据教学方法与教学策略的外部形态和学生认知活动的特点，优化教学方法与策略；

（3）反思教法与学法是否统一，能否促进学生的自主发展。

9. 反思场地器械布置与使用

在教学中，场地器械布置与使用直接影响教学效果与质量。反思场地器械布置与使用要注意：

（1）反思教学场地器械布置是否安全；

（2）反思教学场地器械是否得到充分利用；

（3）反思教学场地器械是否有利于教学组织；

（4）反思场地器械布置与使用是否有利于落实运动负荷。

10. 反思教学评价

教学评价一直是教学改革的瓶颈，如何完善教学评价、建构科学系统的评价体系是当前课程改革背景下急需解决的问题。反思教学评价，需要做到：

（1）反思包括教与学在内的评价方案是否符合现代教育思想，是否符合现代教学观、人才观；

（2）反思自己的教学评价是否具有差异性、多样性、开放性、发展性和综合性等特点，注重知识与能力、过程与方法、情感态度与价值观的多维评价。

（二）以教学札记为主要方式的反思

教学札记，亦称"教学后记"。教学札记则是指教师在教育教学过程中，对教育教学现象中值得研究的、焦点的或需要总结的以及困惑的不能及时解决的问题的一种反思记录或有关教育学理论的学习摘记。主要有以下几个方面。

1. 教学行为反思

教师的教学行为规范还是失范，学生看在眼里，记在心里。因此教师首先要反思自身的行为。一个优秀的教师，总是行为规范，率先垂范，借助自己的一言一行，举手投足，来教育感染学生。经常进行教学行为的反思，也是一位教师走向优秀和成熟的标志。

2. 教学理念反思

教学理念倡导"以学生的发展为本"。反思教学是否确定了学生的主体地位。学生在课堂上学习的主动性、独立性、自主性、体验性是否得以充分体现。反思教师角色转换是否到位，在师生关系上是否做到尊重学生，赞赏学生。在教学方式上是否做到与学生平等对话，与同事是否做到教学合作。

3. 教学过程反思

课堂教学中，教案设计流程是否合理。教学情景中师生情感交融，学生的智慧火花、创新火花得以燃发，灵感闪现，学生提出独特的见解和尖刻的问题，教师如何驾驭。教学过程的突发事件备课时往往是没有预设的，教学时是如何处理的。反思教学是否运用了启发式和探究性教学方式。

4. 教学效果反思

高效是课堂教学所追求的。在反思中，教学结果与教学过程质量应并重，要看学生学到了什么，情绪怎样；问题是什么，解决得怎样；学生是否在走着一条爱学、会学、善学之路。进而从学生身上审视自己的情感、态度、思维、知识、能力、策略、手段、方法等。

5. 教学得失反思

将教学过程中的精彩片段详细记录下来，在此基础上通过反思将教学片段不断加以改进、完善，供自己以后或他人在教学中使用。对教学瑕疵之处，认真进行回顾、剖析，找出形成原因，分析关键因素，探究解决策略。形成新的教学环节。

6. 教学机智反思

课堂教学中，随着教学内容的展开，师生的思维发展及情感交流的融洽，往往会因为一些偶发事件而产生瞬间灵感，这些"智慧的火花"常常是不由自主、突然而至，若不及时利用课后反思去捕捉，便会因时过境迁而烟消云散，令人遗憾不已。

7. 教学再设计反思

这是教学反思的最终目的。通过反思找出新的教学规律。教法上有启发和探究性，对教学过程进行再梳理、再发现、再研究、再创新，写出新的教学设计或案例，不断升华，才能把自己的教学水平提高到一个新的高度。

二、体育课堂教学反思技能的基本形式

教学反思技能从教学流程上可分为课前、课中和课后反思；从参与主体上可分为个体反思和群体反思；从反思维度上可分为纵向反思和横向反思。所以，不同的反思类型其过程和方法都有很大不同，适合应用的情形也不同，作为反思运用者，要清醒地认识到自己所面临的情况，选择适合自身类型的教学反思形式。

（一）从教学流程来看，教学反思分为课前反思、课中反思和课后反思

1. 课前反思

课前反思，使教学成为自觉的实践，该阶段的反思具有前瞻性特点。

课堂教学前，教师们都需要备课。不少教师在多年的教学中，积累了一定的教学经验，每年都沿袭着习以为常的教育教学方法。在新课程改革中，这些方法有的已经陈旧，亟待改进。一个善于研究的教师，注重在教学前了解学生的知识基础和认知水平，认真研读教材和课程标准，准确把握教学的目的和重难点，恰当地处理教学内容，设计教学方式，选择或设计最佳的教学方案，使新课程理念在教学中生根发芽。重视教学前的反思，可以提高教师的分析设计能力。

2. 课中反思

课中反思，使教学高质高效地进行，该阶段的反思特点具有监控性。

教学中的反思，是一种难度较高的瞬间反思（即兴），实际就是一种教学机智。它是在教学过程中及时、主动地根据学生的学习状况调整教学方案和教学策略的一种方法。

（1）反思教育教学行为。

具体要反思：教学行为是否明确；课堂活动是否围绕教学目标来进行；教学活动中是否充分让学生动手实践、自主探索和交流合作；是否在教学中及时掌握学生的学习状况和课堂出现的问题……

（2）反思教学策略。

教学策略，一般可以理解为解决某一个实际问题的带有规律性的教学方法。在教学中，教学策略具体体现在：教学中是否充分发挥学生的主体性；是否培养学生发现问题、解决问题的能力；教学是否有助于学生学会学习；教学是否对学生的可持续发展起到积极的作用……

（3）反思学习的过程。

教学是为了每一个学生都得到不同程度的提高。因此，教师在反思自己的教学行为的同时，要观察、反思学生的学习过程，学生学到了什么、遇到什么问题、形成了哪些能力等。通过对学生学习行为的反思，才能有效调整教学行为。

3. 课后反思

课后反思，使教学经验理论化，该阶段的反思特点具有批判性。

体育课后反思通常称为"课后小结""教学心得""教学笔记""课后记"等，是教师教完一节课后，对整个教学过程的设计与实施进行回顾和小结，将经验、教训和体会记录在案的过程。

课后反思最好在短期内进行，教师反思自身教学情况，反思学生学习状况，反思授课内容、方式、技能、技巧，反思课堂整体状况，反思失误，记下闪光片段和困惑，写下执教反思体会。为后续的教学做好准备。细节代表着经验，成长源于灵感。课堂中常常会因为一些偶发事件而产生灵感，教师应该通过反思，捕捉这些"火花"，日积月累，既有利于探索教育教学的规律，提高教师的教学总结能力和评价能力，也有利于教师的教学经验理论化，形成自己的教学风格。

（二）从参与主体来看，教学反思分为个体反思和群体反思

1. 个体反思

教师对自己或他人的某一个教学问题、某一节课、某一个单元、某一个阶段的教学进行客观的分析、评价、总结，通过撰写教育日志、教后记、教育叙事和

教育案例，从中找出可资借鉴的经验以及需要改进的做法。

2. 群体反思

同学科的教师或同班教师对教学活动进行研讨、交流，通过相互剖析，更加清晰地认识教学中的问题，共同分享教学的成功经验。

（三）从反思维度来看，分为纵向反思和横向反思

1. 纵向反思

纵向反思把特定的教学作为对象放在自己教学生涯中进行反思，比较历年教与学的情况，通过整体思考、类比、归纳、总结、改进，达到温故知新的目的。

2. 横向反思

横向反思把特定的教学作为对象放在相同时期、相似环境下进行对比反思。在上课、听课、评课中，发现自己与他人教学行为上的差异，达到学习他人之长，补自己之短的目的。

第三节 体育课堂教学反思技能的基本过程与方法

教学反思其本质是一种理论和实践之间的沟通与对话，是教师在教学实践中，以批判性地考察自我的主体行为表现及其行为依据，通过观察、回忆、思考、分析、检讨和评价，而努力提升课堂教学的合理性和教学效能的过程。如果一个教师只满足于经验的获得而不对经验进行深入的反思，且反思方法不当，那么他的旧有理念及不适当的行为就很难改变，其结果他的教学将可能长期维持在原来的水平而止步不前。课堂教学反思的重点在"思"，既然是"思"，就得有"思路"，即思考的路径与方法。下面学习课堂教学反思的基本路径与方法。

一、体育课堂教学反思技能的过程

教师反思的过程一般为"具体经验—观察分析—抽象的重新概括—积极的验

证"四个过程。

（一）具体经验阶段

这一阶段的任务是使教师意识到问题的存在，并明确问题的解决办法。在此过程中，接触到新的信息是很重要的，他人的教学经验、自己的经验、各种理论原理，以及意想不到的经验等都会起作用。一旦教师意识到问题，就会感到一种不适，并试图改变这种状况，于是进入反思环节。这里关键是使问题与教师个人密切相关。使人意识到自己活动中的不足，这往往是对个人能力自信心的一种威胁。所以，让教师明确意识到自己教学中的问题往往并不容易。作为教师反思活动的促进者，在此时要创造轻松、信任、合作的气氛，帮助教师看到自己的问题所在。

（二）观察与分析阶段

该阶段教师开始广泛收集并分析有关的经验，特别是关于自己活动的信息，以批判的眼光反观自身，包括自己的思想、行为，也包括自己的信念、价值观、目的、态度和情感。获得观察数据的方式可以有多种，如自述与回忆、观察模拟、角色扮演，也可以借助于录音、录像、档案等。在获得一定的信息之后，教师要对它们进行分析，看驱动自己的教学活动的各种思想观点到底是什么，它与自己所倡导的理论是否一致，自己的行为与预期结果是否一致等，从而明确问题的根源所在。这个任务可以由教师单独完成，但合作的方式往往会更有效。经过这种分析，教师会对问题情境形成更为明确的认识。

（三）重新设计概括阶段

在观察分析的基础上，教师反思旧观点，并积极寻找新观点与新策略来解决所面临的问题。此时，新信息的获得有助于更有效地构建解决问题的方法，这种信息可以来自研究领域，也可以来自实践领域。由于针对教学中的特定问题，而且对问题有较清楚的理解，这时寻找知识的活动是有方向的、聚焦式的，是自我定向的，因而不同于传统教师培训中的知识传授。同样，这一过程可以单独进行，也可以通过合作的方式进行。

（四）积极的验证阶段

这时要检验上阶段所形成的概括的行动和假设，它可能是实际尝试，也可能是角色扮演。在检验的过程中，教师会遇到新的具体经验，从而又进入具体经验第一阶段，开始新的循环。

在以上四个环节中，反思最集中地体现在观察和分析阶段，但它只有和其他环节结合起来才会更好地发挥作用。在实际的反思活动中，四个环节往往前后交错，界限不明。整个教学反思过程既是一个从发现问题、提出教学问题并加以分析到解决问题的循环往复的过程，也是一个教师素质持续提高的过程，更是经验型教师走向学者型教师必须经历的过程。

二、体育课堂教学反思技能的方法

教学反思技能的方法很多，常用的教学反思方法有自我提问法、教学札记法、总结记录法、录像反馈法、交流讨论法、行动研究法、案例研究法和观摩分析法八种。

（一）自我提问法

自我提问法指教师对自己的教学进行自我观察、自我监控、自我调节、自我评价后提出一系列问题，以促进自身能力提高的方法。

课前三思，即在课前想好三个问题：我在这堂课上要让学生学到什么（学习目标）？学生会怎么样去学（学习态度、学习方法等）？我要用什么策略与方法去引导学生学？

下课后即回过头来进行课后三想：这堂课学生到底学到了什么？他们是怎么样学到的（经验）？我还能不能有别的办法让学生学得更好？同时把这"课前三思、课后三想"的东西全部记在教后感或教学札记里（单设一个本子，也可写在每堂课或每篇课文教案后边预留下的空白页里）。

（二）教学札记法

教学札记是教师积极、主动地对自己教学活动中具有教育价值的各种经验以及在此基础上所进行的批判性的理解和认识予以真实的书面记录和描写，通过书写教学札记可以不断更新教育观念，改进教学工作，促进自身专业发展。教学札记没有固定的格式和要求。教师可按自己喜欢的方式及感兴趣的内容予以记录，自由展示自己的撰写风格和特色。比较常见的教学札记形式有：点评式、提纲式、专项式、随笔式等。教学札记的内容可以包括：教学中的成功或不足、教学中的灵感闪光点、教学中学生的感受、教学中的改革创新等。

（三）总结记录法

一节课结束或一天的教学任务完成后，我们应该静下心来细细想想：这节课呈现的教学内容是否符合学生的年龄特征和认识规律，总体设计是否恰当，教学环节安排是否合理，教学方法运用是否得当，学生思维能力与动手能力是否得到了富有成效的训练，教学手段的运用是否充分，重点、难点是否突出？今天我有哪些行为是正确的，哪些做得还不够好，哪些地方需要调整、改进？学生的积极性是否调动起来了，学生学得是否愉快，我教得是否愉快，其成败得失的原因何在？还有什么困惑？等等。把这些想清楚，然后记录下来，这样就为今后的教学提供了可资借鉴的经验。经过长期积累，我们必将获得一笔宝贵的教学财富。

（四）录像反馈法

教师可以借助现代教育技术（主要是教学录像）来进行教学反思，也可自行浏览自己的或其他教师的教学录像带，在播放中找出一些自己觉得很特别的画面，思考反省为何当时会如此地教，是否妥当，下次应如何改进等内容，还可以在观看全部的课堂结构和教学流程后，思考"如果让自己重新设计这一课（或假如让自己上这节课）将如何设计教学"等问题，这时，最好找一位（或几位）同事和自己一起观看教学录像带，共同进行教学交流和探讨，对教学现象或问题进行比较深入的分析和思考。当然，如果有专家从旁帮助进行分析和评价，这一反思方法的作用可能会发挥得更好。

（五）交流讨论法

教师间充分的对话交流，无论对群体的发展还是对个体的成长都是十分有益的。如在集体备课时，教师可以向同事提出自己在教材解读、教材处理、教学策略、学生学习等方面遇到的疑点与困惑，请大家帮助分析、诊断、反思，并集思广益提出解决办法。这样合作反思、联合攻关，可达到相互启发、资源共享、共同成长的目的。通过"说课""听课""评课"等日常教学活动，与别的教师相互沟通，相互交流，发现自己或别人在教学设计中的优缺点，取长补短。别人的缺点对自己也许有很重要的启发作用，它同样也是一种重要的教育资源。

（六）行动研究法

行动研究是提高教师教育教学能力的有效途径。如"合作讨论"是新课程倡导的重要的学习理念。然而，在实际教学中，我们看到的往往是一种"形式化"的讨论。"如何使讨论有序又有效地展开"即是我们应该研究的问题。问题确定以后，我们就可以围绕这一问题广泛地收集有关的文献资料，在此基础上提出假设，制订出解决这一问题的行动方案，展开研究活动，并根据研究的实际需要对研究方案做出必要的调整，最后撰写出研究报告。这样，通过一系列的行动研究，不断反思，教师的教学能力和教学水平必将有很大的提高。

（七）案例研究法

在课堂教学案例研究中，教师首先要了解当前教学的大背景，在此基础上，通过阅读、课堂观察、调查和访谈等形式收集典型的教学案例，然后对案例做多角度、全方位的解读。教师既可以对课堂教学行为做出技术分析，也可以围绕案例中体现的教学策略、教学理念进行研讨，还可以就其中涉及的教学理论问题进行阐释。案例可以是成功的，也可以是失败的，无论成功还是失败的案例都应有典型性，通过多角度分析、全方位反思解读，从中得到启迪。

（八）观摩分析法

平时教师应多观摩其他教师的课，并与他们进行对话交流。在观摩中，教师应分析其他教师是怎样组织课堂教学的，他们为什么这样组织课堂教学；我上这一课时，是如何组织课堂教学的；我的课堂教学环节和教学效果与他们相比，有什么不同，有什么相同；从他们的教学中我受到了哪些启发；如果我以后教这一课时，会如何处理……通过这样的反思分析，可以从他人的教学中得到启发、得到提高。

第四节 体育课堂教学反思技能的基本原则及要求

教学反思，就是对所有教学行动的回忆、思考、分析、检讨和评价。在体育教学活动中，正确地运用好课堂教学反思技能的基本原则，对充分发挥教学反思技能的功能，提高教学质量具有重要作用。

一、体育课堂教学反思技能的基本原则

根据教学反思的概念和特点，结合体育教学实际，提出课堂教学反思技能五项基本原则。

（一）和谐开放性原则

体育课堂教学是一个教与学双边活动过程，看实际教学中教与学是否处于相互联系、相互作用的状态中，两方面是否和谐互动。体育教师反思在内容上和方式上是开放的，不应把教师反思的内容和方式局限在某些方面，只要有利于教师专业发展，有利于教学水平的提高，都是应该提倡的。

（二）实践性原则

体育教师反思能力的提高根源于教学实践，通过对专业自我、教学过程的反思，积累好的经验，促进自己专业化的发展，而不能机械套用、照搬他人的理论和方法。

（三）整体最优化原则

在教学过程中应把各种教学因素看成是一个有机整体，发挥系统的整体功能，

既考虑到对教材、教师、学生的优化，又考虑到对教学方法、教学环境、教学设备的优化，使系统的各个要素形成一个功能互补的合理结构。最优化是看课堂教学是否根据课程标准规定的教学目标，选择最佳的教学方案，使教师和学生耗费最少的教学时间，取得最佳的教学效果。

（四）自主恒常性原则

自主性强调教师进行教学反思，主要靠教师自身的主观努力，发挥主动性思维。系统、全面地积累经验并升华、凝结，要以大量的课后反思为基础，这就需要教师们持之以恒，像医生写病例报告一样，将写教学反思作为一种基本的职业习惯。

（五）及时简约性原则

及时性：一节课上过后要及时地回忆、反思并及时记录自己的思维闪光点，要善于抓住稍纵即逝的教育灵感和感受，并养成及时记录的习惯。简约性：课后反思要及时记录，但不是写长篇巨著，讲究开头、发展、高潮、结局等，要突出重点，捕捉亮点，抓住要害点，切忌面面俱到、主次不分、喧宾夺主。

二、体育课堂教学反思技能的基本要求

教学反思不仅是发现问题，优化教学设计，提高教学质量的好方法，也是促进教师专业教育教学水平升华的可靠途径。因此，为充分发挥课堂教学反思技能的功能，教师在体育教学中，运用反思技能应符合以下基本要求。

（一）端正思想，明确反思目的

教学反思是教师在教学过程中把自己作为研究对象，研究自己的教学理念和实践，反省自己的教学实践、教学观念、教学行为和教学效果，以便对自己的教学观念和教学方式进行及时调整，从而提高自己的教学效果的行为。反思的目的是为了总结教学经验，探索教学规律，提高教学质量。反思中谈到的优点与不足，都是积累的资料、研究的素材，不应该作为考核与评价的依据。教师要客观地、实事求是地进行教学反思，并且要用学而不厌、从善如流的态度听取同行的意见，

收集教学信息，将同行的意见和自己的感悟一并写入教学反思中。

(二) 提高认识，勤于反思

一方面，教师自身的发展离不开教学反思。教师反思能力的养成是确保教师不断再学习的基本条件。教师在个人反思或集体反思的过程中，可以发现个人或他人的优缺点，从而拓宽专业视野，激发不断追求、不断超越的动机。另一方面，新课程本身的发展需要教学反思。新一轮基础教学课程改革是一项任务艰巨而复杂的系统工程，也是一个需要在实践中逐步实验、不断完善的体系。教师是改革活动的具体实施者，新课程要求教师积极参与到课程的开发、实施、评价等过程中来，这就需要教师不断反思，提升自己的理论素养。

(三) 以先进理念为先导，形成反思的参照标准

教师进行教学反思必须始终坚持以先进理念为指导，形成反思的基本理论依据和参照标准。一切体验、省悟、赏析、评判都要从理念与实践的有机结合中去思考、去认知，以先进理念为"裁判"评析得失及其原因，反对就事论事或说套话、说假话、说空话。这是进行教学反思最根本的要求。否则，就从根本上失去了进行教学反思的意义。

(四) 具有鲜明的问题意识，及时捕捉反思的焦点

鲜明、强烈的问题意识，不仅是创新精神的一个重要标志，而且是教师主动反思的一项基本的、必备的素养。所以教师在进行反思时既要善于、及时地从教学的目标、内容、方法、模式、互动等领域发现、捕捉问题的现象，又要善于及时地从现象到本质发现真实的问题，寻找出问题的焦点，进行思考与分析。当前，尤其应本着"有效性是教学的生命"这个至关重要的理念，去发现问题和分析问题。

(五) 突出反思重点，在理念与实践的结合中进行有效反思

写教学反思，要突出"在先进理念与课堂实践的结合中分析问题"这个重点。但从无数实践看，相当多的教师恰恰忽略了这个重点，摆了事实而不讲道理，列

举了现象而不分析本质。因此,贯彻这一原则时必须做到按照下述三个步骤,重点分析教学的闪光点、败笔及其成因。第一步先有条理地解读教学设计的程序及艺术特征;第二步回答闪光点何在,为什么会呈现闪光点;第三步回答败笔何在,为什么会出现败笔。然后从其本质入手,思考构建反思结论。

(六)进行深度思考,形成反思结论

有无反思结论,是反思是否成功、有效的基本特征。如果仅有反思而无结论,反思则没有任何提升价值。所以,所有教学反思都要在历经深度思考(依据先进理念,联系已有教学经验和经历,进行整合、归纳和抽象概括)的基础上,用简洁、精练之语,形成自己反思之后的认知结论,以体现个人反思之后专业的有效提升。

三、体育课堂教学反思技能的注意事项

教师在体育教学中,除要运用好教学反思技能的基本原则与要求外,还要注意以下几个问题。

(一)教学行为是否达到教学目标

新课标要求我们在制定每节课(或活动)的教学目标时,要特别注意培养学生的科学素养,即"三个维度"——知识、能力、情感态度与价值观。我们要反思情感、态度、价值观是否被有机地融入课程教学内容中去,并有意识地被贯穿于教学过程中,使其成为课程教学内容的血肉,成为教学过程的灵魂。

(二)教学活动是否有效"沟通"和"合作"

教学,是集约化、高密度和多元结构的沟通活动,成功的教学过程,应该形成多种多样的、多层面、多维度的沟通情境和沟通关系。教学过程是师生交往、积极互动、共同发展的过程。没有交往,没有互动,那是只有教学形式表现而无实质性交往发生的"假教学"。因此我们要反思教学活动是否有"沟通"和"合作"。

（三）教材是否得到创造性地使用

教材，历来被作为课程之本。在新的课程理念下，教材的首要功能只是作为教与学的一种重要资源，但不是唯一的资源，它不再是完成教学活动的纲领性权威文本，而是以一种参考提示的性质出现，给学生展示丰富多彩的学习参考资料；同时，教师不仅是教材的使用者，也是教材的建设者。因此，我们在创造性使用教材的同时，可以在"课后反思"中作为专题内容加以记录，既积累经验又为教材的使用提供建设性的意见，使教师、教材和学生成为课程中和谐的统一体。

（四）教学过程是否存在着"内伤"

要反思自己是否在刻意追求所谓的"好课"标准，一些"好课"似乎无懈可击，但有没有给学生思考的空间？小组合作学习有没有流于形式？讨论是否富有成效？有没有关注学生情感、态度、价值的变化？学生的创造性何在？对这些"内伤"必须认真回顾、仔细梳理、深刻反思、无情剖析，并对症下药，才能找出改进策略。

（五）教学过程中是否迸发出"智慧的火花"

教学过程中，学生常常会于不经意间产生出"奇思妙想"、迸发出创新火花，教师不仅应在课堂上及时将这些细微之处流露出来的信息捕捉、加以重组整合，并借机引发学生开展讨论，给课堂带来一份精彩，给学生带来几分自信。更应利用课后反思去捕捉、提炼，既为教研积累了第一手素材，又可拓宽教师的教学思路，提高教学水平。将其记录下来，可以作为教学的宝贵资料，以资研究和共享。

（六）教学过程是否适应学生的个性差异

学生的个性差异是客观存在的。成功的教育制度，成功的教育者，必须根据学生的个性特长，因材施教，因人施教，因类施教，无论是情境的创设还是内容的呈现，无论是问题的设置还是释疑解惑，均应"一切为了学生"，多层次、多维度、多渠道地开展教育活动。

（七）教学过程是否存在"伪探究"

有的探究性学习只表现在问题的探究上，只要教师抛出一个问题，几个学生立即围成一团分组讨论，也不管小组成员的组合是否合理，问题是否有讨论的必要；待几分钟后，教师一声击掌，学生的讨论戛然而止；再由小组中的"老面孔"——优等生发言。至于其他学生，尤其是潜能生，在讨论时是否真正心到神到力到？是否真正学会了应该学会的方法、技能、知识？就不得而知。这种"神散形未散"的"伪探究"掩盖了个性之间的差异，甚至会剥夺部分学生的独立思考、质疑、发言的权利。

第五节 体育课堂教学反思技能的训练与评价

课堂反思技能训练与评价环节有两项主要任务：一是使受训者能把备课时的设想和对课堂反思技能的理解，通过微课堂实践表现出来；二是受训者还能对自己或他人的课堂反思技能运用效果进行客观的评价。要求指导教师与受训学生共同努力，准确记录，认真做好反馈交流与客观评价工作。

一、体育课堂教学反思技能的训练

课堂教学反思技能的训练以个人总结记录法和集体视频录像法为主进行实践演练。

（一）个人总结记录法

目的：通过总结记录法掌握教师教学行为过程的反思与评价内容。

内容：集体听一节室内或室外中学生体育课，尝试运用总结记录法进行反思与评价。

要求：能够按照总结记录法的反思评价表的内容逐一进行反思，反思有一定深度和广度。

(二) 集体录像反思法

目的：通过上课或录像与预先的教学设计比较，反思自己或他人的教学行为，完善教学技能。

内容：选择田径、体操、球类的任意一教材，以 3~5 人为单位，每人设计一节 10~15 分钟微课，在小组长的带领下运用上课和录像进行教学评价与反思。

程序：微课设计—说课—小组讨论—修改微课设计—上课—看录像—小组讨论—修改微课设计—再上课。

要求：按照程序进行，比较上课或录像的教学过程与预先的教学设计有什么不同；自我评价或对他人评价真实、客观，能够体现教学目标和教学技能目标的达成。

二、体育课堂教学反思技能的评价与反馈

课堂教学反思技能微格训练的基本要求与评价内容（见表 16-1），练习者既可通过观看录像自评，也可由教师或训练小组人员进行评价。

表 16-1 反思技能微格训练评价表

授课教师_____ 教学内容_____ 日期_____

请您仔细观察授课教师的教学行为和学生的反应，然后填写评价表，在恰当等级"√"。

项目	评价内容	权重	赋分值			
1	教学行为是否规范	0.10	优	良	中	差
2	教学目标是否达成	0.10				
3	教学情景是否和谐	0.10				
4	学生积极性是否被充分调动	0.10				
5	教学过程是否得到优化	0.10				
6	教学方法是否灵活	0.10				
7	教学手段优越性是否体现	0.10				

续表

项目	评价内容	权重	赋分值
8	教学策略是否得当	0.10	
9	教学效果是否良好	0.10	
10	教学评价是否具有差异性	0.10	
您还有什么意见或建议：			

思考题

1. 教学反思的含义与特征是什么？

2. 教学反思有何重要意义？

3. 以教师教学行为过程为对象的反思内容有哪些？

4. 以教学札记为主要方式的反思有哪些？

5. 教学反思主要方法和基本要求是什么？

6. 选取某一教材某一部分，编写一份 10 分钟的理论教案，先进行微课试讲，而后进行个人或小组评价反思。

参考文献

[1] 孟宪恺. 微格教学基本教程[M]. 北京:北京师范大学出版社,1992.
[2] 刘宗南. 微格教学概论[M]. 天津:天津大学出版社,2011.
[3] 王皋华. 体育教学技能微格训练[M]. 北京:北京体育大学出版社,2005.
[4] 施小菊. 体育微格教学[M]. 厦门:厦门大学出版社,2013.
[5] 潘菽. 教育心理学[M]. 北京:人民教育出版社,1980.
[6] 章志光. 心理学[M]. 北京:人民教育出版社,1984.
[7] 张述祖,沈德立. 基础心理学[M]. 北京:教育科学出版社,1987.
[8] 黄希庭. 心理学导论[M]. 北京:人民教育出版社,1992.
[9] 王丕. 学校教育心理学[M]. 郑州:河南大学出版社,1989.
[10] J R 安德森. 认知心理学[M]. 长春:吉林教育出版社,1989.
[11] R M 加涅. 学习的条件[M]. 北京:人民教育出版社,1985.
[12] 张大均. 教育心理学[M]. 北京:人民教育出版社,1991.
[13] 邵伟德. 体育教师教学技能的内涵与划分[J]. 体育教学,2012.
[14] 张雄安. 中学体育微格教学教程[M]. 北京:科学出版社,1999.
[15] 周登嵩. 学校体育学[M]. 北京:人民体育出版社,2004.
[16] 潘绍伟. 学校体育学概论[M]. 北京:高等教育出版社,2008.
[17] 李祥. 学校体育学[M]. 北京:高等教育出版社,2001.
[18] 毛振明. 体育教学论[M]. 北京:高等教育出版社,2005.
[19] 樊临虎. 体育教学论[M]. 北京:人民体育出版社,2002.
[20] 沈建华,陈融. 学校体育学[M]. 北京:高等教育出版社,2010.
[21] 史兵,杨小帆. 中学体育教师教学技能[M]. 西安:陕西师范大学出版社,2012.
[22] 王长生. 体育教师职业技能[M]. 武汉:华中师范大学出版社,2011.
[23] 张新. 中学体育教学设计[M]. 北京:科学出版社,2012.
[24] 杨雪芹,刘定一. 体育教学设计[M]. 南宁:广西师范大学出版社,2005.

[25]龚正伟.体育教学论[M].北京:北京体育大学出版社,2004.

[26]童昭岗.体操[M].北京:高等教育出版社,2005.

[27]陶敏,孙海红.口令技能及其在微格教学中的应用探讨[J].经济师,2013(5):209.

[28]周脉清.高师院校体操课中对体育教育专业学生教学口令的培养[J].教学·探索,2014,22(3):89-91.

[29]俞辉明.浅议体育课教学中口令的作用和运用[J].科技资讯,2009(15):192.

[30]李岳峰.数字口令与动作节奏[J].学校体育,1986(1):21-23.

[31]董振义.体育口令的分类与运用[J].中国学校体育,2008(2):46-47.

[32]龙伟健,谭映辉.刍议体育师范生口令技能的培养[J].牡丹江教育学院学报,2009(5):127-128.

[33]胡曦临.口令指挥能力因素小议[J].体育教学,2009(8):65-66.

[34]张海平.队列队形实践心得[J].体育师友,2008(5):32.

[35]尚保春.体育教师使用哨子的方法与技巧[J].体育师友,2007(2):56-57.

[36]项为人.正确发挥哨子在体育教学中的作用[J].中国学校体育,2013(s1):162.

[37]夏红焰.哨声在体育教学中的运用[J].运动,2012(12):126-127.

[38]易宝红.体操教学中如何正确运用保护与帮助[J].体育教学,2011(6):46-47.

[39]赵国英.谈体育与健康教学中的帮助与保护[J].甘肃教育,2012(6):45.

[40]徐林中,徐宜芬.关于体操教学中的保护与帮助[J].科技信息,2006(8):164-165.

[41]吴应驹.体态语言是电视教材中不可忽视的因素[J].中国电化教育,1999.

[42]赵明仁.教学反思与教师专业发展[M].北京:北京师范大学出版社,2009.

[43]王陆,张敏霞.教学反思方法与技术[M].北京:北京师范大学出版社,2012.

[44]熊川武.反思性教学[M].上海:华东师范大学出版社,1999:47-48.

[45]张建伟.反思——改进教师教学行为的新思路[J].北京师范大学学报(社会科学版),1997(4).

[46]饶从满,王春光.反思型教师与教师教育运动初探[J].东北师范大学学报(哲学社会科学版),2000(5).

[47]俞国良,等.反思训练是提高教师素质的有效途径[J].高等师范教育研究,1999(4):69-73.

[48]王金稳,曾黎.体育教师职业技能训练[M].成都:西南交通大学出版社,2016.

[49]杨绍虞.体操教学中的保护和帮助[M].北京:人民体育出版社,1950.